南方传媒绿皮书

年度音视频
经典案例选粹

（2015年）

主　编　谢　毅

副主编　王玉玮

暨南大学出版社
JINAN UNIVERSITY PRESS

中国·广州

图书在版编目（CIP）数据

年度音视频经典案例选粹（2015年）/谢毅主编；王玉玮副主编. —广州：暨南大学出版社，2015.12

（南方传媒绿皮书）

ISBN 978－7－5668－1663－4

Ⅰ.①年… Ⅱ.①谢…②王… Ⅲ.①新闻学—传播学—研究
Ⅳ.①G210

中国版本图书馆 CIP 数据核字（2015）第 266686 号

⋯⋯⋯⋯⋯⋯⋯⋯⋯⋯⋯⋯⋯⋯⋯⋯⋯⋯⋯⋯⋯⋯⋯⋯⋯⋯⋯⋯⋯⋯⋯⋯⋯⋯⋯⋯⋯

年度音视频经典案例选粹（2015 年）

主　　编：谢　毅

出 版 人：徐义雄
策划编辑：史学英
责任编辑：高　婷
责任校对：周海燕　姚荇姝
地　　址：中国广州暨南大学
电　　话：总编室（8620）85221601
　　　　　营销部（8620）85225284　85228291　85228292（邮购）
传　　真：（8620）85221583（办公室）　85223774（营销部）
邮　　编：510630
网　　址：http：//www. jnupress. com　http：//press. jnu. edu. cn
排　　版：广州良弓广告有限公司
印　　刷：佛山市浩文彩色印刷有限公司
开　　本：787mm×960mm　1/16
印　　张：18.5
字　　数：335 千
版　　次：2015 年 12 月第 1 版
印　　次：2015 年 12 月第 1 次
定　　价：39.80 元

（暨大版图书如有印装质量问题，请与出版社总编室联系调换）

总　序

新媒体技术引发了传播生态的深刻变迁，促使媒体格局发生了剧烈变化。当前，传统媒体面临巨大冲击，正在摸索转型之路；新兴媒体发展迅猛，仍在探索盈利模式。而推进传统媒体和新兴媒体的融合发展，则成了国家战略。

在这个大背景下，暨南大学新闻与传播学院、暨南大学南方传媒研究院的老师和研究生们，基于冷静的观察和潜心的研究，精心推出了新的"南方传媒绿皮书"，内容涉及年度报道与年度记者、年度音视频、年度广告、年度文化产业等。这是他们在初试啼声推出 2012 年"南方传媒绿皮书"之后又一次阵容整齐的成果展现。南方传媒绿皮书的出版，为媒体融合发展的盛宴奉上了一道道精美的大餐！

任何事物的发展都有它的规律，媒体的发展演变也是如此。推进传统媒体和新兴媒体融合发展，其主线应该是"技术驱动、用户需求"。这就是说，媒体除了要以先进技术为支撑来一场技术革命的转型，形成全媒体生产能力之外，还必须始终重视内容建设。在新的传播时代，无论传播介质如何迭代，无论媒体格局如何演变，内容建设都是媒体不可或缺的。因为内容是媒体的根本，是媒体的品质属性，优质的内容生产则是优秀媒体的灵魂和基石。媒体只有着力于挖掘新闻信息的深度和高度、提供精品化的内容，才能拥有权威性和公信力，才能提高社会影响力和综合竞争力。南方传媒绿皮书向读者提供内容建设方面的经典案例，正是缘于这方面的考虑。

当然，我们说在网络时代内容仍然为王，并不是说可以固守传统的报道方式。传播技术的发展，既扩大了新闻内容的生产和传播渠道，也要求媒体的内容生产方式必须来一场彻底的革命。无论是依旧以纸为介质的纸媒，还是以网为介质的网媒，或是通过移动终端发布信息的自媒，都必须以互联网思维为引领，努力创新传播方式，并形成整合传播的合力，最大限度地满足用户的需求。南方传媒绿皮书选取的年度报道与年度记者、年度音视频、年度广告的经典案例，基本上都是新的传播方式的产物，可供媒体从业者参考。

推进传统媒体与新兴媒体的融合发展，一个必须解决的难题是如何提升全媒体的经营能力，增强媒体的公共服务功能。作为面向公众传播的公共文化产品，媒体只有强化用户意识，为用户提供更便捷、更精细的服务，才能达到既争取受众，又发展壮大自己的目的。在新的传播时代，决定媒体市场价值的，不仅是内容质量，而且是服务质量。这就要求媒体更新经营理念，探索全媒体经营模式，不断提供用户所需要的产品。在这方面，南方传媒绿皮书筛选出来的广告和文化产业的经典案例，或许能为业界提供有益的借鉴。

完成传统媒体和新兴媒体的融合发展，需要做的工作很多，比如创新体制机制，加强品牌建设，推进资本运营等等，但关键还是在人，在于那些既坚持新闻理想、恪守职业道德，又具有互联网思维、勇于改革创新的媒体从业者。南方传媒绿皮书向大家推介的年度记者，感人至深，令人肃然起敬。他们努力当好社会航船的瞭望者、社会肌体的啄木鸟、社会和谐的促进者、社会正义的守望者、中华文明的传播者，向社会大众提供了具有速度、信度、高度、深度、温度和互动度的新闻作品。他们在新闻的路上播种希望，也激励着更多的后来人，更让人们对媒体融合发展的未来充满憧憬！

杨兴锋

（作者系暨南大学南方传媒研究院院长，广东省新闻工作者协会主席，南方报业传媒集团原社长）

目　录

"APEC 蓝" 背后的媒体建构分析

蓝与灰，这两种颜色在 2014 年展开了拉锯战，引起了公众对于环境治理的深入关注，成为 2014 年中国舆论讨论最多的公共议题之一。如果说2013 年是"雾霾灰"在中国媒体中频频亮相的一年，那么 2014 年的"APEC 蓝"则成为一道亮丽的颜色，给公众带来了治理雾霾的曙光。"北京天空的这一抹蓝，既不是普鲁士蓝也不是蒂芙尼蓝，而是 APEC 蓝。"正是 APEC 会议期间出现在北京上空的这股"蓝色"，引爆了官方和民间的舆论场，掀起了一场"向污染宣战，渴望蓝天"的大讨论。"APEC 蓝"一词被《科学美国人》中文版《环球科学》杂志遴选为 2014 年度十大科技热词之首。2014 年 12 月 19 日，由国家语言资源监测与研究中心、商务印书馆等主办的"汉语盘点 2014"年度字词中，"APEC 蓝"再度上榜。①

为此，遂把"APEC 蓝"作为 2014 年视觉案例编入本书。本文介绍了"APEC 蓝"的产生背景和过程，并对"APEC 蓝"的媒介建构及意义进行传播学方面的解读。

一、案例简介及背景阐述

亚太经济合作组织（Asia-Pacific Economic Cooperation，简称 APEC）是亚太地区最具影响的经济合作官方论坛，致力于保持亚太地区经济的增长和发展；促进成员间经济的相互依存；加强开放的多边贸易体制；减少区域贸易和投资壁垒，维护本地区人民的共同利益。截至 2014 年 9 月，亚太经济合作组织共有 21 个正式成员和三个观察员。

2014 年 11 月 1 日至 12 日，APEC 第二十二次领导人非正式会议在北京召开。会议期间，为了保证空气质量达到良好水平，北京及周边 5 个省市采取了一系列空气治理措施，久违的蓝天、白云重新出现在北京上空。根据北京市环保监测中心监测的数据显示，11 月 3 日上午 8 点，北京市 6

---

① 《环球科学》发布 2014 年十大科技热词［EB/OL］. 环球科学，http://www.huanqiukexue.com/html/newgc/2014/1223/25022.html.

个城区的PM2.5浓度为每立方米37微克，接近一级优水平。这与此前10月份华北地区接连出现的重霾天气有天壤之别（比如，10月9日，北京空气污染指数高达393）。

11月15日，环保部发布《区域联动 多措并举 周密部署 全力保障APEC空气质量》，首次披露了北京APEC会议期间的多项空气质量数据。来自北京市环境监测中心的数据显示，从11月1日至12日，北京市空气中PM2.5、PM10、SO_2、NO_2浓度分别为每立方米43微克、62微克、8微克和46微克，比去年同期分别下降了55%、44%、57%和31%；各项污染物浓度均达到近5年同期最低水平。不仅体现在北京，天津、河北、山西、内蒙古、山东等省市区空气质量同比均有明显改善。据北京市环境监测中心初步统计，京津冀及周边地区的PM2.5平均浓度同比下降29%左右。环保部称，为保障APEC会议期间的空气质量，京津冀及周边地区启动了最大力度的"空气保卫战"，将各项保障措施落到实处，成功打赢了一场"雾霾阻击战"。[①] 这场"空气保卫战"的成果，就是我们看到的"APEC蓝"。

图1 APEC会场在蓝天的掩映下

习近平提到"APEC蓝"是"人努力，天帮忙"的结果。环保专家也表示，"APEC蓝"是气象条件、污染物排放两个变量综合作用的结果。在APEC会议之前，京津冀及周边地区的空气质量保障工作就已经展开了。工地停工、企业限产、车辆单双号限行、公车停驶等一系列应急减排措施提升至最高级别；在京的机关和事业单位、社会团体放假调休；京津冀、

---

① 区域联动 多措并举 周密部署 全力保障APEC空气质量［EB/OL］. 中国环保部, http://www.zhb.gov.cn/gkml/hbb/qt/201411/t20141115-291482.htm.

山西、内蒙古、山东六省市区均参与到 APEC 会议期间的空气质量保障方案中，保障 APEC 会议期间空气质量的力度之大前所未有。以北京为例，北京所有区县机动车单双号限行 10 天，70% 的公务车停驶；所有建筑工地和市政工地停工；家具厂、印刷厂、汽修厂、搅拌站、露天烧烤停止；八宝山在 APEC 会议期间暂停焚烧死者生前衣物、花圈和挽联；APEC 主会场周边五公里内的村庄做饭要使用天然气。在这届 APEC 会议中，会议首次启用新能源纯电动汽车作为部分会议官方指定用车，会议中心还采用了"三联供"及太阳能幕墙、太阳能热水器等环保设施，各国领导人下榻的酒店也采用了数十项环保节能技术。

北京市环保局通报的 APEC 会议期间空气质量保障措施效果初步评估结果显示，与不采取措施相比，采取措施使会议期间北京市的 PM2.5 日均浓度值平均降低 30% 以上。同时，北京市环保局针对"APEC 蓝"取得四个方面的成果，包括扬尘控制措施减排效果立竿见影，全市扬尘排放总量下降 70% ~ 80%；机动车排放污染物总量大幅下降，NO_x 减排 44%，颗粒物（PM）减排 58%；工业、企业停限产措施明显减少 VOCs 排放量，共削减 VOCs 排放量达到 37%；京津冀及周边地区联防、联控发挥重要作用。[①]

短时间人为治理的成效，并不能掩盖人们对长期环境污染问题的担忧。"APEC 蓝"一词被人们用来形容短暂而易逝的美好。据 EPI 组织最新公布的 2014 年全球绩效排名中，中国在 178 个国家中排名第 118 位，在空气质量方面排第 116 位，其中 PM2.5 排名倒数第一位。过去十年，中国在 PM2.5 污染方面的得分下降 100%。[②] 仅以 2013 年为例，这是北京 60 多年来遭遇雾霾最多、最频繁的年份，1 月份的雾霾天气达到 29 天，造成北京地区空气污染严重、能见度低，创 1954 年以来的最高纪录。而 2014 年 10 月 7 日以来，北京大部分地区出现中度霾，局地重度霾。雾霾持续围城，大部分地区的能见度都在 1 公里以下，全城空气质量普遍陷入严重污染水平。据北京市环保监测中心官方微信账号发布的消息，全市空气质量级别曾达到六级严重污染，首要污染物为 PM2.5 细颗粒物，浓度最高时达每立方米 426 微克。北京市环境保护局于 2015 年 1 月 4 日通报 2014 年北京市环境状况时称，2014 年北京的 PM2.5 优良天数累计达 204 天，重污染天数

---

① 一组数字揭秘"APEC 蓝"[EB/OL]. 每经网，http://www.nbd.com.cn/articles/2014 – 11 – 16/876233/print.

② 董战峰，张欣，郝春旭. 2014 年全球环境绩效指数（EPI）分析与思考 [J]. 环境保护. 2015（2）：10.

累计为 45 天。① 数据显示，2014 年北京 PM2.5 年均浓度为 85.9 微克/立方米，相比 2013 年下降 4.0%，总体较 2013 年有所改善。② 但这样的数据，依然没有能够改变雾霾给人们的健康带来的困扰。因为雾霾，2014 年北京马拉松得到与其赛事不相称的广泛关注，在比赛现场，部分选手将自己戴的各种口罩和防毒面具的照片上传到网络，吐槽者称参加北京马拉松的选手是"人肉空气净化器"，并为他们不尊重自己的健康感到惋惜。

随着对"APEC 蓝"的热议逐渐从一种对天气情况的描述转变为一种对治污经验的总结，人们看到，即使在不利的气象条件下，雾霾依旧可以通过"人努力"的方式来治理，空气污染与防治也总算找到了源头。而民众对"APEC 蓝"渴望的背后是对雾霾治理的期待，是对环保生活的追求。

习近平在 APEC 会议的晚宴上致辞时表示，"我希望并相信，通过不懈努力，'APEC 蓝'能保持下去"。有报道指出，从表态到行动，中央高层率先践行环保理念。近些年来，我国在生态建设方面明显加快了步伐。在国家层面，党的十八届三中全会旗帜鲜明地提出"用制度保护生态环境"，确立了生态文明制度体系，按照"源头严防、过程严管、后果严惩"的思路，为生态文明体制改革指明了方向，确定了任务。2014 年初，环境保护部党组与京津冀及周边地区大气污染防治协作机制把 APEC 会议期间的空气质量保障列入 2014 年的重点工作计划。③

二、案例记叙

2014 年 11 月 3 日，财新传媒旗下新媒体实验群的服务性资讯项目"无所不能"在其网站上发布一则题为"有一种蓝叫 APEC 蓝"的短新闻，成为网站上反应最快的一则报道：

APEC 来啦！天真的很蓝，不过能豆君一出门，发现帝都变化真不小。早上去买早点，早点店关门了，贴了告示说休假两天。旁边的大叔说，可能因为要开会，不让他们炸油条了吧。再打车去地铁，地铁口竟然有铁栅栏，入口处就排着队，于是果断跟司机说，继续走，没想到，早上这个点

---

① 让"APEC 蓝"转变为"北京蓝"——北京环境经济影响调查 [EB/OL]. 中国经济网，http：//www.ce.cn/cysc/newmain/yc/jsxw/201411/05/t20141105_ 3851536. shtml.

② 北京去年有 45 个重污染天 PM2.5 年均浓度下降 [EB/OL]. 中国新闻网，http：//www.chinanews.com/gn/2015/01－04/6933042. shtml.

③ 大气："APEC 蓝"离常态蓝有多远 [EB/OL]. 天津日报数字报刊，http：//epaper. tianjinwe. com/xjrgcb/xjrgcb/2015－02/16/content_ 7243174. htm.

三环上竟然不怎么堵，顺利到达单位。

2014 年 11 月 4 日，深圳卫视《正午 30 分》的新闻栏目播报了"APEC 蓝"的简要评述，该栏目认为：2012 年以来，网络吐槽雾霾天气逐渐成为常态。中国政府也开始正视环境污染的问题，减排的措施、目标及军令状都已经立下，但民众能够切身体会到的仍旧是"会议蓝天"的管制方式加上"等风来"的驱霾模式。临时的"会议蓝天"模式背后的故事是政府根据会情控制环境，根据民情治理环境。譬如目前的深圳，通过提高污染企业的水费、电费，停止税收优惠等办法让污染企业"自然关闭"，或是对影响到民情、经营规模小的的污染企业实行强制性关闭。政府采用或"半推半就"或"严格执法"的办法，虽然让自己更容易在"财政收入""环境治理"和"群体性事件"之间找"平衡"，但出现了一边高压治理，一边继续污染的怪现状，让地方政府失信于民，导致一些地方在引进大型化工项目替代粗放型化工项目时引发"群体性事件"。①

2014 年 11 月 5 日，"APEC 蓝"出现在大量的报道上。《羊城地铁报》发布题为"造吗？有一种蓝，叫 APEC 蓝！"的文章，称 APEC 会议召开在即，北京从 11 月 3 日起就已执行了机动车单双号限行措施，在大家的努力下，北京终于一扫雾霾，绽放出蓝色的天空，简称为"APEC 蓝"！这称呼想想也是醉了，粉丝们，有没有一瞬间很想生活在帝都？其后刊登了两条网友的评论：

@艾玛怀特：有一种交通，叫 APEC 限行；有一种假期，叫 APEC 假；有种天叫 APEC 蓝；有一种空气，叫 APEC 期间工厂停限产……

@陈宝云：为了让外国客人呼吸新鲜空气，北京周边都开始限行啦。昔日拥堵的街道现在老宽阔了。②

"APEC 蓝"最早见诸央媒正式报道，是在 11 月 7 日《人民日报》的《人民时评》中。这篇题为"让'APEC 蓝'永驻天空"的文章称，"中国进入举世瞩目的 APEC 时间，风起云涌的政治议题还在酝酿，头顶上的蓝天就已抢占头条。连日来北京等 6 省市区采取的一系列措施逐渐显效，北

---

① 你知道吗？有一种天，叫 APEC 蓝［EB/OL］. 第一视频网, http://www.v1.cn/2014 - 11 -04/1417924. shtml.

② 造吗？有一种蓝，叫 APEC 蓝！［EB/OL］. 羊城地铁报, http://ycdtb. dayoo. com/html/ 2014 -11/05/content_ 2790188. htm.

京空气质量明显好转。晴天一碧、晴空万里、云卷云舒，互联网上、朋友圈里，'APEC 蓝'迅速成热词"。文章分析认为："这其实也反映了一种普遍心理——期盼驱散雾霾，渴望蓝天常驻。"同日的《环球时报》也注意到了网友的感受。该报社评称，北京连续多日空气质量良好，天空湛蓝，而且道路畅通，除了诞生"APEC 蓝"这个词，还诞生了另外一个词"APEC 顺"。①

在微博上、微信朋友圈里，网友铺天盖地地分享来自北京市区晴天一碧、云卷云舒的照片，让很多人感觉时空错乱。这一抹蓝色，一时让人们眼前一亮。在网友的调侃下，"APEC 蓝"一词迅速走红，在网络新词榜上一枝独秀，风头无两。关于"APEC 蓝"如何制造、有什么代价、能否持续，以及 APEC 会议带来的福利和不便等，成了中国媒体和民间舆论持续热议的话题。

其实，大量的报道除了为人们展示了"APEC 蓝"及其治理的措施之外，也呼吁要保住"APEC 蓝"并总结了这次的经验。例如《人民日报》的时评中就提到，尽管超常规模的硬举措从长远看难以为之，但是铁腕治污的态度、壮士断腕的决心、雷厉风行的作风，在 APEC 会议后更应持之以恒。同时，横跨北京等 6 个省市区的区域合作、联防共治的协调机制，对形成"APEC 蓝"居功至伟，显然避免以邻为壑，加强区域协调，是 APEC 会议后可以借鉴的方式。

在 11 月 10 日举行的 APEC 第二十二次领导人非正式会议领导人欢迎宴会上，习近平在致辞中亦谈及人们热议的"APEC 蓝"——"也有人说，现在北京的蓝天是'APEC 蓝'，美好而短暂，过了这一阵就没了。我希望并相信，通过不懈的努力，'APEC 蓝'能保持下去"②。

11 月 11 日，新华社时评《留住"APEC 蓝"不靠运气靠人为》表示，"APEC 蓝"有力地证明，治霾并非总要靠运气"等风来"，人为减排控制措施是行之有效的，人为干预能够治污减霾。然而，此次的"APEC 蓝"，毕竟是以北京及周边地区采取限产、休假和停驶等措施换来的，有的还是临时不得已。从短期有效干预到长期彻底治愈，还有赖于克服各种困难，建立长效机制，真正让"APEC 蓝"成为常态。③

---

① "APEC 蓝"是怎样炼成的［EB/OL］. 南方都市报，http：//gongyi. qq. com/a/20141112/022358. htm.

② "APEC 蓝"是怎样炼成的［EB/OL］. 南方都市报，http：//gongyi. qq. com/a/20141112/022358. htm.

③ 新华时评：留住"APEC 蓝"不靠运气靠人为［EB/OL］. 新华网，http：//news. xinhuanet. com/politics/2014－11/11/c_ 1113204141. htm.

2014 年 11 月 12 日，凤凰卫视观察员朱文晖提到，2014 年确实看到了周边一系列关于减排的措施，包括限行、工厂减少排放等确实取得了很好的效果，所以习近平主席也特别提到了希望"APEC 蓝"不是短暂的，这也表明了中国政府在环境保护、环境治理方面，抱着一个非常大的决心。

2014 年 11 月 12 日，《南京日报》文章《峰会上提"APEC 蓝"很坦诚很给力》称，事实证明，习近平主席的明确表态，充分传递了党和政府改善环境的信心与力量，进一步凝聚了人们的治污共识。"APEC 蓝"也给了我们一份信心：改善环境不能靠天帮忙，而是要靠人努力；只要工夫下够、用足，天就能变蓝，水就能变绿，我们的生活环境定能一点点好起来。①

其他报道还有：光明网的《期待"APEC 蓝"成常态》、网易新闻的《留住"APEC 蓝"需要全民参与》、搜狐网的《96.3% 北京市民对"APEC 蓝""点赞"》、新华网的《冬日穿出"APEC 蓝"一点都不难》、人民网的《协同治理　让"APEC 蓝"不褪色》、凤凰网的《环保部：留住"APEC 蓝"继续完善联防、联控区域协作机制》、张家界在线的《如何保持"APEC 蓝"》、中国环境网的《10 张图看懂"APEC 蓝"如何战胜雾霾》等。

还有一些报道另辟蹊径，从"APEC 蓝"中寻找到了商机。《泉州晚报》的《APEC 出游热　能否带热错峰休假》、和讯网的《浦发信用卡借势 APEC 礼品三件套火热开售》、光明网的《APEC 带火俄罗斯手机》、威海新闻网的《威海办结 APEC 商旅卡 550 张》、凤凰网的《APEC 后新 12 国免签　来一场说走就走的旅行》、网易新闻的《景德镇陶瓷闪耀 APEC》、龙华网的《APEC 假期破扎堆出行困局　个性产品带火山东旅游》、中国日报网的《APEC 期间乳糖不耐牛奶单日网销十万提》、金羊网的《APEC 火了多少中国品牌：宋锦订单似雪片飞来》等。

三、分析与评价

（一）"APEC 蓝"的意义阐释

如果没有看过报纸或者电视报道的"APEC 蓝"的信息，人们或许并不知道这个词语所要表达的含义。作为一个组合词，"APEC 蓝"的意义是

---

① 峰会上提"APEC 蓝"很坦诚很给力 [EB/OL]. 南京日报，http：//njrb. njdaily. cn/njrb/html/2014－11/12/content_ 134984. htm.

由报纸、电视、广播、互联网新闻或新兴的个人自媒体等媒体构建的。"APEC 蓝"的意义到底是什么？其所包含的完整含义有哪些？与其他的事物有什么样的相关？媒介需要利用它们的技巧来向受众广泛地阐释这一词语的含义及意义。因为在日常生活中，如果我们对所闻所见的信息无法理解，那么传播就失败了。所谓的"阐释"——人们理解或建构意义的过程并不仅仅是传播问题，只要人们试图建构世界的意义，那么"阐释"就出现了。比如，该如何看待两个人在街头打架：人们首先要搞明白发生了什么事情，才能决定是否应对以及如何应对——他们仅仅是闲逛还是真的发生了严重冲突？有罪案发生吗？① 相反，媒介需要人们完成这个过程，实际上是达到媒介的传播效果，就需要让人们明白，发生了什么，提出如何应对的建议。正如传播的传递模式所认为的，所有传播的目标都是让传播者发送的信息能够尽可能完整地被接受者接收。传播就需要把传播流程的两端以一种必然的方式连接在一起，达到意义共通的效果。在"APEC 蓝"的传播中，以纸媒和互联网新闻门户等为代表的媒体发挥了重大的作用，这里的媒体作用可以大约等同于媒介。因此，我们首先从"APEC 蓝"的意义构建入手，看看媒体到底是如何来阐释"APEC 蓝"的。

1. 叙事分析的角度

"APEC 蓝"实际上是由未知名的网友使用个人自媒体首次发布的，而后被各大媒体所使用。从微博或者微信朋友圈等自媒体的角度来讲，"APEC 蓝"一词的创造由用户叙述和现场图片两个部分组成，以此使得其意义能够被其他的用户所感知，进行进一步的传递。这是人际间的传播，而这里则是从大众传播的角度，重点讨论媒体如何对这一事件进行报道，从而让更多的受众知晓这一词语及其背后的含义，达到传播的目的。

以最早报道"APEC 蓝"的财新网《有一种蓝叫 APEC 蓝》这则综合新闻为例。新闻以小编的经历作为开篇，"APEC 来啦！天真的很蓝，不过能豆君一出门，发现帝都变化真不小"。并附有一张蓝天下 APEC 会场的照片。接着就开始用"讲故事"的方式，"早上去买早点，早点店关门了，贴了告示说休假两天。旁边的大叔说，可能因为要开会，不让他们炸油条了吧。再打车去地铁，地铁口竟然有铁栅栏，入口处就排着队，于是果断跟司机说，继续走，没想到，早上这个点三环上竟然不怎么堵，顺利到达

---

① 劳伦斯·格罗斯伯格等. 媒介建构：流行文化中的大众媒介［M］. 祁林译. 南京：南京大学出版社，2014. 147.

单位"①。让受众明白了 APEC 会议给在北京生活的人们带来了变化。"赶紧打开朋友圈，于是发现有一种蓝叫'APEC 蓝'，有一种心情叫'APEC 爽'，学校停课，公务员放假，再加上单双号限行，路面畅通又无阻，真是高招。"

　　这是一种新闻叙事的手法。叙事是大众媒介中最普遍的代码，"就是讲故事"。"叙事通常是直接或间接地讲述人和世界的故事：告诉人们他们是谁，从哪儿来，未来是什么。人们所尊重的社会关系又是什么"。能够让每个人都明白故事的主题以及故事的结构。② 该新闻并没有一开始就给"APEC 蓝"下一个定义，而是通过展示最直观的图片，让受众看到天有多蓝，并用讲故事的方式把小编亲身经历的整个过程呈现给受众，让受众能够快速地理解"APEC 蓝"这一概念。

　　理解这一概念后，财新网的《有一种蓝叫 APEC 蓝》这则综合新闻并没有放过对这一概念背后所体现出来的环境问题进行挖掘。其后面刊发了"能豆君今天也收到了专栏作家的一篇应景稿件，来跟大家说道说道 APEC 开会，来了不少国际友人，机场运转繁忙，其实这机场的空气污染北京治理起来就有很大的空间"。这篇文章题为"借

图 2　《有一种蓝叫 APEC 蓝》的新闻配图

APEC 会议良机，清除首都机场的重大空气污染源"，这篇文章认为，APEC 会议期间，机场由于接待的关系，飞机的航班次数会增多，因此机场的空气污染值得关注，并指出"在首都机场，近年来却频繁发生飞机离开登机桥或停机位后开动发动机长时间等待起飞的情况；等待的时间经常是几十分钟，甚至超过 1 个小时；经常从首都机场坐飞机出行的人估计没有人没碰到过这种情况"③。并且呼吁借鉴其他国家的经验，减少飞机起飞的等待时间而产生污染气体的排放，引导读者关注污染问题。

　　实际上，财新网的《有一种蓝叫 APEC 蓝》这则综合新闻的叙事分为

---

　　① 有一种蓝叫 APEC 蓝 [EB/OL]. 财新网，http：//www. wusuobuneng. com/？ p = 12782？cx_ from = news. qq. com.

　　② 劳伦斯·格罗斯伯格等. 媒介建构：流行文化中的大众媒介 [M]. 祁林译. 南京：南京大学出版社，2014. 181.

　　③ 有一种蓝叫 APEC 蓝 [EB/OL]. 财新网，http：//www. wusuobuneng. com/？ p = 12782？cx_ from = news. qq. com.

两个部分：一是用讲故事的方式告诉受众什么是"APEC 蓝"，二是刊发文章引导受众关注"APEC 蓝"背后存在的污染问题，而北京首都机场的污染仅仅是其中一个方面，仅为抛砖引玉。文章回应了它在摘要中提及的观点：重要的还不是为了北京市的脸面，而是借此次会议的良机，找到尽可能多的空气污染的根源和治理的办法，这对全体市民都有好处。从叙事的角度来看，"APEC 蓝"的意义产生和传播是媒体通过为受众呈现"APEC 蓝"的照片和情况，并挖掘背后的环境污染问题，形成了意义的共通。

2. 符号学分析的角度

符号学是研究意义系统本质的学问，它把符号看成一套代码的最小单位，同时把代码等同于意义系统。[①] 从符号学的角度来看，"APEC 蓝"这个符号包含了两个不同代码系统的代码，一个是英文的缩写，一个是汉字。这两个代码被神奇地组合在一起，成为一个新的符号，有了新的意义。符号学认为，符号自身由两个部分组成，能指（signifier）和所指（signified）。它们构成了任何一个意义体系。能指是一种可以感知的标记，没有单独的意义，唯有和所指结合才能产生意义。APEC、蓝都是能指，其与另外一套系统所指（即意义）结合，才有了"APEC 是一个会议，它代表一个事件"，"蓝是一种颜色，一般代表着纯洁与宁静"这两种意义。在这里，这两个符号又重新进行组合，成为"APEC 蓝"这个新的符号之后，就有了"在 APEC 会议期间天空是难得的蓝色"这么一个新意义。这从媒体的报道中可以看得出来，特别是从图片的配合上面，很多媒体拍摄了"在湛蓝的天空下的 APEC 会场"，突出了我们平日难以见到的蓝色的天空。

实际上，"APEC 蓝"一词还体现了符号学中的文本组合方式，即两种不同的文本组织路径。"横组合"描绘了符号在时空中是如何被连接在一起的，或者说是如何被依次地连接在一起的。"APEC 蓝"一词的顺序，因为 APEC 会议，北京的天空才是蓝色的，这是一个因果顺序。而"纵组合"则是在真实文本以外描绘其他符号的可能性，关注的是在不改变"横组合"的基础上，建构一种其他文本的可替代性。就像很多媒体在"APEC 蓝"的报道文章中多次提到的"北京天空的这一抹蓝，既不是普鲁士蓝也不是蒂芙尼蓝，而是 APEC 蓝"。这里具有一种"纵组合"的阐释。它会让受众想到，为什么不是著名的普鲁士蓝，也不是蒂芙尼蓝，而是北京的"APEC 蓝"。前面两种蓝是天然的蓝，而"APEC 蓝"是一种人工创

---

① 劳伦斯·格罗斯伯格等. 媒介建构：流行文化中的大众媒介 [M]. 祁林译. 南京：南京大学出版社，2014. 144.

造的蓝。媒体通过"纵组合"路径的阐释，受众能够快速地发现天然蓝和人努力创造出来的蓝的区别，这其中蕴含了另外一层意思："APEC蓝"到底是以什么样的措施创造出来的。在雾霾肆虐的华北地区，特别是北京与河北，天空能够在短时间内恢复正常，其背后的措施也是引发受众关注的。因此，大部分媒体并不简简单单地把"APEC蓝"作为一种现象来看，它们同时提及了政府在背后所做的工作和付出的努力。例如，《中国建设报》刊发的《北京"APEC蓝"的背后》，文章第一段只是简要地提到了"APEC蓝"的情况，而从文章的第二段起，则是介绍北京住房城乡建设委员会所做的保障措施。"'APEC蓝'的背后，是各地、各部门的共同努力。为确保APEC会议期间的空气质量，北京住房城乡建设委员会克服工期延误等困难，采取了强制措施，要求全市区域内的所有工地停止一切施工活动。同时，成立了近100个检查组，派出近500人的队伍，不间断地对全市3 000多个在施工地进行巡查，确保施工现场停工到位、扬尘治理到位。"其后则分为三个部分重点介绍：①密布网：让施工扬尘"无路可逃"；②出狠招：扬尘不达标就"停标"；③助推器：防尘降尘"双管齐下"。

图3　华北地区（除北京）APEC会议期间的污染控制措施①

————————

① APEC蓝，为什么这么蓝？［EB/OL］. 财新网，http://datanews.caixin.com/2014－11－07/100747958.html.

"纵组合"路径继续挖掘，媒体报道除了阐释了"APEC 蓝"的含义和政府的措施之外，另外一个重点就是用报道或评论的方式来反思"APEC 蓝"之后的环境问题。为什么北京没有能够像普鲁士蓝或者蒂芙尼蓝那样出现"北京蓝"？而是出现了"APEC 蓝"？媒体把其背后所呈现的环境污染问题及治理难题放在了受众面前。2014 年 11 月 14 日，人民网发表网评认为："'APEC 蓝'的出现足以说明，只要心足够诚，雾霾虽难缠，但彻底驱除并没有我们想象的那么难。""通常看，雾霾治理之难主要有三：其一，经济结构调整难。其二，是治理难。其三，自觉遵守难。显然，这些难点，只有第一条属'真'难点，后两者为利益与意识较量的'伪'难点。对于'真难'，新一届中央政府有决心更有诚意，把'生态文明建设纳入中国特色社会主义事业五位一体总体布局'就是最有力的证明。对于'伪难'，我们不能因一时一地的努力没有实效就放任自流，而是要从现在做起从自己开始，随时随地贡献那么一点：节约一点电，多选择一点公共交通，多一点'绿色'出行。"还有一些媒体整合了部分媒体的观点。例如，2014 年 11 月 12 日，《新京报》就在其微信公众号上发表了《留住 APEC 蓝，我们能做什么?》的报道，报道在最后一部分"如何留住 APEC 蓝"中整合了部分媒体的观点——政府的环保能耐其实很大，有时超乎想象。《长江日报》为这篇报道点赞，这样的环保能耐被激活，还需要议程设置的调整，把整治雾霾变成社会的"头等大事"。政府联手治污的行动力、内在动力，可以与兴办一个大项目、招商引资比肩，甚至超越。新华网总结，从长效机制看，此次最宝贵的经验就是，相关省区市的联合治霾行动体现出的一盘棋互相协同的步调。下一步，如何借鉴本次治理的经验，在重污染极端情况下以及常态化治霾减排工作中，推动建立跨区域联动长效机制，获得制度保障显得尤为迫切。除了以上措施，《新京报》还补充：治理光靠政府无法完成，还应引入市场化的调节机制。比如，像企业燃煤烟气脱硫脱硝有政府补贴一样，对于机动车排放等个体或单位的减排行为，也应通过价格杠杆适时引导。①

由此，我们可以看到，媒体对"APEC 蓝"这一符号的意义阐释，从三个部分进行：一是"APEC 蓝"这个词语本身所代表的北京天空的洁净；二是政府所做的措施和努力；三是我们要如何留住"APEC 蓝"的思考。第三个部分也正体现了符号互动主义的一个观点：我们对符号所做的反应行为在很大程度上就是由这些符号来作中介（或控制）的。因此，一个人

---

① 留住 APEC 蓝，我们能做什么？[EB/OL]. 新京报新媒体，http://www.bjnews.com.cn/focus/2014/11/12/341009.html.

对他或她的物理或客观现实的理解和关系由符号环境（即我们已内化的心灵、自我和社会）作中介。换句话说，我们给符号赋予意义，这个意义定义了我们和我们所经历的现实。在我们社会化中的过程中，我们在文化上达成一致的意义控制着我们与环境的互动。[①]

总而言之，我们赋予了"APEC 蓝"的意义，这是对现实的定义，也是媒体所引导的与现实的互动。

（二）"APEC 蓝"背后的媒介功能再现

1972 年，马克斯韦尔·麦库姆斯和唐纳德·肖通过对 1968 年的总统竞选研究验证了媒介的议程设置功能，并且正式著文提出。媒介的议程设置功能就是媒介通过长期的综合报道，对受众关于现实社会重要议题的认知产生影响，即以媒介集中报道的议题为重要议题。媒介决定了一定时期之内，受众关注什么、思考什么、讨论什么。从这一事件的报道来看，媒体确实在影响和引导人们对"APEC 蓝"的认知、传播和反思的过程中发挥了巨大作用。美国政治学家李普曼在《舆论学》一书中提出了"身外世界与脑中图景"这两个概念。在李普曼看来，大众媒介把"不可触、不可见、不可思议"的现实环境传递给人们，为人们提供了一个可知、可感，并仿佛也能亲身经历的间接环境，这就是媒介环境。媒介通过过滤、把关手段，在他们价值逻辑下对传播内容进行设置，再凭借舆论优势和认识垄断的方式，对社会文化资源进行解构、重组，最后整合成一个"媒介社会"。[②] 传播出来的社会信息在受众头脑中形成的社会图景就是媒介内容的具象化。

媒体对"APEC 蓝"概念和意义的建构，体现了作为大众媒介所发挥的社会整合功能。著名的政治学家、传播学四大奠基人之一的哈罗德·拉斯韦尔曾提出传播专家的三种功能：监视环境、联系社会各部分、一代代往下传递社会遗产。1959 年，查尔斯·赖特在其撰写的经典教材《大众传播：社会学的视角》中，对拉斯韦尔的三功能说进行了拓展，提出了"媒体经典四功能论"，即在原来三个功能的基础上，加入第四个功能——提供娱乐。美国传播学者韦尔伯·施拉姆曾先后两次对传播功能进行总结、修正。1982 年，他在《传播学概括》一书中，正式将传播功能界定为：雷

---

① 劳伦斯·格罗斯伯格等. 媒介建构：流行文化中的大众媒介 [M]. 祁林译. 南京：南京大学出版社，2014. 359.

② 陈翔. 媒介整合社会：建构媒介功能新理论 [J]. 西南民族大学学报（人文社会科学版），2004（4）：25～28.

达功能、控制功能、教育功能、娱乐功能。无论是拉斯韦尔、赖特还是施拉姆的媒介功能学说，不管从哪个角度考察，都体现了媒介整合社会、影响社会的功能——把有价值的资讯传播出去，告知受众，消除受众对环境的不确定性和鼓励受众参与到社会中来。

媒体对"APEC 蓝"的报道，紧紧抓住了华北地区特别是北京近些年来的雾霾污染这一话题，透过 APEC 会议期间出现的罕见蓝天，发挥了媒介监视环境、整合社会的功能。新媒体用了较为轻松的方式来报道，大部分媒体对"APEC 蓝"出现背后的种种措施进行报道，有些官方媒体则对环境污染、保持"APEC 蓝"的问题进行反思。无论如何，这些报道都将推动人们对雾霾和对华北地区环境治理的进一步认识。正如威廉·哈希顿对规范理论提出的五大分析视角之一——发展的概念所认为的，政府和媒体互相配合，以确保媒体在对国家有利的发展计划中起到辅助作用。① 普利策也曾给出一个很经典的比喻：媒体就像在海上航行的轮船上的瞭望塔，当它发现前方的冰山、暗礁时，能够及时向人们发出警报。2014 年 11月 20 日，《经济日报》刊发《留住"APEC 蓝"，需建长效机制》一文，该文作者认为："APEC 蓝"的出现，说明只要痛下决心，将治理措施真正落实到位，雾霾是可以治理的。而要长久地留住"APEC 蓝"，则必须依靠规范有序的法治环境，建立长效机制。如新华网 2014 年 11 月 14 日发布的《"APEC 蓝"能否变成持久的"北京蓝"?》就报道了专家们对于如何留住"APEC 蓝"的看法。本次媒体的后续报道，几乎都是站在如何减少雾霾污染的角度，为留住"APEC 蓝"提供政府的表态和专家的建议。媒体的瞭望塔角色，正是体现在此。

（三）媒介建构的结果——打通官方和民间两个舆论场

从学理上说，包含若干互动因素从而使一些人形成共同意见的时空环境谓之舆论场。② 这里的"场"是指同现实事物相联系的外在环境的总体。无数的个人要求及意见只有在"场"，即外在环境的作用下，经过多方面的交错、协调、组合、扬弃，才能形成一致性共识，舆论便成为这种"场"的产物。③ 清华大学教授刘建明对舆论场做了定义："所谓舆论场，

① 斯坦利·巴兰，丹尼斯·戴维斯. 大众传播理论：基础、争鸣与未来［M］. 曹书乐译. 北京：清华大学出版社，2014. 31.

② 童兵. 官方民间舆论场异同剖析［EB/OL］. 人民网，http：//theory. people. com. cn/GB/82288/112848/112851/17884213. html.

③ 童兵. 关于当前新闻传播几个理论问题的思考［J］. 新闻与传播研究，2013（1）.

正是指包括若干相互刺激的因素，使许多人形成共同意见的时空环境。"①

在当今中国，人们同时生活在官方和民间两个舆论场之中。新华通讯社原总编辑南振中认为，在当下中国客观存在着两个舆论场：一个是党报、国家电视台、国家通讯社等主流媒体舆论场，即官方舆论场，它忠实地宣传党和政府的方针政策，传播社会主义核心价值观；一个是依托于口口相传特别是互联网的民间舆论场，人们在微博、BBS、QQ 上议论时事，针砭社会，品评政府的公共管理。②

长时间以来，民间舆论场由于依靠着互联网平台，运用微博、微信、BBS 等渠道，快速并且几乎没有限制的进行信息的交流互动。如果不能打通并且融合官方舆论场和民间舆论场，势必造成了官方舆论的面子工程和民间舆论的里子实质，面子、里子不同，也将不利于中国的经济社会和谐发展。"APEC 蓝"刚出现的时候，部分网友发的帖子是具有讽刺意味的，充满了对空气改良的短暂现状的调侃与戏谑，但是以报纸、电视、网络媒体为代表的大众媒体，正面应对，不回避、不反击，积极加入讨论之列，构建了"是什么—为什么—怎么做"的议题，反而让网友的戏谑闹剧变成了一句励志而且给人以希望的承诺，让"APEC 蓝"变成"北京蓝"的讨论反而后来居上，主导了舆论的走势。这个过程，凸显了媒介的议题设置功能，也展示了在涉及政府作为方面，媒体敢于迈开引导两个舆论场的步子。同时，通过寻找和发挥官方舆论场和民间舆论场的合力，增加官方和民间这两个舆论场的"最大公约数"，消除它们之间的隔阂。为此，官方媒体和主流媒体要尽快、尽好地实现三个转变：从立足信息发布权向掌控信息解释权转变；从意见表达者向意见平衡者转变；从社会守望者向社会对话组织者转变。③

四、结语

不知从何时起，人们就没有再见到蓝天。雾霾肆虐下，人们对环保日渐关注。"APEC 蓝"体现了一种心态，无奈于美好蓝天的短暂，期待留下这份天空的洁净。对于触及公共利益、反思政府作为的问题上，媒体能够把坚持正确导向和通达社情民意统一起来，保证人民的知情权、参与权、表达权和监督权，主动设置议题，构建话题舆论环境，实现官方舆论场和

① 刘建明. 社会舆论原理 [M]. 北京：华夏出版社，2002.
② 南振中. 把密切联系群众作为改进新闻报道的着力点 [J]. 中国记者，2003（3）.
③ 周廷勇. 增加官民舆论场的"最大公约数" [N]. 人民日报，2012–07–24.

民间舆论场的整合，引导舆论走向。实际上，环保的话题是近十年来人们一直关注的焦点，而此次媒介借"APEC 蓝"的东风，与其说构建了一个环保"是什么—为什么—怎么做"的媒介环境，不如说拉近了媒介环境与现实的距离，引导社会的关注，真正成为社会的瞭望塔。

（撰稿人：方灿）

媒体融合视角下广播节目发展新路径
——以中国之声为例

过去的 2014 年，技术的进步对传统行业的格局乃至生存的改写和冲击令人感触颇深，人们的生活习惯和行为方式逐渐被改变。移动互联网、移动终端的迅猛发展对传统媒体的冲击日渐深远，作为传媒行业中古老的传统媒体——广播，也难以独善其身。

一、案例背景阐述

中央人民广播电台中国之声（以下简称"中国之声"）是中央人民广播电台历史最悠久的第一套节目，是中国国家电台最具权威性和影响力的新闻频道。2014 年是中国之声开播十周年，在媒体融合背景下，身处"新媒体"年的中国之声承继改版以来的良好势头，坚持新闻专业化，强化互联网思维，拓展媒体产业链，在传播理念、报道方式等方面取得了很大突破，对广播节目发展新路径进行了积极、有益的探索。

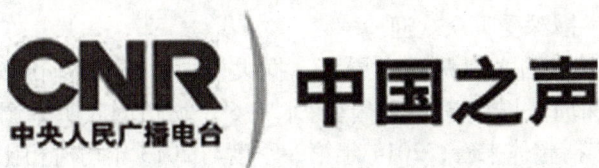

图 1　中国之声台标

二、案例过程

从 2004 年开播以来，中国之声以求变、求新为宗旨，以探求和引领媒体改革趋势为己任，通过对节目进行持续不断的局部调整和大刀阔斧的全面改版，不断优化内容和结构，逐步打造以早、午、晚三大新闻密集区为支撑，以不断滚动播报新闻为主体的整体节目架构。中国之声围绕"新闻立台"，在树立专业新闻理念的同时，通过"板块＋轮盘"的节目编排模式，保证新闻的速度和深度。

2009 年，中国之声首次改版亮相，这次改版最大的变化是新闻比重的大幅上升，从早上 6 点到晚上 11 点，新闻直播不断。全天节目以"板块＋轮盘"的模式为架构，打通各个时段，新闻比重由原先的不足 45% 迅速提升到 85% 以上，新闻首发率和报道原创率明显提高。2009 年改版后，中国之声形成了以新闻为龙头，涵盖谈话、综艺、公益全方位内容的新闻综合频道，在节目设置和编排角度方面呈现出一系列创新性成果。

2010 年，中国之声在广泛听取受众意见的基础上，对节目进行局部调整，优化重点集中在早、晚、夜三大黄金时段，目标是使新闻传播的速度更快，使节目内容更具思想深度，更加贴近听众。用《新闻纵横》拉长早高峰，《央广新闻·晚高峰》提高收听峰值，推出长达四小时的夜间新闻板块，将全天新闻节目延长到午夜 12 点。

2011 年，中国之声启动新一轮改版，其中《央广夜新闻》引入了全新节目形式，节目改变话语方式，直播间由主持人、评论员和记者共同"聊"新闻；增加对网络"虚拟世界"的报道：由以前报道"网络转载"的新闻变为现在的报道"网络发生"的新闻，互联网、手机 3G 网络这些新媒体平台成为新闻事件的第一现场，包括"微博热议""手机报封面秀"，都给听众以全新的感受；报道电视节目，使听众随时了解电视节目，尤其是电视新闻评论节目所探讨的内容。同时根据夜间时段听众的收听习惯，大量与听众展开互动，用短信、微博等方式，请听众参与节目，评说新闻，这些举措深受听众欢迎。

2014 年是中国之声开播十周年。据央视—索福瑞媒介研究公司在北京、上海、深圳、长春、成都、乌鲁木齐 6 个城市的收听率调查数据，从 6 个城市的广播整体来看，2014 年第一季度与 2013 年均值相比，各大城市所有指标全部上升，部分城市涨幅明显。除此以外，2014 年调查数据显示，中国之声的听众对节目的满意度高达 78.3%，听众忠实度高达 97.3%。不断改版的轮盘模式让听众快速完成从选择性收听到惯性收听再到固定收听的转变。中国之声在媒体融合的背景下，坚持新闻的专业性，强化互联网思维，坚持创新，可以说，中国之声的探索为广播媒体，尤其是为新闻类广播媒体打开了一条新思路。

三、分析与评价

（一）媒体融合下"内容为王"赢得权威性

媒体融合背景下，中国之声提出回归新闻本位、坚持新闻的立场。根据央视—索福瑞媒介研究公司 2014 年的调查数据显示，在北京、上海、武汉等地，中国之声的收听率和市场份额较 2013 年都有所上涨。这与中国之声坚持内容为王、新闻专业化是分不开的。

1. "轮盘＋轮盘"的线性传播模式

早在 2009 年，中国之声就进行了全方位改版，将新闻比例由 40% 提高到 75% 以上，新闻栏目《央广新闻》每半小时一单元滚动播出，时时刷新。早、中、晚分别以名牌节目《新闻和报纸摘要》《新闻纵横》《全球华语广播网》《全国新闻联播》《直播中国》及《新闻解读》组成三大新闻板块，之后每半小时有一新闻滚动轮盘，轮盘里有全天重点关注、综合资讯、连线报道等栏目。每有重大事件或重大策划，轮盘迅速打通，保证新闻随时进入。此外央广还向十八位专家颁发了特约观察员聘书，加强了新闻的时效性和深度解读。改版后，中国之声较 2008 年在北京、广州、杭州等城市的收视率和市场份额都有所增长。

在"劲锐 2010"的改革中，中国之声重新打造了早间名牌节目《新闻纵横》，由一小时拓展到两小时，以"追问"取势，问昨夜今晨有哪些最新消息，问新闻事件当事人、知情者和利益方如何解读，问专家、观察员对焦点时事、热点话题的正反观点；追财经、追市场、追民生、追亲历、追面孔、追幕后、追体坛、追天气等。它与早上 6 点 30 分的名牌节目《新闻和报纸摘要》及 9 点的《央广新闻》更新版组合成早间节目的黄金收听板块。2010 年，中国之声还重新整合了《央广夜新闻》，在晚上 9 点至 24 点播出，取代了之前的文艺和社教类谈话节目，关注正在发生的国内外新闻，进行深入解读。

2011 年，中国之声又启动了新一轮的改版，进一步强化了轮盘板块混合编排的内容播出形式，塑造"以责任，赢信任。中国之声，责任至上"的媒体形象。提出了中国之声作为中央电台新闻频道应担负的六大责任：以专一做新闻、专业做新闻为己任；以促政通谋人和，搭建党和政府同人民大众的桥梁为己任；以追寻事实，推动国家、社会、公民的进步为己任；以追求真理，构建主流价值观为己任；以服务大众，坚持人性、人本、人文为己任；以声音记录中国，建设国家级声音档案为己任。中国之声在继续保持新闻报道"快字当头"的同时，着力实现报道的有序分层。将白天播出六个半小时的《央广新闻》改为以半小时为单元，对事件发生、发展进行同步的报道，强调回归新闻本源。全天新设四十四档《此时此刻》，以"第三播报"的形式，以"说新闻"的方式，为听众集纳最新消息、媒体和网络热点热议、生活服务提示等三大类即时内容。赛立信的调查数据显示，2012 年至 2013 年中国之声在北京地区的收听率和市场份额稳定在第四、五位。改版之后的中国之声不仅在新闻传播的速度、力度、深度方面得到了加强，而且在品牌的影响力和舆论的引导力上得到了提高。

　　与 2011 年改版时比较，2014 年，中国之声用在早上 5 点至 6 点的《阳光购物街》替换了之前的《悦动清晨》。早上 6 点 30 分播出的《新闻和报纸摘要》节目，内容丰富，包括国内要闻、媒体介绍、国际新闻、今日天气、简讯等。早上 7 点至 9 点的《新闻纵横》，以早晨 8 点为时间界限，前一小时用独特视角回溯昨天的重要事件，例如 2014 年 12 月 22 日的《新闻纵横》评析热点事件"医生手术台边拍合影"，通过对照片进行解读，网罗网友评论，探寻事实真相；后一小时放眼今天及未来，预告即将发生的事件，预测其成因、走向及影响。中午 12 点播出的《全球华语广播网》，设立"今日聚焦""海外镜鉴""环球记者播报""直通全球""主编读报""时尚趣闻"等子栏目，为听众提供"观天下，看中国"的华人视角和世界眼光。下午 4 点 30 分播出的《央广新闻·晚高峰》每天推出"新闻调查"，寻找一个当天最重大的主题，以二十秒片花形式向听众征集意见，三小时全程滚动关注，每时段中主持人伺机与听众互动，在节目结尾公布当天听众调查结果；每天评选"今日最美新闻人"，并讲述、弘扬社会正能量；每天请主播播报"民生榜"，每日民生资讯一网打尽。晚上 9 点播出的《央广夜新闻》打出"同步你来说"的口号，所有节目环节均围绕互动设计，以互动方式呈现。每期同步跟踪正在进行的事件和网络正在热议的话题，同步展开当事方、评论员、听众、网友的实时互动讨论、线索提供及核实报道。

　　由表 1 可知，中国之声轮盘型编排的方式，内容不断滚动，提高了新闻的首发率和报道原创率，使新闻资源得到进一步的整合和优化；打通新闻时段，发挥广播传播快速的优势，这一点在突发性新闻报道上尤为突出。

　　总的来说，2014 年，中国之声承接"轮盘 + 轮盘"的线性传播模式，以时间为单位循环，结构不变，内容更新。新闻内容更加丰富有趣，改变了新闻播报方式。

表1　中国之声 2014 年节目单

类型	时段	一周七天
夜间特色节目	00:00 – 02:00	千里共良宵
	02:00 – 02:30	记录中国
	02:30 – 04:00	昨日新闻重现
	04:00 – 04:30	养生大讲堂
	04:30 – 05:00	中央农业广播学校
	05:00 – 06:00	阳光购物街
早高峰新闻板块	06:00 – 06:30	国防时空（周一至周五） 残疾人之友/品牌之旅（周末）
	06:30 – 07:00	新闻和报纸摘要
	07:00 – 09:00	新闻纵横
新闻轮盘	09:00 – 12:00	央广新闻
午高峰新闻板块	12:00 – 13:00	全球华语广播网
新闻轮盘	13:00 – 16:30	央广新闻（午后版）
新闻轮盘	16:30 – 18:30	央广新闻·晚高峰
晚高峰新闻板块	18:30 – 19:00	全国新闻联播
	19:00 – 20:00	央广新闻·晚高峰
晚间特色节目	20:00 – 20:30	小喇叭
	20:30 – 21:00	直播中国
	21:00 – 24:00	央广夜新闻（周三含政务直通）

2. 对重大新闻事件的报道

广播具有速度快、覆盖面广的特点，在重大的、突发性新闻发生时，广播可以在与传统媒体的竞争中抢到首发优势，在与新媒体的竞争中体现自身的专业性和权威性。

2014 年 8 月 3 日，云南鲁甸发生 6.5 级地震，中国之声特报部记者在两个小时内发出第一条录音报道；十四路记者在地震当晚陆续赶往震区，奋战在抗震救灾一线；8 月 4 日，中国之声已打破原有播出安排，打通频道时间转入对地震的全方位直播状态，推出抗震救灾特别直播《鲁甸紧急救援》，提供灾情、救援、避险、交通、心理干预、专家解读、寻亲热线等信息服务，并播出方言版救援信息；连线中央台驻云南记者报道前方消息，在后续节目中不断插播余震消息，提醒听众对地震的持续关注，领先于所有广播电视媒体，及时、公开、透明地报道灾情，引导各方力量进行科学救援。

图2　中国之声特别直播《鲁甸紧急救援》

中国之声积极投入国家应急广播建设，云南鲁甸地震中，中国之声的应急广播相比芦山地震、汶川地震时的运作更加成熟。第一时间启动国家应急广播报道程序，发挥国家应急广播主力，向灾区民众定向播出应急频道。2014年8月5日，国家应急广播鲁甸地震广播电台在龙头山发出了第一次呼号。这是继2013年芦山地震国家应急广播开播之后，第二次在地震灾区开通的国家应急广播，成为覆盖整个震中地区的中国最强音。[1]

除了重视对应急突发事件的直播，中国之声也十分重视对重大事件的直播。2014年12月13日，中国之声全程参与直播南京大屠杀公忌日纪念活动，建立专题网站，上传音视频，开辟互动专区。2014年12月19日，中国之声参与直播庆祝澳门回归祖国十五周年文艺晚会，取得圆满成功。

图3　中国之声主播进行南京大屠杀公忌日
纪念活动直播准备

---

[1]　国家应急广播鲁甸抗震救灾应急电台进入正常播出［EB/OL］．央广网，http://china. cnr. cn/news/201408/t20140807_ 516157122. shtml.

（二）媒体融合下互联网思维的植入

2014 年是媒体融合元年，广播媒体借助新媒体展示出来的互动性、共享性、联通性可以有所发展。强化互联网思维，加快转型，是包括广播媒体在内的主流媒体的共同诉求。在媒体融合时代，广播媒体的优势与新媒体的特性不谋而合，而且这种优势在新媒体时代日益凸显出来，甚至广播媒体隐含的特性也能够被挖掘出来。可以说，媒体融合时代广播媒体的优势得到了再次放大。这些优势主要表现在：第一，不同于其他媒体的单一的声音符号传播的独特魅力；第二，广播媒体的快速传播与互联网的追求时效性相一致；第三，移动接收与互联网的移动化相契合；第四，伴随性接收状态与现代快节奏生活相适应；第五，广播媒体的私密贴身性与现代人情感慰藉的需求相吻合。

此外，我们还应该看到与其他传统媒体相比，广播媒体在媒体融合时代的转型是最容易的，原因主要在于广播媒体成本的低廉。这些成本包括广播内容的制作成本和受众接收成本。广播媒体的制作设备相比电视的采编设备、报纸的排版印刷设备要低廉得多。同时广播接收设备也要便宜得多、便捷得多，既包括传统收音机，也包括手机、平板电脑等各种移动互联网接收设备。所有这些都为广播媒体在新媒体时代的转型升级提供了诸多便利条件。因此，我们可以有充分的理由说，广播媒体在媒体融合时代受到的冲击是最小的，其在传统媒体中转型、升级、融入新媒体也应当是最便利的。

媒体融合说到底就是深化内容与形式的结合，在内容为王的前提下，利用新技术，使传播效果通过 n 次传播，n 次交互，n 次集成达到精准化、个性化、有效化，其中用好互联网思维是实现内容和形式融合的关键。互联网思维讲究平等交流，强化互动反馈，追求简约极致，注重用户体验，崇尚开放共享，注重跨界协作，强调数据运用。[①]

1. 互动——用户思维的转型

（1）讲究互动交流。

广播注重通过对话达到语言和心理上的互动，从而和受众形成拟态的人际传播，体现出情感的慰藉和人文的关怀。[②] 中国之声以新闻播报为主，在播报新闻时如何引起受众的兴趣和共鸣呢？

---

① 陈凯星. 融合分享时代红利 ［EB/OL］. （2014 - 09 - 29）. http：//news. xinhuanet. com/new media/2014 - 09/25/c_ 127033721. htm.

② 胡正荣，曹璐，雷跃捷. 广播的创新与发展 ［M］. 北京：北京广播学院出版社，2004.

中国之声以《新闻纵横》《央广新闻》《新闻和报纸摘要》等为代表的品牌新闻节目多采用对话式报道，实现了对话式报道的常态化。男、女主持人一问一答，比起严肃的独播更具个性化，有利于吸引年轻受众群体，真正体现了广播传播快、篇幅短、口语化强的传播优势。这种对话目前有三种形式：一是双主持人对话；二是主持人与记者、专家连线对话；三是主持人与听众的互动。

双主持人对话如下：

男：今天是10月20号，《新闻纵横》节目关注了这样一件事情——"烟台大学62岁的保洁员吴明华和他六位同事的一些故事"。这七位保洁员在学校的食堂里面看到学生们吃剩下不要的馒头和米饭，觉得不忍心丢弃。于是呢，就把这些食品装到塑料袋里，留着自己晚上吃，生怕浪费了粮食。这种做法，他们已经坚持了5个月。

女：有人说，他们的这种做法太过时了；也有人说，他们身上流淌着长征精神。从今天（19日）开始，中国之声将连续推出系列报道——《由保洁员吃学生剩饭引发的思考》，和您一起探讨老人在大学食堂吃剩饭的思考。那今天播出第一篇：从保洁员身上我们看到了什么？（摘自：中国之声2013年10月20日，《新闻纵横》节目录音）

主持人与记者、专家连线对话如下：

主持人：今天是2014年12月28日，2015年全国硕士研究生招生考试昨天开始至29日结束。北京、上海、广东、黑龙江、天津等多个省市传来报名人数减少的消息。考研人数连续第二年下降。考研人数连续两年下降，是什么原因造成的呢？详细情况我们连线中国之声特约观察员孙献涛。

孙献涛：第一个最主要的原因就是大家读研究生的目的更加明确了，就是为了工作，如果有了更好的工作，就可以不读研究生，对研究生本身的期待也弱了；第二个原因也是第一个原因的反面，就是中国的研究生质量在下降，或者是质量参差不齐更加明显，过去读个研究生就是高端人才，现在不一定了。如果没有好的地方，好的学校，大家宁愿不读研究生。主要是这两个原因造成的。

孙献涛：在研究生这个教育阶段，模式比较单一，也就是从学术角度、从发论文的角度、从科研的角度更加深入地研究某一领域更加细碎的问题的角度来做事情。现在，研究生本身对大家的吸引力可能弱了一点。研究生阶段的一些培养模式或者读研究生的过程中，读硕士和博士学位的过程中，目的性也不像过去那么简单、更多样化，这样可选择的渠道也比较多。（摘自：中国之声2014年12月28日，《央广新闻》节目录音）

主持人与听众的互动如下：

男：厉行节约，餐饮业经营者们又应该作出哪些努力？这个话题在微博、微信上也引发了大家的热烈讨论。

女：微博网友"双荣的幸福生活"说：自助餐的经营模式能够达到吸引消费者的目的，作为经营者们选择这种经营方式没错，但首先应该尽到提示的职责。同时更应该在消费者们就餐的时候，明确规定浪费的粮食在多少重量以上，就要进行相应的罚款。

男：而微信网友"雪明"则推荐了几个切实可行的节约办法。

微信网友"雪明"的音频：首先，餐饮企业在配料上，烹饪上，就要开始注重节约。做到粗菜细作，适量用油，减少不可食用的花边点缀；其次，菜量可以分为大份和中份，并根据客人的多少，主动建议点中份或大份。

女：走出物质短缺的时代，我们还需不需要节俭？如何从身边小事做起，在日常生活中践行节俭？中央台今天发表的评论文章《让节俭成为共识》指出，小到一个个人，大到一个国家，节俭勤勉，只会赢得尊重；奢靡享乐，早晚会被时代抛弃！在新的历史时期，居安思危、永不满足，不仅是必需的，而且更应该是根植于我们每一个人灵魂深处的一种精神。它是勉励我们每一个华夏儿女，在民族复兴道路上不屈向前的动力源泉和坚强支撑！（摘自：中国之声2013年10月20日，《新闻纵横》节目录音）

除了主持人互动，中国之声在报道语言上追求轻松活泼，摒弃了以往严肃的姿态，拉近了与听众的距离。2014年1月16日，中国之声推出《新春走基层·温暖回家路》特别报道，在《新闻和报纸摘要》《全国新闻联播》首次推出《春运小助手》，这个5分钟的板块一改"报摘""联播"中的严肃语态，由专人录制串联，并剔除所有记者口播，由小助手进行"第一人称"的串联，突出现场感、服务性，强调对象感和贴近性。比如：1月16日的"报摘"中，小助手说："您听，从烟台开往泰山的春运临客K8298次列车行驶过来了。"这时，火车行驶的声音压混推出，听众仿佛置身于车厢当中，进而报道了列车上一系列新鲜的便民服务。

（2）强化受众反馈。

美国传播学者赖特在讲到"媒体经典四功能论"时提到，大众传媒具有解释和规定的作用，意在强调大众传媒对新闻事件除了一般的播报外，还要注重对受众的解释和引导。我们通常讲评论是报纸的灵魂，评论同样也是广播媒体的灵魂。评论水平的高低不仅能体现出一家媒体对新闻解读的深度和力度，也能反映出该媒体是否具有较强的社会责任感和舆论影响力。而在大众文化和消费主义主导的娱乐化倾向盛行之时，这种舆论的开明和社会责任意识愈发显得难能可贵。中国之声最近一次改版后，加大了新闻评论的力度，注重评论的多元性，不仅讲求高时效，更追求深探底。

新闻评论是新闻媒介就当前具有普遍意义的新闻事件和公众普遍关注的社会问题发表言论、观点、态度的新闻体裁。中国之声在广播新闻评论方面的创新举措具体表现为：

第一，被评论的新闻事件与网络舆论场关注的热点基本一致。新媒体时代，信息传播迅速但独到深刻的评论相对稀缺。处于社会转型期，改革已步入深水区，各种利益矛盾互相交织，人们的意见表达处于分裂状态。这就要求媒体要多关注社会矛盾焦点、难点并且以理性、人性、普世性的态度对受众进行新闻背后的解读，充分发挥媒体作为社会减压阀的作用，以深入浅出的道理形成社会共识，促进社会的和谐稳定。中国之声所点评的新闻基本与网络舆论场关注的热点相吻合，既包括社会矛盾焦点问题，也含有舆论一边倒的网络极化事件。比如对 2014 年发生的热点进行评论，包括"医生手术台拍照"事件、"艾滋男童被村民驱逐"事件、云南鲁甸地震时网友热议中国应急救灾体系等。

第二，评论数量大、形式多。改版后的中国之声在保留《新闻纵横》节目中原有的点评新闻热点的内容之外，还在《央广新闻》每半小时中都会有一档"第一评论"。除了数量加大外，评论形式也多元化。除了常见的播音员播读评论稿外，更多的是邀请中国之声特约观察员在直播间现场点评新闻，如曹景行、朱煦、白中华、张政法、张春蔚、叶海林等。这些特约观察员或是资深媒体人，或是某一领域的专家学者，他们的评论语言平实中见锋芒，一针见血，敢于质疑社会问题。而在《央广新闻·晚高峰》《央广夜新闻》等新闻谈话类节目中，现场嘉宾也会对新闻热点进行即时点评，在与主持人的互动中进行观点的碰撞。

第三，评论权下移，借助新媒体展示受众观点。改版后的中国之声更加注重与受众的互动性，传统的说话者也开始重视倾听。而新媒体的运用使这种观点的互动更易实现，评论的权利不仅仅在于主播或者评论员，权利的下移使得普通受众的观点也能在传统媒体中得到展示。同时，在传统媒体时间资源依然昂贵的前提下，这种做法也是受众媒介接近权中的一种实现途径。通过微博、微信展示受众观点拓展了年轻受众群体，提高了内容的贴近度、语言的鲜活度和受众的忠诚度，体现了新媒体时代开放性、个性化的传播特点。比如 2014 年 11 月 28 日微博热议的"录音神器"事件，当日，《央广新闻·晚高峰》推出"新闻调查"栏目引发网友热议。主播播报有代表性的留言：针对微博热议教师应当敢于面对"录音神器"。教师在学校里，起码在课堂上，在自己的学生面前，就属于公众人物。作为公众人物，教师就得更加注意个人形象，言行举止应把握尺度，当谨言慎行，所谓"为人师表"是也。教师的言行举止，在学生面前具有榜样和示范作用，学生耳濡目染、潜移默化，必然会受到影响。

图 4　中国之声微博专栏"晚高峰新闻调查"

第四，多渠道反馈，信息收集更加多元化。2013 年 11 月 19 日开始，中国之声《新闻纵横》《新闻和报纸摘要》连续七天播出的专题节目《由保洁员吃学生剩饭引发的思考》，该节目获得 2014 年第二十四届中国新闻奖一等奖。中国之声微博专栏"早安今天"每天聚焦这一话题，邀请中国之声评论员、观察员、资深记者编辑撰稿，发表了多条评论性质的微博，如"勤俭永不穷，坐食山也空"，"反对奢侈浪费，在乎青年、在乎长久!"，"节俭与面子无关，点餐时的克制，绝非寒酸吝啬；舌尖上的挥霍，只是虚荣攀比"，"物质消费合理、有度、节制，精神世界收获更多幸福、愉悦和成就"等系列言论发人深省，引发网友的强烈共鸣。中国之声官方微博还发起了一项持续一周的调查，重点对网友反馈进行梳理，并通过节目进行分享。新闻热线向来是广播互动的一大优势，中国之声在此次报道中特别创新地设置了"厉行节约新闻热线""厉行节约随手拍"等栏目，邀请全社会参与，或者曝光身边的浪费行为，或者推荐周围节约的典范，也可以推荐勤俭节约的好点子、好方法，取得了强烈的社会反响。中国之声通过微博、微信等社交媒体同步发起话题征集，与粉丝进行互动，引发网友的热烈讨论，让整个节目妙趣横生。在官网上，专题、图片、文字、音频、视频全方位呈现，增强了节目的影响力。

（3）重视受众服务。

从"内容提供商"向"服务型媒体"的角色转变，是2014年广播媒体的一个亮点。

首先是对突发事件的关注。2014年9月16日，"2014中国应急广播大会"召开，主题涵盖应急广播与应急管理、应急广播案例分享、应急广播与新媒体、面向未来的应急广播等内容，呼吁全社会关注应急广播事业。2014年10月，国家应急广播鲁甸地震广播电台和由中央人民广播电台、云南广播电视台和普洱人民广播电台三级联动搭建的国家应急广播——景谷抗震救灾应急电台分别在地震中开播，这是国家应急广播继2013年开办芦山抗震救灾应急电台后再次在地震震中开办专门为当地受灾群众、救援人员等提供信息服务的应急电台，也是中央电台与地方电台合作的成功尝试。

其次是对公益的关注。中国之声从2009年开始，每年在春运期间几个客流量较大的城市火车站现场直播《温暖回家路》特别节目。旅客可以在现场看到，甚至走进透明的直播间，许多旅客在中国之声的大型展板前合影并发布到微博上。通过这种活动，向受众提供了即时的出行信息，同时借助普通百姓的力量使中国之声的知名度和影响力又得到了提升。

2014年1月16日起，中国之声推出《新春走基层·温暖回家路》特别报道，围绕"回家、过年"这一温暖主题展开策划。中国之声在全国多地推出了十八场现场直播，覆盖火车站、机场、长途汽车站、农贸大集市，与旅客现场互动，伴听众归家路途，特别是中国之声将卫星直播车直接开到火车站站前广场，与旅客现场互动，发放"温暖"明信片，引来许多人的注意，听众们还热情地给直播车起了个亲切的名字"大黄蜂"。除此之外，中国之声在2014年还推出"国家应急广播2014年应急冬令营暨网友体验"活动、"广播惠农爱在乡村"系列公益活动、《地球一小时》公益亲子活动等。

2. 联通——平台思维的转型

2014年我国手机网民数量达到5.26亿，使用率首超PC端。庞大的潜在受众群对广播来说是一把双刃剑，一方面新媒体分流了广播受众，瓜分了广告市场；另一方面智能手机延伸了广播的时间和空间，为广播迎来一番新光景。尽管传统广播在新媒体领域的探索如火如荼，但其发展一直处于追随的状态。广播应该投入多大的代价去做新媒体？占领 App 是否是传统广播的唯一出路？

目前市场上流行的音频 App 分为三类：第一类如蜻蜓和优听，是一个收听的平台，收集了全国很多频道，除了分各级频道外，还可以分成各类型的频道；第二类如荔枝、喜马拉雅，主要依靠 UGC（用户原创内容）生成内容吸引用户收听；第三类是考拉、iRadio 这类广泛采集碎片化内容的网络电台，还有豆瓣、虾米等可以进行音乐组合的网络电台。这些音频 App 占领了广播的移动收听市场。①

广西桂林侦破特大制贩毒案　当地毒品犯罪呈现新特点

天河一号参战治霾：最长预报5天　分辨率精确到3公里

两高公安部司法部联合出台意见反家暴

[朋友圈里看两会]"两会"期间交通提示阅读过万

专家：58同城收购安居客或致租房者中介费下调

图5　中国之声手机客户端

移动互联网时代，随着占领手机的 App 越来越多，手机端的红利越来越少。仅仅将资讯搬运到 App 上，而不进行碎片化信息再造是做不好新媒体的。对于广播传播平台来说，首先，优质的独家内容资源依然为王，获取优质的独家内容资源方式有两种：一种是内容自制，如中国之声主打品牌节目《新闻与报纸摘要》《新闻纵横》《千里共良宵》都属于"硬通货"；另一种是对外引进优质的独家内容资源，如与提供商建立合作，获取独家资讯等。其次，重视 UGC 内容，优质的独家内容是有限的，想要打造巨大用户量的客户端，满足各行各业人的口味，就要加强内容的丰富程度。另外，内容的个性化推荐和搜索也逐渐成为主流，解决用户个性化订阅，掌握大数据挖掘技术，能够在用户

---

① 单文婷，刘佳. 新媒体时代的广播发展：追随者 or 引领者［J］. 视听界，2014（5）.

合适的时间和地点，为用户推荐最合适的内容。

但目前来看，中国之声的手机客户端形式还比较简单，仅仅是播出平台由广播平台向手机平台的横向平移，缺少点播回放和节目推送功能，缺少互动性。

3. 网络——跨界融合的转型

中国之声于 2010 年在新浪微博上线，到 2015 年，中国之声新浪官方微博的粉丝数量达到 1 320 万左右，粉丝量和影响力都稳居电台类媒体微博第一名，这为中国之声积聚了大量的受众市场。中国之声对微博的运用主要包括：发布新闻事件进行微博热议；对某个话题进行调查；发布简短的节目预告；发布记者、编辑工作中的感悟，引起网友好奇心，引发网友共鸣。

2011 年，中国之声微电台进驻新浪微博，突破以往收听电台的地域、终端限制以及互动方式的缺失。网友可以一边听广播一边刷微博，与其他听众和电台主持人、评论员进行实时互动。主持人可以通过"本台 DJ 说"和节目口播的方式与网上留言进行互动。2014 年，中国之声在苹果播客平台开通了《直播中国》《难忘的中国之声》《千里共良宵》三档栏目，节目总下载量已经突破百万，成为播客首页推荐的播客栏目。

中国之声通过跨界融合，拓展了新闻内容的来源，稳定了忠实的受众群；对网络热点进行回应解读，特约观察员、谈话嘉宾等对新闻事件作出回应，有效增强了节目的可听性；重视 UGC 内容，受众与主持人的互动内容成为节目内容的来源，如在直播中将受众的观点引入，设置微博热议、互动等小栏目，用当下热点引导受众思考，让不同的观点多元化呈现，创新节目内容，增强了受众的参与热情。

四、结语

广播在媒体融合背景下如何布局？中国之声副总监侯东合说道："其实现在所有媒体都在一条起跑线上，如果你能多元发展、跨界发展，就可以促成发展。"中国之声的节目以内容为王，坚持新闻专业化，摒弃了原来靠互联网"二次传播"和"二元传播"的理念，形成"多元传播"的新格局，运用互联网思维，通过微博、播客、客户端等进军新媒体，延伸了媒体产业，为广播节目发展新途径提供了一个标志性的样本。

（撰稿人：王娅婕）

《暴走大事件》的成功之道

2014 年，一档网络新闻类脱口秀节目《暴走大事件》在各大视频网站中迅速蹿红，受到了网民的热烈追捧。仅在优酷一家视频网站中，每一期的播放量就达到一千万次，总播放量更是达到了恐怖的六亿四千多万次。随着《暴走大事件》的成功，相应的一些衍生视频节目如《暴走看啥片》《每日一暴》等也陆续推出，形成了一定的规模效应。新闻类脱口秀节目在网络上并不罕见，低成本、小制作的《暴走大事件》之所以能脱颖而出，一定有其令人称道之处。本文将通过案例分析的方法，来探索《暴走大事件》的成功之道。

一、案例简介和背景阐述

（一）案例简介

《暴走大事件》是由暴走漫画出品的一档网络新闻类脱口秀节目，主持人王尼玛头顶漫画面具，用轻松幽默的语言对热点事件、社会现象进行播报和评论。《暴走大事件》截至 2015 年 9 月 20 日发布了四季共八十八期，第一季于 2013 年 2 月 29 日首播，平均两周推出一期，一期时长 10 分钟，在第一季特别篇《天山武林大会》播出后完结，共十一期。第二季于 2013 年 12 月 20 日开播，王尼玛改变了播出形式，由原先的坐着评论变为站着说话，并到了全新的后方有大屏幕的录制场地。第二季共十四期，节目时间也延长到了 20 分钟。第三季于 2014 年 6 月 27 日首播，节目更新时间缩短为一周，节目时间也延长到 24 分钟，共播出五十三期。第四季于 2015 年 7 月 10 日首播，截至 2015 年 9 月 17 日，已播出十期。

《暴走大事件》与普通的网络新闻类脱口秀节目不同，主持人王尼玛的新闻播报与评论不仅语言幽默风趣，紧跟当时最新的网络潮流，更可贵的是抛弃了一味高屋建瓴式的戏谑批判，非常接地气地探讨一些新闻事件和社会现象对普通民众的影响。随着网民关注度的不断上升，《暴走大事件》的表现方式也日趋多样化，在保持固有水准的新闻"吐槽"之外，在节目中还穿插一些自制短剧，甚至推出专门的番外篇；从网络中"走出去"，重视与粉丝互动；节目组自己打造极具特色，在网络上有一定影响力的草根明星，如张全蛋、唐马儒等；在经费充足的情况下，还请到了张家辉、羽泉等耳熟能详的艺人，提升了节目的档次……种种尝试都体现了节目组不断探索，将《暴走大事件》打造得更加完善的精神，受到观众的喜爱也就不足为奇了。

在网络视频平台取得成功的同时，《暴走大事件》还将业务扩展到了现实领域。凭借在优酷网、优酷土豆网等网站中的超高人气，成为为数不多的叫好又叫座的视频节目。在西安、广州、深圳、上海的动漫展会上，《暴走大事件》都开辟了展台，举行规模较大的粉丝见面会，《暴走大事件》的布偶、图书、漫画等一系列周边产品也开始销售，显示出粉丝经济的雏形。

（二）背景阐述

《暴走大事件》脱胎于暴走漫画。暴走漫画最早出现在美国，源于著名的动漫网络论坛 4chan 上，一网友用 Windows 画板所绘的一则四格漫画，讲述在蹲厕所时水溅到身上的无奈又好笑的过程。虽然画工很差，但是却异常搞笑，受到了网友的欢迎，纷纷开始模仿，并有了专门的词汇"Rage Comic"。经过网友一系列加工制作后，Rage Comic 也有了自己的定义：以日常生活中的笑话段子为主题，通过简单的手绘表情构成的漫画。由于漫画素材的简单性，各大漫画网站纷纷提供了自定义暴走漫画制作器。

王尼玛是将暴走漫画带到中国的先行者。2008 年，王尼玛将暴走漫画带到了中国，在开发了中文版的暴走漫画网页的同时，也设置了中文版自定义暴走漫画制作器，可以让中国网友创造属于自己个人的暴走漫画。王尼玛在接受《南方都市报》采访时说："我想这个漫画的精髓在于大家可以畅快地表达自己对某个事情的不爽，语气夸张，于是决定叫它'暴走漫画'，读者们也很自然地简称它为'暴漫'。"

如同在美国一样，暴走漫画在中国网络上瞬间火了起来，一时间以暴走形象为素材的四格漫画出现在各个博客、微博、贴吧、论坛上。网友的智慧和娱乐创新精神在暴走漫画中得到了充分的体现，由于制造工具的便捷性和暴走漫画本身人物的夸张性，漫画的主题往往特别突出，使得作者的想法可以成功地传递给受众。暴走漫画之所以成功，有很大原因是为普通网民提供了简便的漫画制作工具。在很多情况下，在我们脑海里想过或者亲身经历过一些好玩逗乐的事情时，用文字写下来太烦琐，单纯靠记忆很快就会模糊，想画出来却没有很高的美术天赋，最终只能作罢。而暴走漫画所提供的制作工具恰好解决了这个问题，只要用户有足够的想法，就可以用图画的方式将其记录下来。暴走漫画中的画工虽然简陋，但也防止了受众拘泥于精美的漫画人物而忽略了漫画作者所真正想表达的内涵。在互联网的环境中，"下里巴人"往往比"阳春白雪"更受欢迎，暴走漫画迎合了网民的需求，用王尼玛的话来说，暴走漫画就是"给草根们的一把'长矛'，向创意问好"。

暴走漫画大获成功之后，王尼玛并没有局限于经营关注度日益提高的网站，而是转向了视频制作领域，《暴走大事件》便是他一次成功的尝试。在 2013 年初，已经有自己公司的王尼玛运用已经被网民熟知的暴走漫画形象，在各大视频网站中推出了新闻类脱口秀节目《暴走大事件》。在节目中，王尼玛亲自担任主持人，头戴暴走漫画形象的头套，对网络上最流行的事件、社会上出现的现象，通过幽默戏谑的风格进行播报。

在当时的网络空间，新闻类脱口秀节目并不罕见，但无论是草根制作还是商业公司推出，大部分节目大同小异，形式和主旨都比较雷同。一些个人制作的视频节目，除去技术的限制之外，充斥着低俗和谩骂，为了吸引受众的关注而不择手段。《暴走大事件》由于前期暴走漫画的火热，又是暴走漫画的主创团队，在吸引关注度方面有着得天独厚的优势，再加之经营暴走漫画网站时所获得的一些资金，也有着较为成熟的人才资源和技术优势，王尼玛个人的独特音色和主持特色也较难模仿。种种原因都使得《暴走大事件》在视频网站一经投放，就受到了网民的广泛关注。

二、案例过程

（一）《暴走大事件》第一季

《暴走大事件》第一期刚刚推出，仅在优酷网上就获得了 765 万的点击量，这个数字甚至超过了主创人员的最乐观预期。除了有暴走漫画所积累起来的人气，更为重要的是主持人王尼玛对网络流行语和网络事件挑选的把握。王尼玛对于事件的选择，并不一味地选择最有爆点、最受关注的事件，而比较注重可以引起受众共鸣、涉及草根网民生活的案例，再运用自己充满特色的笑声和语言，进行播报和点评。在眼球经济为主导的网络空间上，《暴走大事件》能够取得如此高的关注度，已为之后的成功做了铺垫。

之所以能获得如此高的关注度，还有一个重要的原因就是《暴走大事件》开辟了之前较为小众的弹幕视频网站。大部分网民在网络上接触的视频网站，大多是优酷、优酷土豆、腾讯视频、爱奇艺等，受到传统观念的影响，一些脱口秀节目往往局限在把视频投放到以上几家较为普及的视频网站中。其实，目前网络上最有名的两家弹幕网站，AcFun 和 bilibili，虽然刚开始播放的内容均以动漫居多，但所辐射的广大宅男、宅女人数非常客观，AcFun 视频网站更是打出了"中国宅文化基地"的宣传口号。

由于之前暴走漫画在 AcFun 和 bilibili（网民通常称为 A 站和 B 站）有着一定的知名度，再加上《暴走大事件》主创人员将 A 站、B 站放到了和传统视频网站同样重要的位置上，设立专门的官方账号在第一时间发布视频和吸取网民的建议。最终使得在原本以动漫为主要播放内容的弹幕网站中，《暴走大事件》的点击量越来越高，之后每出一期，基本就要在首页待一周之久。《暴走大事件》不仅开辟了弹幕网站的人群，同时由于弹幕可以将网民的意见精确体现在每一个环节、每一秒中，非常方便主创人员对视频节目进行修改。

当然，以现在的眼光来看，第一季的《暴走大事件》在各个方面都表现得略微青涩。在播报方式上，并没有摆脱传统的新闻播报模式，戏谑讽刺的语言和正襟危坐在桌后的主持人有一种违和感，与其他网络新闻类脱口秀节目的区别似乎只在于有没有戴暴走漫画形象的头套。这一问题受到网民的广泛反应之后，在第一季的第十期得到了改善，引入了另一位主持人——王蜜桃，佩戴着与王尼玛同款的黑色头套。引入第二名主持人后，节目效果丰富了很多，对于一些话题有了更多的互动，整个节目气氛也变得更加轻松活泼。之后第一季的特别篇《天山武林大会》也是由两位支持人合作主持，针对一些观众提出的两位主持人主持显得聒噪的问题，节目组巧妙使用了举牌子的方法，让王蜜桃对王尼玛进行无声的配合，也取得了良好的节目效果。

作为初试牛刀的《暴走大事件》第一季，总共只有十一期，虽然在各个方面略显粗糙，但仅在优酷网站上，每期的平均播放量已达到 600 万次，不仅在新闻类脱口秀节目，乃至在所有网络视频节目中，都名列前茅。

（二）《暴走大事件》第二季

在第一季完结后不久，2013 年 12 月 20 日，《暴走大事件》第二季开播了。主创人员吸取了第一季的经验和教训，在第二季中做了很多改进。

　　首先是播报方式的改变。在第一季中，王尼玛主要还是采用传统的端坐在桌子后的新闻播报方式，略显呆板。在第二季里，王尼玛将视频场地搬到了身后有大屏幕的舞台上，从坐着说话到站着播报，身上除了显眼的暴走漫画形象头套之外，还在腰处挂了一卷卫生纸，更加具有个人特色和无厘头精神。从桌子后解放出来的王尼玛，完成了从新闻播报、评论主持人到新闻类脱口秀主持人的转变，不单单是在形式上，在整个脱口秀节目中的表现也优秀了很多。第一季虽然也有肢体语言，但仅仅是点缀，第二季从开场到结束，在较大的活动空间里，王尼玛的肢体语言贯穿始终，提升了新闻的可看性，也在一定程度上加深了观众对各种新闻事件的印象。

　　其次是播出内容的改变。在第一季中，《暴走大事件》的大部分内容都是主持人王尼玛对新闻事件或社会现象的报道和评论。第二季在继承了第一季的报道和评论之外，还增加了自制视频短剧和嘉宾采访等内容，这些短剧和嘉宾往往与当时社会热点事件中的人物息息相关。对2014年中备受关注的麦当劳和肯德基的食品安全问题，《暴走大事件》用恶搞的方式塑造了一个"肯打鸡"CEO唐鸡儒的形象，由其所推出的草根明星唐马儒扮演。在这特殊的人物采访中，王尼玛对"肯打鸡"极尽讽刺之事，实则是对两大龙头快餐企业对民众餐饮安全的不负责进行控诉。通过这样的方式，既反映了社会上存在的问题，又通过观众喜闻乐见的娱乐方式增加了受众的接受度。

　　再次是注重观众反馈与同行合作。正如上文所提到的，第一季虽然主创人员已经较为注重观众的反馈，但反应速度还是差强人意。在第一季刚开始时已经有观众反映播报方式比较传统的问题，但直到第一季的第十期，才加入了由王蜜桃所扮演的戴着同款黑色头套的主持人。两位主持人一起主持，使得整个节目更加生动活泼，两位主持人在嬉笑怒骂中也加深了观众对于新闻事件的印象。但这毕竟已经是第一季的倒数第二期，时间上已较为滞后。而在第二季中，节目组的修改速度就得到了明显的提升，细心的观众在每一期中都可以看到一些细微的修改。以《暴走大事件》中的吐槽为例，第二季刚开始是由主持人王尼玛负责，但一些网友表示王尼玛总在每一个新闻事件或社会现象后都加入了吐槽，常常显得多余甚至影响到了整个节目的流畅性。节目组在第三期中，就请了在A站、B站有一定影响力的"敖厂长"担任"敖尼玛"，设立"敖尼玛前线报道"环节，专门负责吐槽。随后又根据留言和建议，对敖尼玛环节的吐槽力度和时长进行微调，这也是《暴走大事件》拥有超高粉丝忠实度的原因之一。与《暴走大事件》同期的网络视频节目《万万没想到》也受到了很多人的追捧，在优酷的点击量也超过千万。在第二季中，王尼玛与《万万没想到》的主演白客的一段采访可谓是棋逢对手，双方的每一次互动都使得观众捧腹大笑，在嬉笑怒骂中，双方都扩大了在对方粉丝中的影响力，取得了双赢的成绩。

《暴走大事件》第二季自2013年12月20日开播，总共播放了十四期，由于此季登录到了腾讯视频等多家网站，影响力日益提高，在优酷上的播放量达到了1 200万次，在腾讯视频上的播放量也超过了1 000万次，网友的视频评分也大大超过了第一季。总的来说，《暴走大事件》第二季出色地完成了承前启后的重要任务。

（三）《暴走大事件》第三季

《暴走大事件》第三季延续了前两季的高效率，在第二季结束后的两个月就和广大网友见面了。随着第三季第一期的播出，节目组的一个决定震惊了所有人：将原本两周的制作周期改成一周。众多网友包括一些忠实粉丝都不看好节目组的此项决定，认为前两季的成功使得《暴走大事件》的制作团队高估了自己的能力，为了赚钱强行缩短制作周期使节目的质量无从保证，无异于饮鸩止渴。面对种种质疑，《暴走大事件》的导演王蜜桃在微博上回答网友提问时表示："压力就是动力，我们一定会献给观众更加精彩的《暴走大事件》。"随着高水准的第三季的播出，人们彻底打消了之前的顾虑，制作周期的缩短也使得节目更加具有时效性，增加了吸引力。

第三季播出以后，观众第一时间感受到的是制作水平的提高。在第一、二季中，《暴走大事件》推出了一系列模仿当时热门电影、电视剧的节目自制剧，虽然演员很敬业，故事架构也很科学，但由于技术较为粗糙，在一定程度上限制了表现能力。在第三季中，拥有了较为雄厚的资金赞助的节目组，招募了更为专业的人员，引进了更为先进的技术，在节目制作、视频剪辑、光影调色等方面都有了明显的改善。以节目组的自制剧《迁徙猿漫漫归家路》为例，巧妙地将在异乡打拼的年轻人比作一种"猿类"，由于年底往往要迁徙回家，简称为"迁徙猿"。视频运用了国外获奖野生纪录片的优秀素材，配以科班出身的模仿《动物世界》的配音演员，再加上恰当的角色选择，达到了良好的传播效果。一些网友表示，在观看这一期自制剧时，一开始是单纯感觉到搞笑，但随着情节推移和镜头的变换，更多的是感受到异乡人的辛酸与无奈，在主角身上看到了自己的影子。

　　《暴走大事件》第三季推出了更多的草根明星。在第一、二季中，以"首席鉴黄师"出现的演员唐马儒，在多个自制剧中扮演了许多角色，既有普通"屌丝"也有"肯打鸡"的CEO。由于其优秀的表演和一口正宗的粤语口音，被众多粉丝称为"暴走男神"，在一些视频网站中的留言，甚至有"这期只要告诉我唐马儒在哪里出现就好了"等语句，受欢迎程度可见一斑。在第三季中，扮演"富土康"车间工人的张全蛋凭借其独特的英语发音和呆萌的表情、动作，一举成为暴走新任男神的有力竞争者；与张全蛋同一个车间的赵铁柱，也凭借其对农民工形象细致入微的刻画，成为《暴走大事件》的优秀新生代演员，在各个自制剧中都有出现；在女演员方面，第三季中客串了暴走版《后会无期》以及疯狂空乘的暴走空姐也成为粉丝议论的对象，大有成为"暴走女神"之势。

　　如果说前两季《暴走大事件》与网友关系紧密，那么第三季更是上升了一个层次。在第三季之前，节目组就已经通过官方微博、官方微信、百度专属贴吧、各视频网站的官方账号、人人网、豆瓣小组等途径来与粉丝互动。第三季开播后，不仅把对观众的街头采访放在节目中，还经常发起网民为节目组收集奇闻轶事、发送自拍照片、拍摄搞笑视频等，其中不乏优秀的作品被选入节目中。在第三季的节目播出后新增加的四分钟花絮里，也常常出现节目组在北京、西安、广州、深圳等地与粉丝见面的视频。

　　第三季的《暴走大事件》，从2014年6月27日开播，到2015年6月26日结束，共播出五十三期。第三季的《暴走大事件》采取了"全平台"的发布策略，不仅在老牌视频网站（如优酷、腾讯视频）保持着1 000万的播放量，在A站、B站等弹幕网站中的播放次数，也从前两季的200万次增长到370多万次。

三、案例分析和评价

（一）娱乐化的新闻传播

　　作为优秀的网络新闻类脱口秀节目，《暴走大事件》与其他节目一样，归根结底是将新闻进行娱乐化传播，是对传统正式的新闻播报方式的颠覆。在网络空间中，由于资讯的发达，网民接触的信息是海量的，比起之前中国较为闭塞的信息环境，网络空间可谓是满足了民众日益增长的信息需求。在得到了信息获取的满足之后，我们却发现，虽然我们的视野得到了开阔，知识量得以扩大，可以对新闻事件进行"自由"的评价，但对一些新闻事件或社会现象，我们依旧充斥着无力感。这种无力感体现在个体的声音往往被淹没在群体的合意中，而网络水军的存在，导致群体的合意往往是被各种利益集团所操纵的；这种无力感还体现在我们面对司法不公和行政不作为时，和以前一样，往往只能进行口诛笔伐却无法改变社会现实和案件结果；这种无力感更体现在当我们以为网络可以让这种无力感消失的时候，结果却告诉我们意识形态的控制往往更加潜移默化。

面对这种无力感，很多网友都选择用戏谑、搞笑的方式来调侃一些焦点人物或新闻事件，进而表达自己的态度和关注，《暴走大事件》就在一定程度上迎合了网友的这种心态。对新闻事件进行娱乐化的播报，改变了传统新闻播报较为严肃的风格，运用网络最新的流行语和人物，对事件进行属于网络普通用户的娱乐解读，这正是吸引受众关注的原因之一。《暴走大事件》虽然是娱乐化播报新闻，运用的也是脱口秀的表现形式，但没有毫无下限的"娱乐至死"，虽然无可避免地有着主持人王尼玛所代表的制作团队的态度，但基本还算客观、公正，与其他一些为了博出位进行无下限娱乐化报道的新闻视频节目有着不小的区别。在第一季中，王尼玛在播报英国一名男子喝醉后性侵马蜂窝被马蜂叮死的极其匪夷所思的事件时，并没有同一些脱口秀节目一样对事件中的男子进行无下限的评论，而是和当时中国发生的性侵小学生的案件联系起来，怒斥犯了这种兽行的罪犯，"英国的醉汉在头脑模糊的状态下，强奸了一个马蜂窝，我们的一些校长在头脑清醒的状态下却去强奸幼女，真是禽兽不如，他们为什么不让马蜂叮死"。《暴走大事件》所进行的娱乐化新闻传播，是有底线的娱乐化。

（二）注重传递正能量

《暴走大事件》第一季，主持人王尼玛就以尖锐辛辣的批判语言和对事件恰到好处的讽刺征服了广大网友。但《暴走大事件》是否会和其他一些网络新闻类脱口秀节目一样，沦为人们负面情绪的宣泄口，沉迷于一味地批判和吐槽中？幸运的是，《暴走大事件》第二季、第三季并没有走入其他网络新闻类脱口秀节目的死胡同，在之后的剧集中，节目组越来越注重传递正能量。在享受网络高关注度所带给其经济利益的同时，也自觉承担着自己作为影响巨大的网络媒体所应有的社会责任，这是非常可贵的。

《暴走大事件》的主创人员在庆祝 2015 年到来时，在节目中就说道："我们不希望《暴走大事件》仅仅是一个给大家带来快乐的娱乐节目。"第一季结束后，对于粉丝所担心的节目沉迷于调侃和戏谑的问题，主创人员做了大量的工作。在第二季中，几乎每一期的结尾，主持人王尼玛都会针对当期的主题进行阐述，一改之前没有节操的调侃方式，用严谨、温和的语言表达事实和观点。一些网友戏称"王尼玛主旋律主持人附体"，但笔者认为，在充斥着调侃和无下限讽刺的网络环境中，一定量的"主旋律"对于引导网络舆论和传递网络正能量是非常必要的，《暴走大事件》毕竟属于新闻类脱口秀节目，在播报新闻时也传达给受众其对于事件的态度，因此应当表达一定的社会主流思想。

除了在结尾点明主题外，《暴走大事件》在节目内容的选择上也注重正能量的传播。在第二季中，就有专门介绍男子与身患绝症的女朋友结婚的事件，总共介绍了5分钟，超过了节目时长的三分之一。其他感动人心的小事件，如多位快递员携手接住掉落婴儿等在每一期中都占据着一定的篇幅。在《暴走大事件》第三季中，节目组传递正能量的方式更加多样。在第三季的播放期间，曾经流行过冰桶挑战（用一大桶冰水从头淋到脚），《暴走大事件》在当周的节目中，公布了几乎所有主创人员接受冰桶挑战的视频，并且亲自采访了一位渐冻症患者，深入他的家庭，给大家展示出这种病症带给亲人经济和生活上的压力，真实的视频比一切语言都有感染力，节目最后还发动《暴走大事件》的剧组成员捐款，将善款全部亲自交到患者手中。除了关注特定弱势群体，节目组对粉丝提出的一些要求也尽量满足。在第三季第三十五期中，揭阳的一位粉丝给节目组留言，他的弟弟生了重病要做手术，这个冬天要在医院里过，本来答应和弟弟一起去看雪的，现在也看不成了。《暴走大事件》收到留言后，在节目的中段王尼玛专门穿上雪人的服装，整个舞台也布置成为雪地，技术人员还专门制作出了下雪的特效。这些事件都是《暴走大事件》在传递正能量上所作出的尝试。

（三）贴近网民、贴近现实

网络中的一些新闻类脱口秀节目，或者希望运用一些没有下限、充斥三俗内容的吐槽来吸引观众，或者恨不得将制作者所知道的所有专业知识都会聚到一期中来彰显自己的"逼格"，最终的结果，就是与真正广大的网络受众群体渐行渐远。传统媒体所奉行的"贴近实际、贴近生活、贴近群众"的三贴近原则，其实网络视频的制作者也可以采纳。《暴走大事件》作为新闻类脱口秀节目较早地明白了这个道理，所做的视频都更加贴近网民和现实。一些新闻类脱口秀节目在取得成功之后，逐渐觉得自己应该向所谓的"高端"转移，所报道的新闻愈发和传统媒体的新闻保持一致，试想，谁愿意在网上专门再看一遍俄罗斯与乌克兰的紧张局势？还有一些新闻视频，则沉迷于播报耸人听闻的网络、现实事件，成为"黄色新闻"的现代网络版。之所以犯这些错误，进而失去观众，就是因为脱离了实际，忽视了普通网民的需求。

《暴走大事件》对网民和现实的贴近体现在方方面面。首先是报道题材的选择。无论是前两季的每两周一期的制作周期，还是第三季开始的每周一期的发布模式，在网络新闻类脱口秀节目中，更新速度已经算是非常快了。这样频繁的发布频率带来的最重要的效果就是节目具有的高时效性。《暴走大事件》每一期所讨论的话题往往都是网民在这周所关注的，所说的流行语网民也还没有厌烦，请来的嘉宾也是当周在网络上的焦点人物，这样就拉近了与观众的距离，节目效果也更好。其次是对报道力度的把握。同样是本周的热点事件，一个是"曾小贤"的扮演者陈赫的离婚与出轨，一个是漠河监狱的管理漏洞，网民的关注点明显在前者，以他为报道主角肯定是没有疑问的。但是在当周，往往很多事实都没有浮出水面，一味地对存在争议的热点事件大书特书并不一定会取得良好的传播效果，过快地对人和事件进行定性，对节目和观众都是不负责任的表现。再次是恰当的专题企划。2014 年底，周杰伦和昆凌在英国的盛大婚礼一时间成为网络热点，对于这位影响了一代人青春的歌手的婚礼，《暴走大事件》在进行了常规的报道之后，还紧跟着做了一个专题。在这个名为"青春十年回顾"的专题中，以周杰伦各个时期的歌曲为线索，穿插三位主人公学生时代的对话，从初中到高中到大学，随着音乐的变换，反映出了一代人的成长历程，引起了观众的共鸣。一位观众在视频下这样留言"完全就是我这十几年的写照，感谢《暴走大事件》用杰伦的歌声带我重温了那段属于青春的岁月"。诸如此类的专题企划，在出现一些全民性的话题时，《暴走大事件》总可以保质保量地推出。

（四）草根明星，构建品牌

一个成功的网络新闻类脱口秀节目，在有了优秀的文案和科学的环节设计之后，还需要时刻保持新鲜感来维持对观众的长久吸引力。在节目制作上的不断创新，《暴走大事件》已经有了很多成功的尝试，除此之外，无论是无心插柳还是有意为之，在视频中出名的草根明星在一定程度上也保持了节目的活力。

《暴走大事件》第一个出名的明星是唐马儒，这个面相憨厚、身体较为肥硕的"首席鉴黄师"一经出现就吸引了观众的注意力。节目组在后续的视频中常安排其出现，唐马儒所特有的粤语口音和丰富的面部表情无论演什么角色都自带搞笑光环，无论是模仿唐鸡儒还是李小龙都演出了自己的特色，主持人王尼玛也在自制剧中和唐马儒多次搭档，一时受欢迎程度甚至排到了第一。《暴走大事件》第二季中，所推出角色的数量并不是很多，个性也不怎么鲜明，没有超越唐马儒的框架。到了第三季，节目组注意到了这个问题，开始有意识、有目的地推出拥有自己特色的演员，扮演"富士康"流水线操作工的张全蛋和赵铁柱，是其中的典型代表。其中张全蛋可谓神奇的英语发音，在 A 站、B 站等弹幕网站中还被网友提取成素材制造出全新的视频，在百度上的搜索结果高达 210 万条。在之后的特别篇出现的演员或多或少都在网络上有了一定的名气，他们同《暴走大事件》一起成长，互相提升。

在构建自己品牌方面，《暴走大事件》的主创人员大多源自暴走漫画，有着充分的经验。在网络视频平台上，《暴走大事件》的官方账号几乎全部覆盖，能第一时间更新视频；在移动客户端上，既有官方微信号推送内容，也有 App 客户端；在人群的投放上，针对年轻人比较喜欢动漫的特点，同弹幕网站 A 站和 B 站合作，在广大宅男、宅女的人群中也有了自己一席之地。在节目的扩充上，《暴走恐怖故事》《暴走每日一暴》《暴走中二班》《编辑部的故事》《暴走小课堂》《暴走看啥片》《暴走逗逼者联盟》都已经成为《暴走大事件》家族的一部分。线上的内容做好了，节目组开始将目光转移到了线下，于是在全国各地的动漫展中，凡是暴走漫画所到之处，《暴走大事件》都会出现，已经在广州、深圳、北京、西安等地举办了多场粉丝见面会。在粉丝见面会上，《暴走大事件》的公仔、手办、T恤、出版的图书都成为粉丝争相购买的对象。作为一个网络新闻类脱口秀节目，《暴走大事件》真正将内容从线上做到了线下，将单一的视频节目做成了系列文化产品，成为近年来为数不多的叫好又叫座的网络视频。

（撰稿人：李文）

"冰桶挑战"——玩转微博公益的新实践

2014 年的夏天，社交网络上掀起了一股挑战冰桶的新浪潮，众多参与者纷纷在网络上发布自己被冰水浇遍全身的视频内容，并点名邀请其他人参加这一活动，而被邀请者则可以选择在 24 小时内接受挑战，完成接力，或是选择为对抗肌肉萎缩性侧索硬化症捐出 100 美元。

一时间，"冰桶挑战"风靡全球，并得到许多科技界大佬、职业运动员、演艺界明星的积极响应。2014 年 8 月 17 日，该挑战进入中文互联网，瓷娃娃罕见病关爱中心在新浪微公益发起了公益项目——"为罕见病，'冻'起来！"为神经肌肉疾病患者筹款。截至 2014 年 8 月 30 日 24 点，国内"冰桶挑战专项基金"捐款金额总计人民币 8 146 258.19 元，其中新浪微公益筹款金额总计人民币 7 284 981 元，瓷娃娃理事会讨论后于 8 月 31 日记者见面会公布将 5 574 311.80 元全部用于渐冻人群体的相关救助服务，也将该款项作为专项善款首期用款。

一、案例简介及背景阐述

（一）体育界发起，获科技大佬支持

其实，"冰桶挑战"最早起源于新西兰，主要为癌症患者筹款。"冰桶挑战"漂洋过海到美国后，经由前波士顿学院棒球运动员 Pete Frates 发起，改良为"ALS 冰桶挑战赛"（ALS Ice Bucket Challenge）。Pete Frates 本人也患有肌肉萎缩性侧索硬化症（ALS）。2014 年 7 月，Pete Frates 收到 ALS 协会的邀请，替其他 ALS 患者募集善款。在朋友的帮忙策划下，发起了"冰桶挑战"的公益活动。微软的比尔·盖茨率先应战，将"冰桶挑战"带入科技界，随后，谷歌联合创始人谢尔盖·布林和拉里·佩奇、亚马逊 CEO 杰夫·贝索斯、苹果 CEO 蒂姆·库克、Facebook 创始人马克·扎克伯格等科技大佬纷纷响应，并先后在 Twitter、Facebook 等社交网络上发布挑战视频。在 Facebook 上，来自世界各地的参与者上传了超过 17 亿个"冰桶挑

战"视频。"冰桶挑战"迅速在社交网站上蔓延开来。

根据美国 ALS 协会官方网站数据，自 2014 年 7 月 19 日至 8 月 17 日，活动共筹集了 1 330 万美元善款，而 2013 年同期，该项数字仅仅是 170 万美元。而据美国《洛杉矶时报》报道称，从 2014 年 7 月 29 日到 8 月 20 日，美国 ALS 协会已经募集到 3 150 万美元的捐款，比 2013 年同期增加 16 倍。其中仅 8 月 20 日一天，他们就收到 860 万美元的捐款。

Pete Frates 也因发起"冰桶挑战"而入选英国《自然》杂志十大年度人物。

（二）西风东渐，本土化操作

"冰桶挑战"在短时间内迅速演变成一场网络狂欢，它不仅红遍美国，还被推向世界，"冰桶挑战"浪潮从大西洋海岸流入太平洋海岸，席卷全球。德国、法国、加拿大、澳大利亚、韩国、日本、中国等多国媒体都曾对这场公益游戏的接力盛况进行过报道。

2014 年 8 月 17 日，俄罗斯互联网投资公司 DST Global CEO 尤里·米尔纳点名小米董事长雷军，却遭遇一加科技 CEO 刘作虎抢夺先机，自浇冰水，刘作虎成为中国"冰桶挑战"第一人。刘作虎率先完成"冰桶挑战"后，点名奇虎 360 CEO 周鸿祎、锤子科技 CEO 罗永浩、华为荣耀业务部总裁刘江峰。8 月 18 日下午 1 点 19 分，雷军上传"冰桶挑战"视频到微博，并表明已向美国 ALS 协会捐款 100 美元，同时向中国的瓷娃娃罕见病关爱基金 ALS 项目捐款 1 万元人民币。雷军还点名挑战天王刘德华、富士康董事长郭台铭和百度 CEO 李彦宏。至此，轰轰烈烈的"冰桶挑战"进入中国互联网。

关注ALS（肌肉萎缩性侧索硬化症），我发起并完成了#冰桶挑战# @周鸿祎 @罗永浩 @刘江峰 荣耀 三位敢接招吗？捐款链接： 🔗 网页链接 视频： 📹 【刘作虎0817】

【刘作虎0817】一加手机刘作虎 发…
冰桶挑战赛全称为"ALS冰桶挑战赛"（ALS Ice Bucket Challenge），
播放 👍573

2014-8-17 19:55 来自 一加手机 不将就

收藏　　转发 10639　　评论 3668　　👍 3323

图 1　刘作虎发的接受"冰桶挑战"微博

我接受了投资家Yuri的#冰桶挑战#，同时我挑战天王刘德华、富士康郭台铭和百度李彦宏。我已向美国ALS协会捐款100美元，同时向中国的瓷娃娃罕见病关爱基金ALS项目捐款1万元人民币，希望大家一起为ALS，行动起来！@微公益 [品牌捐]为罕见病... 优酷视频 【雷军0818】小...

【雷军0818】小米雷军接受DST老...

今天上午，雷军接受DST老板Yuri的冰桶挑战，同时他向刘德华、郭台铭和

播放 👍1513

2014-8-18 13:19 来自 小米手机4

| 收藏 | 转发 10802 | 评论 6095 | 👍14636 |

图2　雷军发的接受"冰桶挑战"微博

　　在雷军接受尤里·米尔纳"冰桶挑战"的前一晚，新浪微博社会责任总监贝晓超试图与国内和渐冻人有关系的三家专项基金会联系：中国宋庆龄基金会王甲渐冻人关爱基金、中国社会福利基金会瓷娃娃罕见病关爱基金，以及罕见病发展中心在上海公用事业发展基金会下设立的劝募账户。机缘巧合下，新浪微博最终与中国社会福利基金会瓷娃娃罕见病关爱中心形成合作，"为罕见病，'冻'起来！"的活动在微公益平台上线。

　　爱心人士可以点击进入微公益，为该项目捐助1份100元的瓷娃娃基金。截至2015年3月底，该项目已募捐瓷娃娃基金75 903份，累计善款总额7 590 360元，捐助者达40 970人，获得57 813个支持。而有关"冰桶挑战"活动项目的开展情况则全程发布在新浪微博和博客，受群众监督。

　　从国外的关爱肌肉萎缩性侧索硬化症过渡到国内关注渐冻人、瓷娃娃等罕见病，以"冰桶挑战"为名的慈善募捐在引起国人追捧的同时，也完成了本土化的转变。在发布视频渠道上，国外以 Twitter、Facebook 两大社交媒体为主。在国内，新浪微博一举打败 QQ、微信、人人网等其他社交媒体，以微公益的形式，成为"冰桶挑战"的传播基地。

（三）接力微公益，微博华丽归来

　　新浪微博自 2009 年 8 月上线以来，就以一种摧枯拉朽的姿态横扫互联网。微博以其草根性、便捷性、及时性、互动性等特点打败纸媒等传统媒体，一跃成为公众自由发声、传播信息和舆论监督的利器。微博反腐、微博营销、微博公益等一系列微博效应使得微博走在构建公共领域的前端。2010 年一直被人们视为"微博元年"，在 2011 年，微博公益的传播热

度持续升高,"桂林寻母""帮助鲁若晴""微博打拐"等公益活动在微博上获得网友的广泛参与,2011年又被称为"微博公益元年",此后,微博热度持续攀高。

直至微信的快速崛起,微博面临着微信的强大冲击。据2013年《中国互联网络发展状况统计报告》显示,2013年是中国微博发展的转折之年,用户规模和使用率均大幅下降。在减少使用微博的用户中,37.4%的人转而使用微信。进入2014年,随着腾讯微博的战略调整和网易微博的关闭,各个微博客服服务商之间的竞争逐步趋缓,用户群体主要向新浪微博倾斜,促使新浪微博用户也较以往略有提升,新浪微博一家独大的格局明朗。而2014年的"马航事件"和"冰桶挑战"更是见证了微博得天独厚的传播力与影响力。在微博话题榜上,"冰桶挑战"斩获48.2亿阅读量,引发442.7万次讨论,拥有10.2万粉丝。至此,微博打了个漂亮的翻身仗,一扫颓势,华丽回归。

自2014年8月17日,新浪微博携手瓷娃娃罕见病关爱中心共同发起"为罕见病,'冻'起来!"公益项目,8月26日,瓷娃娃罕见病关爱中心主任、创始人王奕鸥发表致爱心人士公开信,公布善款用途,并表示该次活动所筹善款将成立专项基金和相应的监督委员会,在基金会中心网披露善款使用过程。8月31日,瓷娃娃罕见病关爱中心召开"冰桶挑战"公益项目媒体见面会,公布活动的工作进展详情、监督委员会名单、接收捐赠情况、善款使用方案并接受自由提问。9月3日,"冰桶挑战,关爱渐冻人"公益项目公开招标,到10月16日,共收到来自全国10个城市的20余家组织、团体共25份申请书,初评阶段25个申报项目全部通过。

二、"冰桶挑战"的微博公益传播

"冰桶挑战"发起后,迅速在互联网上引起热议。2014年8月18日,雷军的积极响应,更是将"冰桶挑战"的热潮引入中国。据不完全统计,国内累计超过百名明星加入"冰桶挑战"阵营,其中,国内"冰桶挑战"在8月18日到20日三天的时间里形成高潮,名人被冰水浇湿的视频和图片在微博上获得大量网友点赞、评论和疯狂转载。

(一)传播者和传播对象间的双向互动

1. 意见领袖齐发声,助力公益
在整个"冰桶挑战"传播链上,名人光环功不可没。中国首位受到

"冰桶挑战"点名的是小米科技创始人、董事长兼首席执行官雷军，雷军在微博上拥有超过1 183万数量的粉丝。雷军发布的"冰桶挑战"微博，被转发10 826次，获得6 098条评论和14 642个赞。雷军在微博上点名的3名挑战者刘德华、郭台铭、李彦宏分别是香港演艺圈天王、台湾民营企业龙头富士康总裁、大陆搜索引擎巨头百度CEO。郭台铭在8月19日午间接受了雷军的挑战，继续点名孙正义、林志玲、谢晓亮。李彦宏和刘德华则在19日下午完成"冰桶挑战"，并分别点名俞敏洪、潘石屹夫妇、田亮和周杰伦、朗朗、苏桦伟，"冰桶挑战"得到持续接力。

国外的"冰桶挑战"风暴发起于体育界，再波及科技界，随即在演艺界得到响应，最终在互联网上引起广泛热议，形成全民"冰桶挑战"热潮。反观国内，"冰桶挑战"几乎同时在科技界、体育界、商界和演艺界开花，众多科技大佬如雷军、李彦宏、刘作虎、周鸿祎、古永锵、吴波、陈富明均力挺"冰桶挑战"。锤子科技CEO罗永浩虽未接受"冰桶挑战"，却代表锤子科技395名员工，向ALS协会捐39 500美元，并对不参加"冰桶挑战"作出解释，呼吁网友在关注"冰桶挑战"的同时将注意力转移到ALS本身，而非"冰桶挑战"游戏上。在体育界，姚明、易建联、李宁、田亮、李小鹏等运动员也都纷纷加入"冰桶挑战"中。

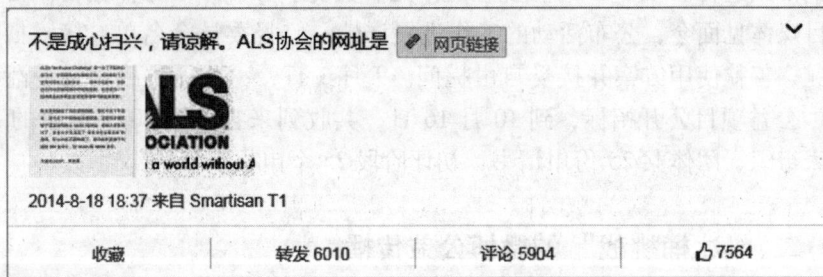

图3 罗永浩发的婉拒"冰桶挑战"微博

在演艺界，"冰桶挑战"这把火则烧得更旺，刘德华、章子怡、李冰冰、姚晨、周杰伦、王力宏等重磅级影视演员和歌手积极响应。拥有超过7 760万粉丝的微博女王姚晨在8月21日晚上7点半上传了"冰桶挑战"视频，并通过微公益向瓷娃娃罕见病关爱基金捐款5万元，同时点名吴秀波、吴彦祖、孙红雷接受挑战。姚晨在总共1分25秒的"冰桶挑战"视频中，用接近30秒的时间完成挑战后，还解释了"冰桶挑战"的目的和意义，呼吁群众关注ALS等罕见病群体。该条微博被转发21 494次，评论

22 860条，获得136 608次点赞。在劝募达人榜上，姚晨位居第二。姚晨分享了 4 次公益微博，共被阅读 880 万次，影响 661 万人开始关注公益，她的传播和分享带来 14 万人捐款，共募款1 864万元，微博大 V 的号召力可见一斑。高居劝募达人榜首的是北京普思投资董事长、万达集团董事，同时也是万达集团董事长王健林独子王思聪。王思聪于 8 月 19 日下午 1 点 5 分上传了"冰桶挑战"视频，并向瓷娃娃公益项目捐出最大单笔善款 100 万元。该条微博累计被转发37 797次，评论68 798条，获得107 492次点赞。由于王思聪的传播和分享，带来 2 万人捐款，共募款 565 万元。

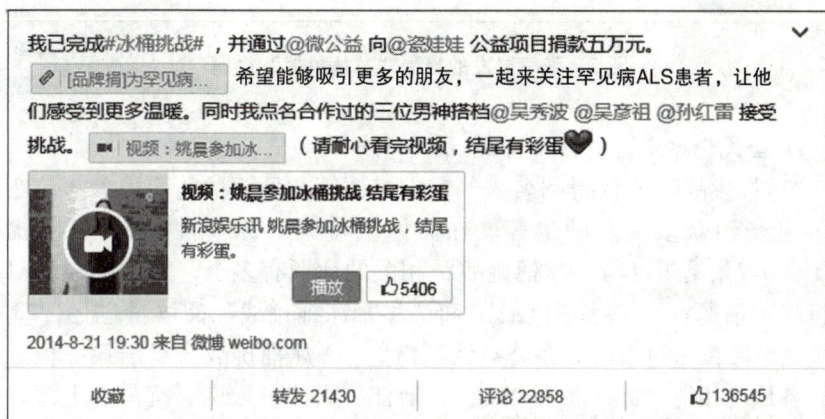

图 4　姚晨发的接受"冰桶挑战"微博

此次"冰桶挑战"活动不仅受到各界名人的支持，还得到各路媒体和官方微博的响应。8 月 20 日下午 3 点 2 分，央视主持人张泉灵自发"冰桶挑战"，并捐出善款，同时挑战央视新闻和国家计划生育委员会官方微博，将战火引入媒体圈。在下午 3 点 22 分，中国新闻网也发起"冰桶挑战"，点名《中国新闻周刊》《人民日报》、头条新闻，呼吁媒体同行一起为罕见病患者出力。在下午 4 点 33 分的时候，新华社中国网事微博也上传"冰桶挑战"视频，点名央视新闻和《人民日报》接受挑战。随后《人民日报》、央视新闻、《中国新闻周刊》相继发微博接受"冰桶挑战"。新华视点、环球时报、人民网、财经网、中国青年网、民政部、中华少年儿童慈善救助基金会等官媒也被点名，加入这场互联网盛宴。

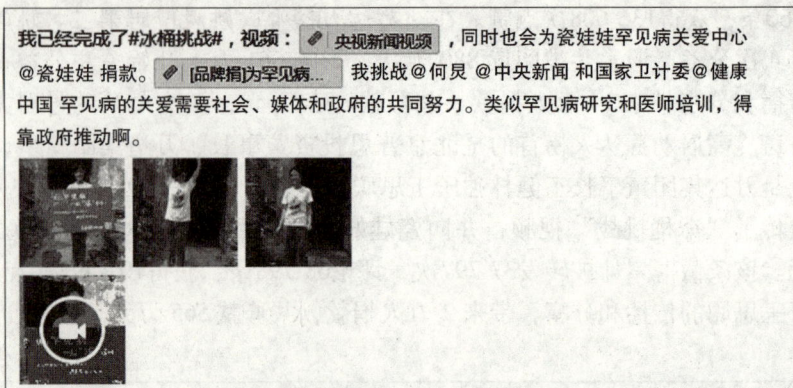

图5　张泉灵发的接受"冰桶挑战"微博

2. 全民浇冰水，引爆微博公益

"冰桶挑战"不仅得到名人、官方媒体等意见领袖的积极参与，在网络上也受到众多网友的追捧。在微博上搜索"冰桶挑战"，可以找到39 192 047条结果。与"冰桶挑战"相关的话题有多个，其中有两个"冰桶挑战"话题——"冰桶挑战"和"秒拍冰桶挑战"阅读量过亿，23个相关话题阅读量过百万。在公益话题榜上，"冰桶挑战"稳居第一位。此外，各地也相继发起"冰桶挑战"，浙江、天津、云南、宜昌、上海、黑龙江、青岛等地的"冰桶挑战"纷纷在微博热门话题榜上有名。

2014年8月21日，在云南昆明，《春城晚报》为身患抽动秽语综合征的刘庆发起"春晚大爱　冰桶挑战"专项活动，为了吸引更多爱心人士，该项活动持续了十天。活动募捐善款则由《春城晚报》和云南省青少年发展基金会统一管理，并在春城壹网公益频道、云南希望工程等平台实时公示。该活动全程通过《春城晚报》官方微博、微信客户端和春城壹网进行连续报道。活动时间和地点可自行选择，参与者只需拍下挑战过程并发至《春城晚报》工作邮箱，或通过微博@春城晚报，同时点名要挑战的人。除了参与"冰桶挑战"外，还可以直接向基金账户汇款。"云南冰桶挑战"在微博的阅读量为165.5万，不仅得到媒体人士、世界拳击冠军、昆明歌手的鼎力支持，一名来自内蒙古通辽市的罕见病患者——"变形人"那苏图也在活动现场进行了"冰桶挑战"，此外，许多爱心人士也主动参与该次活动。

在浙江杭州，8月23日下午3点，新浪浙江官方微博发起了关爱渐冻人公益行动。此次活动由新浪浙江官方微博进行微博直播。活动规则是"下载@秒拍，对着镜头来一桶，带#浙江冰桶挑战#上传视频到微博，再

@朋友来应战并@新浪浙江"。完成后，新浪浙江官方微博、新浪微公益、秒拍联合代参与者捐出 100 元公益款。除了微博大 V 胡冰蜀黍，浙江卫视《我爱记歌词》领唱天悦、范蓁蓁、邹昆、志玲，交通之声的主持人徐侃，还有许多网友纷纷加入挑战。在微博上，"浙江冰桶挑战"阅读量高达891.5 万，引发 1 338 次讨论。

在浙江金华，8 月 24 日下午，数十名爱心人士接受"冰桶挑战"，关怀当地 ALS 患者。

在天津，新浪天津官方微博发起"天津冰桶挑战"活动，现场发起者或应战者自浇一桶冰水，体验渐冻人的感受，用微博客户端或秒拍上传视频到微博，参与"天津冰桶挑战"话题，同时@新浪天津，并点名好友接受挑战后，微博为现场参加活动的用户代捐 100 元至微公益平台助力罕见病。"天津冰桶挑战"话题微博阅读量 298.6 万，引发 439 次讨论。

线上，网民在微博上进行积极互动，"冰桶挑战"相关微博频出不断。线下，网民也积极参与"冰桶挑战"活动。线上话题带动线下活动，线下活动炒热线上话题，线上、线下结合，"冰桶挑战"得到全民热议与参与。

（二）传播内容

从传播主题及内容来看，"冰桶挑战"旨在号召人们身体力行感受渐冻人的疼痛，同时让更多人知道 ALS 等罕见病，呼吁公众募捐善款。"冰桶挑战"实为微博上的一场公益传播。此次"冰桶挑战"传播内容主要涵盖四大方面：一是"冰桶挑战"公益工程项目，新浪微博联合中国社会福利基金会瓷娃娃罕见病关爱中心，基于微博 140 字的信息发布特点，以#冰桶挑战#形式圈定关键词，并随后附注"冰桶挑战"相关信息，发布具体活动内容。二是"冰桶挑战"公益活动本身，包括挑战者上传发布的关于"冰桶挑战"的文字、视频或相关链接等内容。三是"冰桶挑战"相关新闻，多以播报的形式进行传播，其中常附有新闻链接与长微博图片阅读等内容，便于用户根据自己情况选择了解具体情况。如《人民日报》在 2014 年 8 月 23 日发布的一个渐冻人的真实生活的感人视频，《南方日报》在 8 月 30 日发布的一条霍金接受"冰桶挑战"的消息。在"冰桶挑战"及相关公益新闻的发布平台上，官方媒体微博无疑担起重责。四是用户以抒情、评论或调侃的方式直接乃至间接发布在微博的话语。如微博名为"搞笑又迷人的反派角色"寄予的希望"希望治疗渐冻人的药物能够马上出现，希望渐冻人康复、健康、平安"。有网友截取英国影星本尼迪克特·康伯巴奇"冰桶挑战"的视频，作成动图，配上文字说明，调侃意味，不言自明。当然，上述"冰桶挑战"四大内容并非独立存在的，而是往往呈交叉出现态势，体现了"冰桶挑战"传播的交互性与复杂性。

从"冰桶挑战"的规则来看，它规定参与者不仅需要发布自己的挑战视频，还必须点名他人参与。这种点名游戏与博客时代流行的"The Interview Game"相似。在国内，该种点名游戏随着社交媒体的兴起而流行，主要以 QQ 空间、人人网以及博客为载体。一方面，用户可以通过游戏的方式加强双方的互动交流；另一方面，被点名也是一个人在社会关系网中重要性的体现。通常，最先被点名或是被点名次数最多的人往往是拥有良好社交网络的人。用户通过点名游戏构建自己的社交网络，同时，点名游戏在某种程度上也满足了用户的社交和自我认知的需求。

在"冰桶挑战"中，这种点名游戏的社会功能体现得更加淋漓尽致。首先，"冰桶挑战"选择关注渐冻人等罕见病这样一个公益话题作为传播，具有重要的现实意义。在微博这样一个开放的公众平台，用户通过传播这样一个公益内容，既可以帮助需要帮助的群体，又能提升个人形象，这也是许多名人积极参与到"冰桶挑战"的原因。其次，微博上的"冰桶挑战"不仅是一种大众传播，还涵盖了朋友圈之间的人际传播。用户在加入"冰桶挑战"的同时，也满足了其社交和自我认知愿望。再次，基于Web2.0 时代，微博平台推动信息快速、广泛、交互、裂变式传播。通过用户间分享、转发、评论，"冰桶挑战"短时间内席卷微博。此外，"冰桶挑战"活动要求被点名者在 24 小时内作出回应，是一个非常合适的时间节点。24 小时的设定既给挑战者预留了最大的准备时间，也在最大程度上保证了用户对该活动的关注持续度和网络热点发酵度。

（三）传播渠道

在"冰桶挑战"整个传播阶段，传统媒体和互联网、手机等新媒体发挥了巨大作用。其中，微博凭借其得天独厚的互联网优势，一跃成为"冰桶挑战"最主要的传播渠道。

1. 微博的即时和快速传播

微博的即时和快速传播最大限度地将"冰桶挑战"推到公众面前。一方面，人们通过发布"冰桶挑战"的相关文字、图片和视频资料，"冰桶挑战"相关话题在微博迅速发酵；另一方面，"冰桶挑战"话题热度反向促进公众对"冰桶挑战"的关注，微博热门话题榜的作用再次得到体现。

2. 名人与草根借助微博互相发力

"冰桶挑战"中，名人或其他微博大 V 的热情参与无疑提升了"冰桶挑战"的热度，普通用户仍是此次公益传播的主力，他们数量巨大，且摆脱"沉默大多数"的心态，积极参与，为推动"冰桶挑战"的发展发力。微博的草根性使得公众参与公益传播活动的门槛降低，加上名人的带动，全民参与其中，"冰桶挑战"活动的范围持续扩大，影响力进一步加深。

3. 微博的互动性

微博的互动性也使得用户的话语权得到最大的发挥。用户通过关注"冰桶挑战"话题，对相关话题进行分享、转发，乃至评论、私信，相互进行交流，各自抒发自己的看法、观点，对微博公益进行点赞、拍砖，出谋划策。

4. 六度空间理论下的微博病毒式传播

在数学领域有一个著名的猜想，叫做六度空间理论或小世界理论等。即你和任何一个陌生人之间所隔的人不会超过五个，也就是说，最多通过五个中间人，你就能够认识任何一个陌生人。"冰桶挑战"正是在六度空间理论下，快速在微博平台裂变式传播。在用户的好友圈里，只要有一个人关注了"冰桶挑战"话题，另一个人也会查看到"冰桶挑战"的相关话题，形成叠加效应，一传六，六六三十六，传播数量呈指数增长，传播范围从一个好友圈到另一个好友圈，让所有的陌生人通过微博无形地联系起来，再加上微博的强力宣传和推广，越来越多的用户不自觉地加入话题中来。

（四）传播噪音

20 世纪 40 年代，香农和韦弗在《传播的数学理论》一书中提出传播噪音的概念，将干扰有用信息的有效传递的因素视为"噪音"。传播噪音使得信息的不确定性大大增加，造成信息误差的产生，影响传播对象——受众对信息的解读与接受，最终对受众态度行为产生偏离预期的传播效果。

1. 合法化

"冰桶挑战"在席卷全球，收获不少鲜花和掌声的同时，也饱受争议。首先在法律层面上，有专家对"冰桶挑战"公募资格、募捐计划书、项目执行能力、受益人群及瓷娃娃罕见病关爱中心的业务范围提出不同意见。瓷娃娃罕见病关爱中心作为项目发起方，联合中国社会福利基金会，面向公众募捐，其合法性遭遇质疑。

其次，"冰桶挑战"所捐善款的使用也引起不少争论。最初，"冰桶挑战"在国外是为了帮助渐冻人，在中国落地后捐助主要对象成了瓷娃娃，渐冻人成为搭便车者。不少网友和公益人士百思不得其解，认为活动捐款闹出乌龙是因中国公益组织管理混乱引起的。而国内首个渐冻人公益基金发起人，同时也是渐冻人的王甲在2014年8月24日下午3点27分发微博称，"冰桶挑战"活动的最大受益人是瓷娃娃罕见病关爱中心和其创始人王奕鸥，并连用三个"莫"，呼吁不要让雪中送炭的人心寒，不要使中国公益成为实现不了的"中国梦"，不要忘记初心，任重道远。一时间，舆论纷纷指向瓷娃娃罕见病关爱中心，《新快报》在8月27日作出报道，对事件作出评析，新浪新闻中心也对此迅速作出反应。28日，新浪新闻推出《中国冰桶挑战迷局：为何渐冻人的钱捐给瓷娃娃？》一文，解释了"冰桶挑战"落地中国后，新浪和瓷娃娃罕见病关爱中心合作的前因后果，并表明瓷娃娃罕见病关爱中心设立包括渐冻人在内所有罕见病的公募基金会的意愿。之后，瓷娃娃罕见病关爱中心公布了"冰桶挑战——关爱渐冻人"项目，广大运动神经元症病友救助渠道开放中。

2. 合理化

"冰桶挑战"除了在程序上一度遭到公众质疑外，参与者要求自浇冰水也被炮轰浪费水资源。据美国媒体报道，"冰桶挑战"已用掉1 893万升淡水，够一个人用150年。随着挑战的盛行，网络上还出现许多挖苦讽刺的帖子，甚至有人呼吁加州政府对挑战者进行罚款。

在中国河南，持续的高温少雨给河南中西部和北部部分地区带来大范围的干旱。许多水库见底，田里禾苗大面积枯死，城乡发生饮水困难，河南遭遇63年来最严重的旱灾。2014年8月22日，河南鲁山县民众拿着水桶聚集在中原大佛前，喊出"我们要喝水"，抗议中国正在火热进行的"冰桶挑战"，中原大佛管理方也在现场发出"传递爱心也要珍惜水资源"的口号。

为此，新闻调查记者在微博发起"拒绝冰桶挑战"话题，号召公众珍惜水资源。该话题在微博的阅读量为139.2万，引发2 551次讨论，周笔畅、方舟子、吴尊、林志玲、周迅、鲁豫等明星都婉拒了"冰桶挑战"。周迅在其工作室官方微博上表示作为一个感恩于能够健康地活在这地球上的人，她非常珍惜每一点滴的水资源，她会尽力关注和帮助ALS患者，但不接受任何"冰桶挑战"。该微博获得12 668个赞，不少网友在该条微博下评论，对周迅节约用水的观点大表支持。

3. 娱乐化

"冰桶挑战"自蔓延开来，就饱受过度娱乐化的诟病。当一加科技CEO刘作虎率先自发浇冰水，夺下中国"冰桶挑战"第一的头衔时，"冰桶挑战"不多不少给一加手机做了一个软广，公益或多或少已带上些许功利色彩。随后，雷军上传"冰桶挑战"视频，凭借"根正苗红"的挑战背景，雷军的湿身出镜赢得一票喝彩。当然，雷军也没忘记在视频结尾处秀一下自己的小米手机，不折不扣地给小米做了一个硬广。

接下来，许多名人都被卷入这场"冰桶挑战"的风暴中，尤其以娱乐圈明星为瞩目，各路粉丝也沉溺在"冰桶挑战"中自家偶像的时尚秀。许多关于"冰桶挑战"的视频也被制作成动图和各种段子，"冰桶挑战"俨然成为一个被"玩坏"了的网络热词。微博名为"反像镜"的用户就曾感慨："'冰桶挑战'已经逐渐成为一种大众游戏了，嘻嘻哈哈好玩吗?? 有多少人还记得发始人的初衷。"

"冰桶挑战"中看似最为"出格"的当属陈光标的挑战。据陈光标发布的视频，他在冰桶里蹲了 30 分钟，放言谁在 6 天内挑战其 30 分钟的纪录，他捐 100 万元；其次陈光标自称在"冰桶挑战"中他目前捐赠的金额数量应该是世界第一；重要的是，冰桶里的水几乎没有浪费，晚上做员工餐使用。此外，陈光标还放出了"胸口碎大冰"的"大招"。此微博发布后，不少网友质疑其"冰桶挑战"的冰块造假。

"冰桶挑战"发展到后期，已俨然成为网络段子手的创作源头，网络上甚至还出现了"开水挑战"，各种神截图搭配搞笑的文字说明，"冰桶挑战"仍在病毒式传播，却越来越娱乐化。早在 2014 年 8 月 21 日，民政部新闻办官方微博民政微语就曾发微博建议活动的组织者要更加注重活动的实效，避免娱乐化、商业化的倾向。瓷娃娃罕见病关爱中心官方微博主持了"冰桶挑战莫忘初心"的话题。号召公众关注"冰桶挑战"背后 ALS 患者在内的罕见病群体。该话题阅读量达到 898.6 万，收获 7 257 次讨论，同时也得到一众网友支持，有网友回复道"'冰桶挑战'，勿忘初心。罕见病不只是渐冻人"。

三、微博公益的反思与建议

2014 年的炎热夏季，一桶冰水浇灌而下，将微博公益推到极致。一桶冰水，引爆全民公益热情。互联网短暂的热闹后，一切归于平静。"冰桶挑战"虽已结束，公益并未停止脚步。参照国内"冰桶挑战"发展路径，微博公益仍有许多地方有待完善，微博公益传播前景得到学界和业界一致看好。

（一）完善立法，形成政府和社会监督机制

我国发展慈善事业时间不长，制度安排不完善，透明度不高。目前，国内也尚无一套成文的慈善事业法。在网络平台如微博上发起的民间公益行为的法律法规建设更是远远滞后于实践。相当一些发起募捐的社会团体，因其没有在民政等政府主管部门登记注册，组织缺乏公开募捐的资格，"冰桶挑战"中，瓷娃娃罕见病关爱中心也曾因其合法性问题而备受争议。

此外，微博公益是一种全新的公益举措，因而缺少法律法规等规范制度的约束。微博公益在实践过程中容易造成政府监管缺位，社会监督乏力等问题。"冰桶挑战"前期虽然因其发起、受益机构易主遭受过公众质疑，但从整个活动来看，"冰桶挑战"还是秉持了公正透明的原则。发起方将整个捐献过程和进展公布在相关网页上。对后期救助项目投标及实施情况予以监督和公示。从长远来看，政府适时地制定和出台相关政策法规，公众积极参与社会监督，有利于引导和规制微博公益事业发展。

（二）社会公益组织的自身建设

我国的民间社会公益组织多是凭借一腔悲悯情怀建立，不少团队缺乏专职专业人员，社会组织筹集资源能力普遍不足。微博公益专业化团队建设能力不足成为制约其发展的短板。"冰桶挑战"传入中国时，也是由于国内 ALS 公益组织的缺位而间接促成瓷娃娃罕见病关爱中心拔得头筹，成为国内"冰桶挑战"的第一方公益机构。

瓷娃娃罕见病关爱中心虽然和新浪微博合作，但在整个"冰桶挑战"微博公益传播方面却远远不如新浪公益做得深入，诚然新媒体在运营方面有着更为丰富的经验，但瓷娃娃罕见病关爱中心官方微博也大有可为。

（三）深谙微博传播之道，避免娱乐泛化

微博作为公共领域社交的强势媒体，它的出现，进一步加剧互联网信息的泛化。同时，微博上大量信息的传播也记录了中国社会变革进程。微博传播具有及时性、草根性、便捷性、快速性、互动性等特点，大规模用户包括普通人、名人、企事业等。"冰桶挑战"在微博发起，微博给予其最大的宣传和推广。糅合传统媒体与新媒体的信息渠道，微博形成了其独有的传播力。"冰桶挑战"的风靡进一步证实公益机构可以借助微博平台

获得长足的发展。

"冰桶挑战"的病毒式传播在收获巨大成功的同时，也被众多网友批评其过度娱乐化。微博公益的初衷仍在公益，"冰桶挑战"的初衷是关注ALS等罕见病患者。大众消费时代，公益助人仍是一件圣洁的事，挑战者和围观者在自娱自乐的同时，应回头看看初心是否还在。如何在市场大流中坚守公益，是一个值得深思的问题。

（撰稿人：李云芳）

芒果 TV 独播战略打造媒体融合新格局

2013 年是业界公认的"互联网视频发展元年",整个行业呈爆炸式增长。2014 年,中国互联网视频网站得到进一步发展,其庞大的视频资源内容、良好的视听享受和强大的云服务系统等,使国内一些大型的互联网视频网站人气很旺、用户黏度也很高。正当互联网视频平台新闻热点不断之时,2014 年 5 月,湖南卫视对外宣布,今后拥有湖南卫视完整知识产权的自制节目将由芒果 TV 独家播出,不再向其他互联网视频平台分销自制节目的网络版权。随后,央视也宣布巴西世界杯足球赛的直播权只给自家网站 CNTV。网络独播并非偶然,央视和湖南卫视采用独播战略也是在打造媒体融合的新格局。本文将通过全面剖析芒果 TV 独播战略,从而更加具体地分析传统电视媒体与新媒体进行融合的发展阶段,以及以传统电视媒体为依托的互联网视频平台的未来发展路径。

一、案例简介及背景介绍

2009 年 12 月 18 日,湖南广电将金鹰网内提供视频直播和点播服务的"芒果网络电视"模块独立出来,启用独立域名,面向市场进行品牌运营,定名为"芒果 TV"。2014 年 5 月 8 日,湖南卫视官方微博声明,旗下的互联网视频品牌芒果 TV 将开启独播战略:今后,湖南卫视拥有

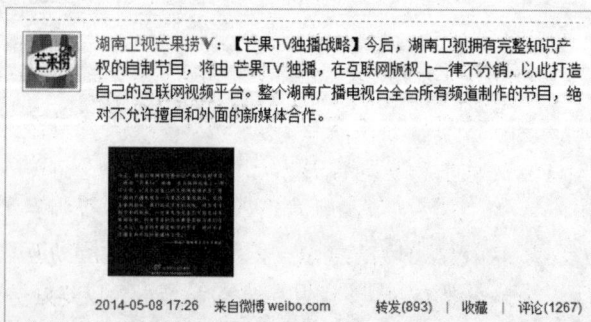

图 1 湖南卫视官方微博"独播声明"微博截图

完整知识产权的自制节目,将由芒果 TV 独播,在互联网版权上一律不分销,以此打造自己的互联网视频平台。由此,芒果 TV 独播战略正式拉开

帷幕。随后，央视、安徽卫视紧跟其步伐，爱惜版权，宣布未来其频道的节目将采用垄断独播的形式。

一时间，"独播"一石激起千层浪，业界讨论不断，不仅有对芒果 TV 独播战略的拥护，也有对其的质疑，例如"割肉回收版权""与视频网站大决裂""唱衰视频网站"等。从表面上看，独播战略会使得湖南卫视损失数亿元的节目版权分销收入，而事实上，却能够彰显出湖南卫视打造属于自己的互联网视频平台的决心。这不是一时冲动的决定，而是谋划已久的策略。很快，湖南卫视便以一档明星穷游真人秀节目《花儿与少年》作为其在芒果 TV 独播战略的最先尝试，湖南卫视把芒果 TV 当成常规的互联网视频平台接受用户和市场的检验，结果证明这次尝试是成功的。不仅仅是芒果 TV，央视在独播巴西世界杯足球赛期间的网络关注度也是爆棚，百度指数较平时上涨了 8 倍。

图 2　《花儿与少午》节目宣传照

纵观独播战略出现之前，传统媒体冒着资金被瓜分的风险，寄希望于互联网视频平台从而提升自己节目的市场占有率，梦想着得到更加强烈的市场反馈，却发现自己的节目不仅为他人所用，而且促使互联网视频平台产生自制节目内容的意识。传统媒体不仅帮助互联网视频平台吸纳更多受众，也为它们的自制节目越做越大营造了良好氛围。再看如今的传统媒体，也终于按捺不住和新媒体融合的步伐。虽然眼下独播战略的出现会面临多方面的挑战，刚尝试独播的芒果 TV 在很多用户体验方面也遭到受众的吐槽，但这是一种必然，也是一种自醒。如果把目光放长远些，电视台的独播战略，事实上就是传统媒体面临互联网挑战时的一种转型方式。

二、独播原因分析

就在芒果 TV 宣布独播之后，湖南卫视用一档全新的栏目《花儿与少年》开始了芒果 TV 的独播之旅。《花儿与少年》独播两期之后，湖南快乐阳光互动娱乐传媒有限公司（以下简称"快乐阳光"）① CEO 张若波就对某采访媒体透露：网站流量已经有几十倍的提升，PC 端活跃用户有 300 多万，单期《花儿与少年》的浏览量已破千万；同时，他也承认芒果 TV 现在和大型的互联网视频网站相比还有很大差距，但是芒果 TV 作为传统广电系统的视频网站已与商业视频网站处于同一量级。② 那么芒果 TV 为什么要独播呢？

（一）版权意识加强，卫视资源为自身网络平台出力

湖南卫视的收视率一直是省级频道中的领头羊，这主要归功于湖南卫视一直在节目研发、制作和传播能力上的较高水准。在 2014 年初由泽传媒发布的全媒体收视率榜上，湖南卫视以总收视率 6.06% 的成绩领衔，超出第二名和第三名约两倍。③ 湖南卫视的优质节目资源为其电视平台贡献不少，而节目资源放其网络平台上的表现却少有像电视平台那样吸引大众的关注。2013 年 12 月，爱奇艺宣布以两亿元的价格独家获得《爸爸去哪儿》第二季、《快乐大本营》以及《天天向上》等五档综艺节目的版权，随后，在 2014 年王牌综艺节目推荐会上，爱奇艺宣布银鹭以 6 000 万元的价格获得了《爸爸去哪儿》第二季的独家网络冠名权，接近三分之一的购买版权成本就这样收回，爱奇艺一系列购买版权的举动给湖南广电上了一课，也让他们对于版权的利用问题陷入了思考。俗话说：肥水不流外人田，为什么自家节目资源不能为自身新媒体出力呢？于是，芒果 TV 独播战略首先从版权意识入手，优质节目资源首先为自身网络平台出力。

在一次湖南卫视内部会议上，湖南广播电视台台长吕焕斌说道："今后湖南卫视拥有完整知识产权的自制节目，将由芒果 TV 独播，在互联网版权上一律不分销，以此来打造自己的互联网视频平台。一定要高度重视

---

① 快乐阳光是湖南卫视的全资新媒体公司，具体运营包括芒果互联网电视、芒果 TV 手机电视、湖南 IPTV、芒果 TV 等在内的多终端视频业务。

② 沈青瞳. 芒果 TV 独播战略被忽略的几个细节［EB/OL］. 搜狐 IT, http://it.sohu.com/20140512/n399458874.shtml.

③ 张守信, 宋祺灵. 内容、平台、生态：对芒果 TV 独播战略的思考［J］. 南方论坛, 2014 (3)：20～23.

版权，包括互联网版权、购买节目版权，特别是自制节目版权，一定要包括或者尽可能包括互联网版权，所有节目版权都要掌握在自己手上。"从这段措辞严厉的讲话中可以明显感觉到湖南卫视决策高层开始加强保护自身节目版权的意识，并愿意尽全力为自身的互联网视频平台出力。今后，芒果 TV 的核心推广资源只会开放给自身有版权的节目和影视剧。

当然，快乐阳光 CEO 张若波也表示：芒果 TV 独播战略不会只简单地把湖南卫视的内容拷贝到网上，而是会发挥自制力量和已有的制作力量。芒果 TV 一系列的保护版权的措施让业界其他互联网视频集团意识到了互联网视频这个产业的核心竞争力就是内容原创的能力，而湖南广电能让芒果 TV 那么有自信地作为互联网视频行业的"搅局者"，也正是其内容原创的能力，让其节目版权有能力使得芒果 TV 实行独播战略成为必然。

（二）"内容为王""渠道为王"和"用户为王"并举，迎合三网融合趋势

互联网时代的互联网视频发展越来越重视用户，希望能通过各种内容、各种渠道来实现粉丝的用户转化率，从而更好地发展壮大自身的互联网视频平台，芒果 TV 作为湖南卫视旗下的互联网视频平台有着得天独厚的优势：它不仅能够播放湖南卫视旗下各个电视频道的节目资源，而且无须承担任何版权费用；渠道方面，芒果 TV 全媒体平台不仅包括芒果 TV，还包括了芒果互联网电视、芒果 TV 手机电视、湖南 IPTV 等多终端视频业务。内容、渠道、受众都占优势，也使得芒果 TV 实行独播战略成为必然。

第一，内容优势，以湖南卫视的精品内容库存和持续生产能力为基础。在第六届中国网络视听产业论坛（CNAIF）上，互联网视频平台的各位老总互相讨论关于互联网视频的发展路径和趋势，其中一个要点就说到互联网视频的核心竞争力还是内容原创能力。要说内容，芒果 TV 具有其他互联网视频平台望尘莫及的优势资源，它以湖南卫视为资源依托，能够吸引巨大的用户注意力。在湖南广电宣布独播战略之时，湖南卫视立刻用了一档全新的明星穷游真人秀节目《花儿与少年》试水。事实证明，单期《花儿与少年》已过千万浏览量，芒果 TV 网站流量也有几十倍的提升，PC 端的日均活跃用户也达到了 300 多万。① 《花儿与少年》打好了独播战略的第一枪。随后，芒果 TV 用《唱战记》《变形计》第八季、《爸爸去哪儿》第二季、《一年级》等节目延续自己的独播战略。不仅如此，芒果 TV 除了独播综艺，也加入了像《不一样的美男子》《深圳合租记》等湖南卫视热门独播剧，采用独家内容呈现战略拉动、聚集网络受众。

---

① 何菲. 芒果独播：破而后立 [J]. IT 经理世界，2014（6）：28～31.

2013 年底，爱奇艺耗资两亿元买下了湖南卫视 2014 年《爸爸去哪儿》第二季、《快乐大本营》《天天向上》《百变大咖秀》《我们约会吧》五档综艺节目的网络独播版权。尽管湖南卫视在卖版权的合同书上写了"保留芒果 TV 的播映权"，但自家节目还是没能让自身的互联网视频平台壮大，反而让爱奇艺利用湖南卫视优质节目资源赚得盆满钵满。2015 年 1 月 1 日起，湖南卫视收回了本台热播综艺节目的版权，只在自家互联网视频平台芒果 TV 独播。

快乐阳光 CEO 张若波面对未来芒果 TV 的发展路径提到了"两把刷子"，其中一把就是主打特色化和差异化的内容运营，湖南卫视的综艺节目资源给予芒果 TV，让它成为用户首选的综艺 App。这种综艺内容优势，确实不是随便一家互联网视频平台可以比拟的。

第二，平台优势，芒果 TV 网络平台与互联网电视平台、手机电视平台和湖南 IPTV 平台共同发展。党的十八届三中全会审议通过了《中共中央关于全面深化改革若干重大问题的决定》，其中第三十九条指出：在坚持出版权、播出权许可经营前提下，允许制作和出版、制作和播出分开。建立多层次文化产品和要素市场，鼓励金融资本、社会资本、文化资源相结合。完善经济文化政策，扩大政府文化自助和文化采购，加强版权保护，健全文化产品评价体系，改革评奖制度，推出更多文化精品。由此可见，目前国家在大力鼓励和支持体制内企业参与市场竞争的行为，政策红利的影响力不容小觑。芒果 TV 作为国有公司，拥有国家一类新闻网站、全国可供网站转载新闻的新闻单位、信息网络传播视听节目许可证、互联网电视内容服务牌照、互联网电视集成播控牌照等多项专业许可证明，在体制内获得的政策支持和文化红利为其今后的发展提供了便利。

芒果 TV 正是迎合了如今的大好局势推出独播战略，在其独播战略声明中也提到：《我是歌手》《爸爸去哪儿》《快乐大本营》《天天向上》《我们约会吧》《百变大咖秀》等湖南卫视出品的综艺节目，由快乐阳光独家拥有互联网信息网络传播领域运营权，快乐阳光公司旗下的芒果 TV 享有互联网、湖南 IPTV、手机移动电视的网络视频直播、点播和轮播的权利。同时，通过客户端形式以机顶盒或电视机为终端的互联网电视业务，芒果互联网电视是上述唯一的互联网电视播出平台，芒果 TV 已通过与三星、TCL、长虹、索佳等合作一体机，与华为合作的芒果派、与海美迪合作的芒果嗨 Q 机顶盒等渠道发布视频。① 可见，这些也为湖南广电更好地迎合三网融合趋势提供了基础条件。

---

① 芒果 TV 关于湖南卫视节目互联网电视独家版权的声明［EB/OL］. 芒果 TV, http：// corp. hunantv. com/a/20131224/2004078484. html.

综合来看，芒果 TV 内容是有了，其平台同样具备实力。在如今的互联网时代，讲究互联网思维，有了内容还不足以把互联网视频平台做大做强，还必须在技术、终端等格局上取胜。作为台网融合互动创新的先行探索者，芒果 TV 成功确定了它的互联网视频平台布局，两大核心主营分别是视频网站和互联网电视。从其横向来看，芒果 TV 包括了视频网站、互联网电视、手机电视、湖南 IPTV 等多平台、多终端液态模式；纵向上，芒果 TV 建立了"渠道 + 内容 + 终端 + 应用 + 用户"的立体生态体系，①横纵向结合发展的布局也助力实现芒果 TV 全方位多屏格局。

第三，受众优势，传统媒体几档节目《快乐大本营》《天天向上》《爸爸去哪儿》《我是歌手》已聚集大量受众群。芒果 TV 独播战略运营后，效果可谓立竿见影，在节目点击率、网站停留时长方面都明显高于独播之前，这就要归功于湖南卫视庞大的粉丝群和巨大的潜在用户群。湖南卫视的品牌定位一直非常鲜明，以"快乐中国"为其定位口号，出品了一系列广受观众喜爱的综艺节目，积累了大量的固定受众群体。年轻化也一直是湖南卫视主流受众群体的特征，这也正好迎合了我国网民结构普遍年轻化的特征。如果芒果 TV 利用受众优势实现湖南卫视受众资源的网络转化，提高粉丝的用户转化率，培养自身的互联网视频平台用户，这样就能给芒果 TV 带来巨大的收视效益。

受到《我是歌手》第二季、《快乐大本营》《爸爸去哪儿》等一系列湖南卫视王牌节目的影响，以及芒果 TV 在四月宣布独播之后的一系列转型和升级，芒果 TV 基于 Alexa 流量排名统计已经有了显著的提升，第二季度，芒果 TV 的流量表现更是显眼，如图 3 所示。

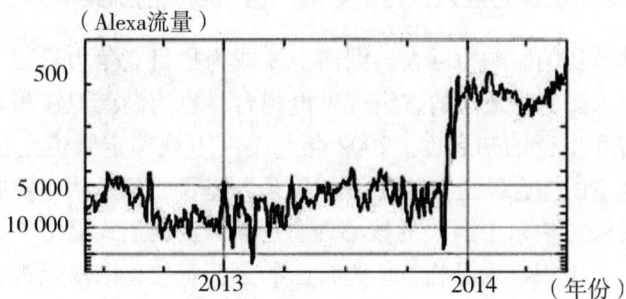

图 3　2013—2014 年芒果 TV Alexa 流量走势

---

① 芒果 TV 以互联网思维促融合巧抓机遇升级全平台战略［EB/OL］. 中国站长网，http://www.chinaz.com/news/2014/0821/364602.shtml.

基于受众优势，湖南卫视才更有勇气先于其他卫视提出独播战略。通过近四年的 Alexa 流量排名表我们可以看出，2014 年芒果 TV 的提升幅度非常明显，其在国内网站中的流量排名已由 2011 年 10 月的 534 名升至 2014 年 6 月初的 104 名，国际排名的提升也表现明显。

表 1　芒果 TV 近四年的 Alexa 流量排名

流量查询日期	国内排名	国际排名
2011. 10. 13	534	4968
2012. 10. 02	847	5542
2013. 07. 28	550	3250
2014. 06. 04	104	1200

此外，芒果 TV 与商业视频网站相比，包括国家级的网络电视台 CNTV，其关键数据指标也成绩显著，在浏览量、网站停留时长等方面，芒果 TV 都高于优酷土豆网、优酷网、爱奇艺、乐视网等。

2015 年初，《我是歌手》第三季开播，因前两季节目积累了巨大的粉丝数量，使得芒果 TV 迅速拿下 App 免费下载排行榜榜首，"内容为王"的优势确实能在短期内形成巨大的收视效益。从另一个角度来看，湖南卫视的受众优势还有巨大的挖掘潜力。如何在接下来的发展过程中更好地发挥受众优势，为自身互联网视频平台出力，是芒果 TV 需要考虑的。

（三）品牌影响力巨大，为更好地广告招商提前练兵

因为其节目的影响力巨大，湖南卫视成为栏目竞争力最强、品牌栏目最多、主持人影响力最大的省级卫星电视台，也为湖南卫视积累了强大的品牌影响力和广泛的知名度。2002 年，湖南卫视确定频道定位为"以娱乐、资讯为主的综合频道"定下了"娱乐"基调，经过两年发展，在 2004 年 6 月，秉持"快乐中国"的核心理念，湖南卫视正式提出了"打造中国最具活力的"电视娱乐品牌，作为自己的全新定位，湖南卫视也最终确定了自身的整体频道定位——最具活力的中国电视娱乐频道。有了"快乐中国"这个内核，湖南卫视的品牌运营和扩张就有了坚实统一的基础。

随后几年，湖南卫视陆续推出了《超级女声》《快乐男声》《8090》《变形计》等一系列带有"年轻"标签的节目，不仅收获了大量的年轻观众，也使得自身的品牌形象更加清晰丰富、深入人心、充满张力。作为湖

南卫视唯一的新媒体互联网视频平台，芒果 TV 自然可以承袭这一优势，把自己的互联网视频品牌做大做强。在芒果 TV 宣布独播之后，就有业界人士讨论：如果把优酷网、爱奇艺、乐视网等视频网站比作沃尔玛的话，那么芒果 TV 想要做的就是 LV、Prada 这样的专卖店。正是芒果 TV 承袭了湖南卫视这种特色化和差异化的运营方式，才能够让芒果 TV 在与众多视频网站的品牌广告战中占有一席之地。

芒果 TV 在 2014 年 4 月宣布独播，比原计划整整提早了两个月。这都是为了 2014 年 10 月的广告招商战役埋下伏笔。湖南卫视每年的招商是在 9、10 月份举行，从 4 月份开始实施独播，能够提前练兵，打赢这场广告战，让更多广告商为芒果 TV 下注。芒果 TV 自独播以来的成绩展现确实吸引了广告客户来访，虽然其广告销售刚刚起步，但已经算是开始放水养鱼，培养市场了。湖南广播电视台台长吕焕斌就独播战略曾对张若波说道："考试就要来了，反正要进考场，你先进去再说。"对于芒果 TV 来说，尽管在版权积累、用户体验、技术等方面还有欠缺，就湖南卫视本身的品牌影响力，也足以让芒果 TV "先进考场"，提前接受市场的检验。

三、芒果 TV 独播将面临的挑战

芒果 TV 的独播战略在宣布之初确实引起了轩然大波，有人为湖南卫视的独播先行者角色叫好，认为其利用自身的内容优势，反哺自身的互联网视频平台，在网络视频的竞争中争抢属于自己的一席之地。当然也有质疑者，认为独播支撑不起一家互联网视频平台，芒果 TV 是在自掘坟墓等。但不管怎样，在互联网时代，传统媒体如果还遵循原来的发展思维肯定是行不通的，传统媒体和新媒体之间井水不犯河水更是不可能的，湖南卫视正是看到了这一点，才大胆地提出独播战略，尽管优势明显，但其劣势也是不容忽视的。

（一）技术壁垒导致落地体验失分严重

就在芒果 TV 独播《花儿与少年》第一期后，很多通过芒果 TV 收看节目的用户就吐槽其体验效果，例如在搜索功能方面的不优化；视频入口也不是特别明显；没有移动端，导致和 PC 端、Pad 端并没有完全打通；用户吐槽视频"卡"等问题，这些方面都受到诟病，也足以体现刚迈入互联网视频圈的芒果 TV 在技术上确实还不如那些经营已久、技术背景相对优

越的商业互联网视频平台。

商业互联网视频平台能够给予用户高清、流畅的观看体验是目前芒果TV 所不能相比的。技术的壁垒导致芒果 TV 落地体验失分严重，技术方面的短板也会成为制约芒果 TV 发展的一个关键因素，因为用户的去留很大程度上取决于他在这个互联网视频平台的体验感觉如何。所以，技术好不好影响用户体验，用户体验影响用户数的增长，从而也会影响传统媒体电视节目的发展。

（二）财力不足，资本运营弱势明显

相比于商业互联网视频平台在资金上的财大气粗，芒果 TV 不具备类似的资金实力和优势。虽然在内容版权上有湖南广播电视台作为靠山，可以省去一大笔节目版权费用，但如果芒果 TV 在下一步发展过程中要引进其他节目供应商的网络播放权，相比于其他互联网视频平台，芒果 TV 会略显囊中羞涩。自从湖南卫视收回自制节目的网络播放权之后，从短期内的版权收益上来看，损失的版权费金额还是比较大的，同时也失去了第三方互联网视频平台对自身节目的推广和营销支持，这也意味着自制节目的所有营销费用和推广费用都将由湖南卫视和芒果 TV 自己来承担，这也就加重了芒果 TV 的经济负担。在芒果 TV 宣布独播战略之前，以上的费用都是可以省去的。

在接受采访时，张若波十分清楚现阶段芒果 TV 的弱势，他坦言道："本来湖南卫视在资本运作方面就不大擅长，未来宽带和版权采购也没有办法追求海量积累和向外疯狂采购；没有互联网入口，也没有几大互联网视频平台的大力导流。"独播战略是长期战略，因为湖南卫视给予芒果 TV 的节目都是免费的，也就意味着湖南卫视每年向芒果 TV 的版权投资将达到四五亿元，如何化解财力不足以及弥补资本运营弱势，将是芒果 TV 需要思考的问题。

（三）没有 UGC①，一味的节目生产不存在竞争优势

现阶段，芒果 TV 独播的最大优势就是能够独播湖南卫视的节目，通过承袭湖南卫视的粉丝力量，让芒果 TV 具备市场竞争力。湖南卫视的节目生产是优势，但是在互联网时代，如果仅仅只有节目生产优势，则不具

---

① UGC 是互联网术语，全称为 User Generated Content，也就是用户生成内容的意思。

备长时间的互联网视频领域的竞争优势了。

相比于如今互联网视频平台的几大巨头，如优酷网、爱奇艺、腾讯视频等，芒果 TV 没有像它们那样具备 UGC 的能力，这使得芒果 TV 倒退回了 Web2.0 时代，这个时候仅仅依靠几个金牌栏目支撑流量的价值也就不大了，但是如果把运营方式转变为视频网站，芒果 TV 又将要面临互联网领域的竞争，更要面对其他卫视如江苏卫视、浙江卫视、安徽卫视、东方卫视等的竞争。尽管芒果 TV 在节目内容上优势明显，但相比于商业互联网视频平台的视频量，其还是有很大差距的，可见芒果 TV 在互联网思维方面还不够短、明、快，独播战略是否能让芒果 TV 撼动现有的互联网视频平台格局，还有待市场的检验。

（四）仅靠一两档王牌节目，优势不具备持续性

自湖南卫视《我是歌手》第三季播出后，名不见经传的芒果 TV 在一天内迅速跃升至 App 免费下载排行榜的第一位，一举超越所有互联网视频平台的 App。《我是歌手》第三季的话题讨论数量也是播出阶段所有综艺节目当中最高的。由此可见一档精品电视综艺栏目的提供对于芒果 TV 的重要性。湖南卫视很多王牌节目都是按季播的方式来呈现的，每季播出 12 期左右的节目，当这一季结束之后，季与季之间的时间间隔在一年左右。而在这一季节目结束之后，只能由新节目来接档。

如果芒果 TV 只靠这一两档节目来保证其优势显然是不够的，这种优势是不具备持续性的，即使芒果 TV 有湖南卫视的节目资源作支撑，也存在内容稀缺问题。试想，如果《我是歌手》节目季播结束，而接档的新节目不具备像《我是歌手》般的受欢迎程度，芒果 TV 的客户端还能拿下 App 下载量桂冠吗？这显然是芒果 TV 赌博策略所要考虑的问题，如何保持精品节目的持续供应也是湖南卫视所要面临的挑战。

四、应对策略

芒果 TV 独播战略的出现，无论是在广电系统还是在互联网视频领域都引起了轩然大波。它的出现同时伴随着机遇和挑战。独播战略确实给芒果 TV 带来短期关注效应，但是仅仅只靠独播显然是不能长久抢占观众眼球的。面对机遇，芒果 TV 要继续发挥自身的精品综艺节目资源优势；面对挑战，芒果 TV 也要考虑应对策略。

（一）不止于"独播"，更在于"自制"

对张若波的采访资料显示，张若波自己也谈到了对于独播战略的深入理解以及未来展望：芒果 TV 独播战略不会只简单地把湖南卫视的内容拷贝到网上，而是会发挥自制力量和已有的制作力量。纵观国内互联网视频平台，爱奇艺等视频网站已经开始重视自制节目领域，在 2014 年岁末推出了网络自制综艺节目《奇葩说》，几周时间内就收获了 6 000 万播放量，如今视频点击率已经破亿。爱奇艺的《奇葩说》不仅在网络点击率数据上一路飙红，更是引来了美特斯邦威、光明莫斯利安、百事、洽洽瓜子、Jeep自由光和大众六大品牌投放，成为有史以来广告主投放数量最多、效果最好的自制综艺节目。

如果芒果 TV 只是照搬湖南卫视优质的综艺节目资源，将其简单地复制在互联网视频平台来吸引受众，保持竞争力，这显然是不够的。培育自身的优质自制力量才是长久发展之计。2014 年 10 月 20 日，随着全新自制综艺访谈节目《偶像万万碎》的上线，芒果 TV 在推动全面独播的同时亦正式开启自制布局。在 10 月 30 日的北京芒果 TV 2015 招商推介会上，芒果 TV 一口气推出了《金牌红娘》《搭讪大师》《花样江湖》《偶像万万碎》等已完成的自制项目，并早早推荐《古镜》《学童进击》等开机项目，《热浪拯救队》《女生日记》等筹拍项目，自制生产力不容小觑。凭借湖南卫视强大的团队背景，芒果 TV 在自制专业程度、水准及创新能力等方面都拥有独一无二的优势，本身也坚持摒弃粗制滥造的网络自制，以"马栏山智造"为自制品牌输出优质内容。

2015 年芒果 TV 还得在自制领域发力，一方面要集结湖南广电本身最强大的制作能力，另一方面还要积极开展与行业一线制作团队的合作。目前，芒果 TV 已汇聚包括湖南卫视著名制作人甘琼、《还珠格格 3》金牌制作人陈继东、《新天龙八部》导演赖水清、《美人心计》导演梁辛全等众多国内一线导演、编剧、制作人等，共同打造"马栏山智造"标签，力求以高质量的制作水准与当前国内参差不齐的网络自制内容形成差异化竞争，树立起全新的网络自制标准，促进市场良性发展。

（二）"精品内容＋优质服务"：把"游客"变"粉丝"

从"内容为王"到"服务为王"，传统媒体在媒介融合的发展道路上艰难转型。芒果 TV 独播就是湖南卫视转型新媒体的重要尝试。在互联网时代，既要重视"内容"，又不能忽视"服务"的重要性。只有"内容"和"服务"两手抓，才能够在竞争如此激烈的互联网视频领域站稳脚跟。

用户往浅程度方向走叫做游客，成为坚定的支持者才叫做粉丝。而成为粉丝之后才能更好地发展会员制，增强用户黏度。独播战略的一大优势就是可以为付费作铺垫。视频网站普遍面临用户忠实度低的难题，用户只是跟着精品内容和优质服务走。芒果 TV 正在努力把游客变成粉丝，用最精品的内容和最优质服务打造媒体平台与粉丝的"恋爱关系"。

（三）购买和定制精选内容，成为真正具有"芒果范儿"的平台

相比于国内的几大互联网视频平台，芒果的内容储备量还远远不能和它们相比较。湖南卫视的优质综艺节目，加上自身的自制力量也还不能够让自身成为视频内容充足的互联网视频平台。所以芒果 TV 不仅仅推出了独家综艺、热播剧集、动漫、热点新闻等板块，还增加了电影板块，电影内容涵盖国内以及欧美最新、最火热的影片资源。

不仅如此，面对绝大部分综艺节目都被一线互联网视频平台占有的情况，芒果 TV 除了需要生产出优质的综艺节目以外，还应该抢占国际综艺节目资源，因为借鉴海外综艺节目这样一种低成本生产模式，再加上海外综艺节目的优质，消费者的目光会随着国内综艺节目的借鉴进而转向海外。韩国的《爸爸我们去哪儿》就因为湖南卫视的《爸爸去哪儿》的热播红极一时。既然如此，不如一并收归，实行独播。

当然，纵观一线视频网站的综艺资源，大多具有同质化倾向，一档节目在几个互联网视频平台都可以找到，这也间接地分散了用户，从这一点上也可以激发芒果 TV 具备更加强大的创新意识，不断创新，走出复制，甚至让独具特色的"芒果范儿"引领综艺潮流。

五、结语

从 20 世纪 90 年代以来，湖南卫视的创新为中国电视增添了一个又一个令人难忘的现象级收视奇迹。在如今的互联网时代背景下，湖南卫视也没有停下创造奇迹的脚步，积极融入媒介融合的浪潮中，让自身的综艺节目积极融入互联网视频平台。芒果 TV 独播战略的出现就是湖南卫视新媒体战略的重要一步，芒果 TV 作为传统媒体与新媒体融合背景下的台网融合发展先锋，独播战略一出台就引起了业界内外的高度关注，芒果 TV 独

播战略必定蕴藏着更为长远的规划，相信趁着国家推动传统媒体和新媒体融合发展的政策的利好契机，芒果 TV 必将凭借自身独播、跨屏、自制优势，打造媒体融合新格局。

（撰稿人：刘珍）

从"马航失联"系列专题报道看门户网站灾难新闻图片报道

——以网易马航专题图片报道为例

一、案例简介及背景

新华网北京 2015 年 1 月 29 日电,马来西亚民航局 29 日宣布,马来西亚航空公司 MH370 航班失事,推定机上全部 239 名乘客及机组成员已遇难。迄今,有 25 个国家派出 65 架飞机和 95 艘舰船参与了 MH370 航班的搜寻与救援工作。

2014 年 3 月 8 日,北京时间零点 41 分,由吉隆坡国际机场飞往北京的 MH370 航班起飞不久后,从雷达屏幕上消失了。航班搭载 227 名乘客和 12 名机组人员,其中包括 154 名中国乘客。3 月 24 日,马来西亚总理纳吉布宣布,该客机在南印度洋海域坠毁。这一消息随后占据了世界各大媒体的头条要闻。一时间,MH370 航班失联成为全世界关注的焦点,人们纷纷猜测飞机到底去了哪里?什么原因导致失联?无论如何,找到飞机是解开谜团的第一要务。通过媒体的持续报道,马来西亚官方所隐藏的马航失联事件逐渐浮出,只是迄今为止,各方都没有调查出失联的真正原因,也没有找到客机的残骸,使得"失联"成了一个难解之谜。

在这次马航失联的报道中,传统媒体和互联网媒体之间也体现出了一种隐形较量。除了传统媒体记者第一时间奔赴信息源,各大门户网站也不甘示弱,及时跟进事件发展,积极主动挖掘信息,开展实时播报。在搜狐、腾讯、网易、新浪等门户网站专题报道中,对新闻图片的运用也尽显门户网站的报道优势。在这个"视觉至上"的年代,图片的吸引力远大于文字的吸引力。尤其是新闻图片,直观、易懂,既可以一张或几张图片讲述一个故事,也可以作为文字的辅助,帮助还原事件或是增添想象。图文并重的报道理念早已引起纸媒的重视,作为互联网本身的优势,图片以及动态图片或视频的展示都可以成为新闻报道的素材。而在灾难性新闻报道中，较少有图片专题的报道，尤其马航失联又是一件不同以往的灾难事件，各大门户网站都做了相关专题，虽各有千秋，但总体上是一个进步。本文将以网易门户网站"马航失联"专题报道为例，作比较分析，探索灾难性报道中门户网站的新闻图片应用及其视觉分析。

二、案例过程记叙

2014 年 3 月 8 日，马来西亚时间凌晨 2 点 40 分，马来西亚航空公司称一架载有 239 人的波音 777-200 飞机与管制中心失去联系，该飞机航班号为 MH370，原定由吉隆坡飞往北京。该飞机应于北京时间 2014 年 3 月 8 日早上 6 点 30 分抵达北京，马来西亚当地时间 2014 年 3 月 8 日凌晨 2 点 40 分该飞机与管制中心失去联系。经多方证实，MH370 航班在越南胡志明市管制区同管制部门失去通信联络，并失去雷达信号，同时客机未进入中国空管情报区。马来西亚、越南、中国、美国等多国迅速组织搜救力量，前往飞机失联的疑似海域进行搜索。然而，经过多日在马六甲海峡以北海域搜索无果后，事情峰回路转。

2014 年 3 月 14 日，路透社引用消息人士的话透露，客机 3 月 8 日凌晨在马来半岛东侧海域失联后不到一小时，一个疑似失联客机的飞行目标在马来半岛西侧先后通过两个导航点，最后"故意"向印度洋方向飞去。3 月 15 日，国际海事卫星组织表示，该组织在这架飞机失联后至少 5 小时，还曾收到过其发送的自动信号。后经该组织证实，他们运用多普勒效应理论分析了 MH370 航班向卫星发出的七次"握手"信号，"猜"出飞机落入南印度洋。

2014 年 3 月 16 日，马来西亚总理纳吉布说，失联客机的通信系统很有可能被人为关闭，客机航线被人为改变，但无法确认客机的最后位置。

2014 年 3 月 20 日，澳大利亚总理阿博特宣布，澳方发现两个物体，位置与马方公布的南部"走廊"一致。澳方随即启动搜寻，并开始领导多国在南印度洋的搜索任务，包括空中、海面和海底搜索。

2014 年 3 月 24 日晚，马来西亚总理纳吉布召开紧急发布会，向全世界公布，根据数据分析，失联的 MH370 航班在南印度洋坠毁。

根据媒体报道，多国飞机和船只在南印度洋海面上搜寻了数月时间，动用了空中运输机、轮船、水下声波探测仪、水下航行器"蓝鳍金枪鱼—21"、声纳侧扫等设备，找到的碎片最终都证实与 MH370 航班无关。期间有船只在海上发现脉冲信号，这些信号被认为与飞机黑匣子定位器发出的信号频率相近，且距离在 30 公里以内。但后也被证实，与 MH370 航班无关。

2014 年 6 月 26 日，澳方经过对相关数据分析，确定搜寻的新区域在此前搜寻过区域的西南方向，距离西澳州海岸1 800公里，面积为 6 万平方公里，搜寻过程需要 1 年时间。

2014 年 8 月 28 日，中国、马来西亚、澳大利亚三方就搜索情况召开新闻发布会，会上宣布中国、马来西亚、澳大利亚达成一致意见，就相关工作签署了合作备忘录。会上提出，新的搜寻区域向南推移，三方承诺绝不放弃搜索。

经过招标、调整、分析后，2014 年 10 月 6 日，澳方称，位于南印度洋的水下搜索行动在中断 4 个月后重新启动，包括荷兰辉固公司"发现号""赤道号"、马来西亚"凤凰号"、中国"竺可桢号"等测量船抵达相关海域开始执行任务。截至 2014 年底，澳大利亚交通安全管理局已经完成 1.8 万平方公里的海下搜索，相当于总工作量的 30%，却毫无收获。整片海域的搜索工作于 2015 年 5 月完成。转眼间，从 MH370 航班消失至今已经有一年多的时间，但是调查仍无明显进展。

2015 年 1 月 28 日，马来西亚交通部宣布该国民航局将在 3 月 7 日，即 MH370 航班失联一周年的前一天发布事件的中期调查报告。

2015 年 1 月 29 日下午，马来西亚方面原本计划召开新闻发布会，宣布 2014 年 3 月 8 日失联的马来西亚航空公司 MH370 航班的最新情况，但其后由于"意外情况"，发布会在推迟半小时后取消。

2015 年 1 月 29 日，马来西亚民航局局长阿仔哈鲁丁召开新闻发布会，宣布 MH370 航班已失事，并推定机上 239 人已遇难。①

三、图片选择及意义表达

(一) 图片的选取依据

灾难新闻的报道主要是为了传播相关信息，满足受众相关需求，公布灾难实情，防止流言等不实信息传播造成不必要的混乱。而新闻图片在视觉上的直观清晰、理解门槛低，使得其在灾难新闻报道中占据着十分重要的位置。

---

① 3.8 马来西亚航班失踪事件［EB/OL］．百度百科，http://baike.baidu.com/link? url = h1I9jZieh3F8REf1fnk64FZZQ_ aIJuv9L19R0rrvtsyuIKlm0dFfmRtBdCVSDOh58QyqObm2VLTiJN1NVPhwya.

以网易关于"马航失联"的专题图片报道为例，专题图片题目与评论数的具体信息如表 1 所示。

表 1　网易专题图片题目与评论数

专题题目	评论数（条）	专题题目	评论数（条）
组图：空难调查者	38 376	组图：马航召开发布会称必须接受无人生还事实	1 290
组图：马航失联飞机乘客家属发表声明要求"真相"	7 334	组图：北京失联乘客家属与媒体发生冲突	14 464
组图：马总理确认 MH370 在南印度洋坠毁，无人生还	14 464	组图：中国飞机在南印度洋发现疑似碎片目标	4 662
组图：澳大利亚发现疑似客机残骸	17 040	组图：失联客机家属马来西亚拉横幅抗议	15 633
组图：北京一航空训练基地进行失事飞机逃生演习	980	组图：马来西亚官方公布失联航班飞行范围	8 167
组图：马航失联客机驾驶员登机安检画面曝光	3 859	组图：越南直升机在内陆地区搜索马航失联客机	401
组图：马航高层官员和翻译被家属问哭	20 751	组图：中国卫星在马航客机疑似失事海域发现漂浮物	2 627
组图：消失的法航 447 航班	25 750	系列策划：我们"要个说法"	12 388
系列策划：消息无间道	7 898	组图：马来西亚巫师用椰子作法寻找失联客机	33 965
组图：马航客机失联机上多国乘客家属陷入悲痛	14 068	组图：马来西亚航空公司——载有 227 人航班失去联系	93 535
组图：越南军机发现疑似飞机残骸，马来西亚否认	26 602	高清：NASA 发布疑似马航航班失事地点高清地图	41 025
示意图：马航公布失踪航班飞行示意图	17 652	组图：马来西亚航空 CEO 举行新闻发布会	3 153
组图：马航失联航班部分乘客照片	8 401	组图：世界各国电视台关注马航失联航班	5 545

从表 1 中可以发现，评论数最多的专题是《组图：马来西亚航空公

司——载有 227 人航班失去联系》，评论数为93 535条，这一数字远远超过其他图组。之所以出现这一结果，原因可以分为以下几点：第一，时效感知。这组专题图片发布时间是 2014 年 3 月 8 日到 9 日，是事件刚刚发生不久后进行的报道，此时人们的关注度非常高，几乎全世界的人都在为一架飞机的"消失"而震惊，并且热切关注事件发展，欲知调查结果。因此，这时候发布的专题图集也自然成为人们浏览的重点之一。第二，完整表达。本专题图片分为马航官方新闻发布会、家属等待消息等几部分图组，汇成比较完整的马航失联事件概况。这 116 张图片较为完整地表达出马航失联消息的传出及其传出后 48 小时的事件发展状况。这组图片也是所有组图中图片最多、信息量最大的组图。第三，把握重点。在这样一个未解灾难性事件中，该组图片把握了受众关心家属、想要了解事态的心理。把一个大专题分成了家属在丽都酒店等消息、奔赴吉隆坡、马航官方新闻发布会等一系列图片，从家属的失落、焦急，官方工作人员的忙碌、严肃，媒体记者的围堵、询问等抓住相关人物的特征结合事件的发展顺序，给受众以情景再现式的感触。

其次，评论比较多的是《高清：NASA 发布疑似马航航班失事地点高清地图》，这组图片既具有美国宇航局的"权威性"，又满足了人们对失联飞机的踪迹的猜测和想象。

根据上述分析，我们可以得出，在图片选取上，可以从时间、来源和受众心理这三个角度入手。

1. 图片发布时间的选择

突发事件发生后，这些非新闻单位的门户网站无法在第一时间发布事件现场图片，因此它们对突发事件的图片报道会晚于传统媒体。但这并不会对公众通过门户网站了解事件状况产生大的影响，一方面是因为门户网站本身所具有的用户黏性，另一方面是受突发事件的特点的影响。当突发事件刚刚发生时，公众"饥不择食"的信息需求使得他们迅速收集各种与之相关的信息。他们通过门户网站或社交媒体获取信息，总之，最初发布的图片往往受到受众更多的关注。

随着时间的推移，公众对事件的关注度逐渐下降，越往后的专题图片评论数越少。如今马航失联已经超过一年，虽然人们还会猜测，各国还会关注、搜寻，但是这个事件已经开始逐渐淡出人们的视野。

2. 图片来源的选择

门户网站的新闻图片几乎都是来自新闻单位，因此其新闻真实性已经不是考虑重点。门户网站的二次编辑，虽然并未改变舆论导向，但已经改变了首发的新闻单位发布的图片意义，思路也不一样。网易新闻的图片分别来自中国新闻网、CFP、新华网、国外媒体网站以及网友提供的图片，还有一部分图片来自未知单位或是并未标明。通过观察发现，标注清楚的图片大多来自 CFP 等新闻单位，视频截图、个人来源的图片最少，因此我们大致可以总结图片选取的原则：第一，图片来源的权威性。专业新闻媒体提供的新闻图片具有极高的可信性，降低了网站编辑选择图片的风险，省却了一些因图片不实所带来的不必要的麻烦。图片来源的权威性也可以避免因引用个人图片信息所可能带来的争端。并且专业媒体摄影记者所拍摄的图片内容信息量大、质量高，能够更好地再现事件发生的状况。第二，图片来源的国际化。由于马航属于国际航班，从吉隆坡飞到北京，包括中国、澳大利亚、加拿大、法国等多个国家的乘客，因此各国争相报道最新消息。图片来源上也不止国内的几家媒体，而会有其他国家媒体所拍摄到的重要信息。所以在图片的收集、引用上，网易也不拘泥于国内几家媒体的图片，大胆运用国际上媒体的图片，从而扩大了受众视野。第三，图片商务平台的有效补充。CFP 和东方 IC 是国内两大图片商务平台，在此次的灾难事件图片报道中，网易使用了 CFP 的许多图片来作为重要补充源。

当然，网易在专题图片报道中也呈现出了许多不足：第一，部分图片信息源缺失。网易转载的图片中仍有很大一部分是未知来源，有些则可能是使用个人图片但未标出。在突发的灾难性事件报道中，如果不标注清楚图片的来源，可能会给读者阅读带来不便或误解。第二，图片来源重合度高，同质化严重。其中，中国新闻网和 CFP 的图片占据专题头版的 2/3，这样容易导致图片内容相似度高，吸引力下降。

3. 图片内容的选择

"内容为王"这一传媒界经典理论一直不会过时，因为不管以什么方式，人们最终关注的，仍然是信息传递的本质，即它的内容。受众乐于解读信息，乐于赋予这些信息各种含义。因此，在专题图片的内容选择上，网易编辑也抓住了能够吸引眼球的特质。

（1）以人为主展现人文关怀。灾难新闻图片最大的作用就是纪实，将关乎人类生命和财产的重大事件真实地传达给公众。为了展现事件最真实、详尽的一面，灾难新闻图片的关注主体一般有现场破损的建筑或事物，灾难中受到生命财产损失的生命体以及现场救援状况。所以，在灾难报道中，除了报道灾情，最主要还是报道与人相关的新闻。然而"马航失联"又不同于以往的灾难新闻报道，它没有灾情现场，没有破损的飞机残骸，更是找不到受灾人员的一点儿踪迹，这些传统的报道要素都在这次灾难中消失了。那么报道该如何进行？只有官方发布会和搜救行动。所以这次报道最主要的对象仍然是人。

首先，是跟随飞机一起消失的乘客的家属。他们在一次看似平常的夜晚中等待接机，等待亲人的回归，却等到了亲人消失的消息。这一幕幕悲痛欲绝的情景，在网易专题图片中传播，牵动着人们的情绪。然而，媒体在报道类似灾难事件的时候，不止是为了牵动受众情绪，同时应当体谅当事人的感受。尊重当事人，尊重受访者，是媒体体现人文关怀的基本素质。如图1，这组图片主要以失联乘客家属为主要拍摄对象，图中一方面说明一片混乱中焦急等待的家属的不安，另一方面在未得到允许的情况下尊重被拍摄家属的肖像权，后期遮盖被拍摄家属的面部特征。

主题图片 马来西亚航空一架飞北京航班失联 乘客家属焦急等待 >>>点击查看图集 ⑯
当地时间3月8日，北京首都国际机场3号航站楼，一在等候失联飞机的乘客家属在哭泣。■

图1

其次，是相关工作人员。相关工作人员包括救援队的搜救人员、航空公司员工、政府工作人员等。事件发生后，政府的工作是推动事件发展的重要因素。救援工作如何展开、搜救路线何时公布，最重要的是对于客机失联事件的缘由作何解释等，都是政府方面，尤其马来西亚政府方面应当面对的问题。由于政府独特的性质，其发布的信息具有相对媒体更为权威的特征，因而此时政府工作人员的举止和话语都会通过媒体被放大，人们从新闻图片中可以分析当时各国政府对此事件的态度。此外，与之密切相关的马来西亚航空公司的反应，更易受到公众关注，人们期待能从他们的口中得出有价值的信息（如图2）。在后期各国搜救团队的行进中，搜救人员也会成为记者们拍摄的对象。

图 2

再次，是各国媒体人。媒体人不仅是新闻报道者，也是事件的见证者或者参与者。媒体的参与，虽然会与被访者发生各种矛盾甚至冲突，但媒体的主要作用是能够帮助推进事件的发展，同时保障受众的知情权（如图3）。在这次事件报道中，还出现了另外一种矛盾，那就是外国媒体与中国媒体的"竞逐之战"，包括中央媒体在内的大型媒体，在与路透社、美联社、《华盛顿邮报》等国际知名新闻媒体的"竞争"中，引起了国内受众对媒体间的比较品评。再者，媒体人在报道中的艰辛和工作中的小故事也可以作为一条报道分支表现出来，使得整个事件更加丰富。

图 3

最后，是边缘人物。MH370 航班失联顺带发现乘客中有一人是冒充他人身份登机的，而这位护照被盗用的意大利籍男子通过媒体的曝光，最终拥有了新的护照。有时候新闻报道会出现一些与事件相关度不大的边缘人物作为"花边"，用来调节气氛。

（2）抓住细节表现事件动态。成功的灾难新闻报道要能够完整地呈现事件发展的过程，这就需要新闻图片有多样化的表现形式，根据事件的起因、经过和结果的一般逻辑，将各种相关细节呈现给受众，传达有价值的信息。在这次"马航失联"的专题图片报道中，网易选取了以下几种细节内容：首先，象征物的使用。在新闻摄影中，象征物往往是带有隐喻的，每一个小小的象征物背后都有可能隐含着一段当事人的故事。对于一些无法展现的情节或是太过复杂难以用言语表达的感情也可以用象征物的形式来表达，比如灾难报道中的植物、建筑物的破损，人们的日常用品等。网易在"马航失联"专题图片报道中所呈现的，没有以往惨烈的灾难画面，也没有震撼人心的废墟和残留物，只是乘客家属的眼泪和一切陈列一如既往的家，而留下的那些物品恰恰是他们过往生活的点滴，寄托着家人对遇难者的思念。这样的象征物比灾难现场更加动人。如图4，一位失去丈夫的年轻母亲，图中是她怀宝宝时与老公的幸福合影和老公寄给他们的明信片。而如今两个宝宝的父亲却没有再回到他们的生活中，只留下这幸福的影像和表达爱意的笔迹。

7月24日，北京的一家公园，马航MH370乘客鞠珈的妻子坐在长椅上，手中拿着写给丈夫的话语，旁边放的是她与丈夫的合影。她说MH370失联后自己的生活完全变了，两个儿子还不知道父亲失联的消息，一直问她爸爸什么时候回来。

图4

　　其次，示意图的应用。通过MH370航班失联的整个事件过程，我们了解到，此次航空事故不同以往，没有事故现场，没有详细事件经过，只留下有限的线索供人们推断和猜测。在推测的过程中会有不同的结论和假设，为了表达清晰，示意图是最好的表现方式。如图5，这是马来西亚航空公司失踪航班的飞行路线示意图专题图片，多幅图片从失踪范围、航班路线等角度标注示意，梳理出目前各大媒体所报道的所有可能性线索。

图5

（二）图片的符号化表达

所谓符号化，即传播者将自己要传递的信息或意义转换为语言、文字或其他符号的活动。① 依此定义，图片符号化就是传播者将自己要传递的信息或意义转换为图片的活动，这种转换有时不一定表现为直接生产，选择也是一种转换。

1. 作为载体的图片符号

对新闻事件的报道，摄影记者、摄影爱好者都是出于不同的目的，利用图片记录事件信息，这是突发事件图片的"第一次符号化"。对于摄影记者来说，记录事件现场，提供新闻事实是记者的职责，由于突发事件的突发性使摄影记者来不及作新闻策划，他们凭借以往的经验拍摄现场图片以符合其所在新闻单位的新闻宗旨。而摄影爱好者一般以其个人兴趣、立场和便利性来拍摄相关图片。突发事件图片的"第二次符号化"则发生在拥有新闻采写发布权的新闻单位。摄影记者将采回的图片交给编辑，编辑按照所在新闻单位的宗旨、定位以及具体的新闻需求，对这些图片进行筛选使用。根据我国新闻体制和规定，突发事件图片的符号化基本上遵循着追求社会稳定的平衡性报道思路，图片报道必须在遵守新闻法规和职业道德的前提下提供给受众。

对于门户网站的图片编辑来说，他们所承担的是突发事件图片的"第三次符号化"重任。与"第二次符号化"一样，这次符号化使图片被赋予了某些社会功能，对于"马航失联"这样的灾难性突发事件来说，图片传达了纪实、启迪、解谜的信息。门户网站除了在突发事件专题图片报道中

① ［美］沃纳·赛佛林，小詹姆斯·坦卡德. 传播理论：起源、方法与应用［M］. 郭镇之，徐培喜等译. 北京：中国传媒大学出版社，2006.

提升社会效益，更大程度上也是为提高其网站的访问量，因而在文字说明的协助下，图片报道也追求视觉冲击、心理冲击的轰动效果。门户网站图片编辑们通过对各种新闻单位突发事件图片报道的收集整理，重新赋予信息或意义加以优化整合。在这场重新符号化的图片整合中，图片编辑们可能会突破单一的来源渠道，增加来自商业图片平台、资深摄影师以及自身平台网友的相关图片。

门户网站关于突发事件报道的图片一般需要经历这些符号化过程，即使同一张图片在这三次符号化中也可能承载着不同的信息或意义。作为符号载体，每一张图片都是一个能指符号，图片编辑在选择图片的同时，也就选择了图片中所涵盖的事物，当然由于门户网站不像平面媒体一样，受成本限制较大，在实际的图片选择上也不如平面媒体精细。①

2. 作为意义的图片符号

"人类传播在现象上表现为符号的交流，而实质上是交流精神内容，即意义。"索绪尔所谓的"所指"，他强调"是一种必须涉及任何接受能指者心理活动的东西"②。门户网站的突发事件图片符号是图片编辑们用以与受众交流沟通关于突发事件的桥梁，而接收这些图片符号的受众对于符号意义的理解，取决于受众自身的知识结构及图片的配置结构。门户网站图片编辑在突发事件图片报道中扮演着向受众传达意义的中介角色，他们对于意义在宏观和微观方向上的传播起着把关的作用。

基于突发事件不同阶段的图片符号意义表达的不同，且突发事件的发展有其自身的规律性，因此，以这种规律性来指导突发事件新闻报道是新闻媒介的必然选择。门户网站在进行突发事件专题图片报道时也不例外。通常，突发事件的发展需要经历四个阶段，即潜伏期、爆发期、扩散期和消退期，在不同的阶段新闻报道扮演着不同的角色。

对于新闻图片的解码，受众只能凭借自身知识及外部环境加以解读。如果信息不完整就会造成误读。图片符号意义表达的完整性包括符号、客体和解释三个因素。受众需要完整的信息，这种完整性首先体现在图片本身相关信息的完整性上。图片本身的完整性一般涉及图片的说明性文字，在突发事件专题图片报道中图片与说明性文字缺一不可，而且这种说明性文字应当具备各种新闻要素，以确保受众在观看图片时所获取的信息是完整、全面和详尽的，而不至于产生解读误差。

---

① 于志君. 危机事件中门户网站的图片传播机制研究［D］. 山东师范大学硕士学位论文，2013.

② ［意］乌蒙勃托·艾柯. 符号学理论［M］. 卢德平译. 北京：中国人民大学出版社，1990.

3. 突发事件图片符号的意义空间

符号意义在传播过程中是因人而异的，同样的一张图片，如果传播者与接收者或者不同的接收者之间存在不一致的意义空间，那么对这张图片的理解也是不一致的。象征性社会互动理论认为，符号意义的传播需通过交换才能实现，而这种意义交换要求交换双方具备共通的意义空间，这取决于传播中传、受双方或不同接收者的生活经验和文化背景。图片符号是一种易读、通用的符号，本身一般不会对意义空间造成消极影响。事件的报道对于门户网站的图片编辑是一个挑战，面对突发事件期间各种信息传播舆论场的众声喧哗态势，如何把握好图片报道的量和度，特别是图片符号所传达出的意义，提升门户网站的营销质量，需要不断地思考和实践探索。

四、新闻专题图片报道特色

（一）专题图片集成报道

门户网站的新闻专题图片报道多以组图的形式表现。以"马航失联"的专题报道为例，各大门户网站都开出专题报道，但网易不仅开辟专题页面，还可链接专题图片，与其他网站的分散发布不同，网易较为系统地将所有"马航失联"专题图片集合起来。如图6所示，将事件的专题图片集成报道的标题，这种报道方式将所有关于突发事件的大大小小、不同来源的新闻图片加以整合置于统一页面中，利用图片或文字链接将每一个小专题链接到大的专题之下，这样一来，不仅方便受众获取信息，也可以使受众从总体上把握事件发生、发展的过程及各方反应。同时，通过这种专题图片整合，也提高了报道效率，明确报道方向。同样是专题报道，如图7所示，搜狐也开辟了专题页面，并且版面配图上也十分震撼人心，但是在专题图片上有所欠缺，没有网易链接方便，也没有将所有图片全部整合。

图6

图 7

此类灾难性专题报道早已出现，只是未形成一种常规策略，在后来的各类报道中也有出现。但这次开辟的"马航失联"专题报道，网易和搜狐至今为止仍然在跟踪持续报道。由于事件的特殊性，一直陆陆续续会有新的消息更新，因此这一专题报道也将持续相当一段时间，网易、搜狐在已经建好的大框架下随着事件的发展而逐渐添加更多的图片信息。

（二）图文整合面面俱到

一个好的新闻专题图片报道，绝不仅仅是简单的图片罗列。一组新闻图片紧扣同一主题，每组组图间有逻辑关系，且组组相串联，揭示整个专题的内容。因此，图片整合、图文整合的逻辑整合是门户网站专题图片编排的规律和技巧。

1. 图片整合

根据上文所述，新闻图片尽管直观，容易理解，但其确切含义却不如文字明确。因此除了表达相对确切含义，图片可以通过专题设计传播图片以外更多的意义。尽管受众不同，解读出的意义会有所不同，但门户网站在图片选取、编辑和整合的过程中也会有"把关人"的方向影响。网易"马航失联"专题图片报道包含 86 组组图，每组组图间基本按照时间逻辑依次向上更新，最顶端的一组图片为最新组图，以此类推，最后一组便是最早的组图。其间也有按照其他逻辑线索编排的组图，如事发前期，以乘客家属、官方人员和媒体人为三个不同角度展示事件发生初期的状态，此时的矛盾冲突刚刚开始，一切头绪还未理清，不同角度的图片交代各方反应；在事发中期，也是矛盾冲突最激烈的时候，网易从家属与马航官方冲突、家属与媒体冲突以及各国政府的反应入手整合，突出了事件发生后各部分矛盾激起；在事发中后期，以回顾历史航班事故、自救图示、卫星地图为线索充实专题内容，增加受众对航班事故的认识。

2. 发挥门户多链接

图片整合内容上，小到家庭、个人的报道，大到整个事件以及后续发展的宏观报道，大大小小的图片根据主题分成或多或少的图集，图集之间、图片之间的逻辑关系需要链接来实现，单个图片或图集与大专题之间的联系也需要超链接来实现。而这就是门户网站的专题图片报道与纸媒专题图片报道相比最大的优势之一。以网易"马航失联"专题图片报道为例，报道中的超链接，既可以点击图片链接图片，也可以通过关键词或是一句话、一段文字链接。通过超链接，整个专题新闻都被一条线索串联起来，织成大网，形成整体，实现真正的整合。

3. 与文字巧妙搭配

图片叙事给人以丰富的想象空间，然而对于新闻图片来说，它的作用更多的不是提供想象，而是展现事实。因此，在新闻专题图片报道中，简单的文字搭配十分必要。网易专题中，每组图集都有其主题名称和概述，概述简洁概要，几句话说明了图片背景、内容和原因。受众在阅读图片的过程中便能理解图中人物的身份、行为和所在场合。每张图片也都会配有一两句文字说明，组合起来，便如"图片故事"的形式报道了新闻。在图集中还配有文字标签，如"北京""飞机""失事"这样的关键词链接，方便搜索更多相关信息。

五、结语

距离"马航失联"事件发生已经有一年多的时间，门户网站在这次报道中，虽然受到"报道权"和"时效性"的限制，但网易、搜狐等门户网站反应迅速、深度挖掘、专题整合、全面报道又使得门户网站在此类新闻报道中扳回一局。尤其是网易的新闻专题图片报道，真实地反映了事件发生、发展的过程，以及事件人物的真情实感。但是在图片的引用方面略有欠缺，有些图没有标注清楚来源，这可能是工作疏忽。总体而言，门户网站的新闻报道越来越专业，发挥了自身独特的传播优势，对今后的门户网站新闻专题图片报道提供了有价值的借鉴。本文在分析的过程中使用了文本分析、案例分析、数据分析等多种分析方法，较为系统地解读了网易新闻专题图片报道。然而依然有一点不足之处，由于时间、个人能力有限，数据统计不够科学。若数据上能更加全面、分类更加细化，就更能深入分析此类专题图片报道，得出更深刻的结论。

（撰稿人：雷超越）

网络自制综艺节目的逆袭

——以爱奇艺《奇葩说》为例

  《奇葩说》是 2014 年爱奇艺打造的中国首档说话达人秀，由马东主持，高晓松、蔡康永和金星担任团长，融合选拔赛、辩论及脱口秀等形式于一体，汇聚各路风格迥异、能说会辩的选手，通过对节目组精心选择出的话题各抒己见，旨在寻找华人华语世界中观点独特、口才出众的"最会说话的人"。自 2014 年 11 月 29 日上线以来，便获得了极大关注，上线后仅两小时，总播放量便突破百万，在微博热门话题榜上，《奇葩说》以近一亿次的阅读量超越当晚所有综艺节目，成功登顶"疯狂综艺季"话题榜，在《中国梦想秀》《快乐大本营》等老牌电视综艺节目中脱颖而出，以一档新生网络综艺的姿态力压群雄，成功实现了一次前无古人的逆袭。截至 2015 年 9 月 12 日，《奇葩说》第一季已完美收官，第二季正在播出，共播出 47 期节目，爱奇艺客户端数据显示节目集均播放数约为 850 万，总播放数突破 2 亿。此外节目在国内比较权威的影视评价平台——豆瓣上获得了 8.8 分的高分，更登上了《环球时报》的艺术专栏，可见不管是从关注度还是好评度上，《奇葩说》都获得了骄人的成绩。本文从传播内容、品牌战略入手，通过全面解构和重点剖析，探寻节目得以成功的原因，试图为未来互联网综艺节目的制作和推广找到可以借鉴的经验。

一、节目简介：一档旨在寻找说话达人的语言类选秀节目

  《奇葩说》是 2014 年爱奇艺筹备了半年之久的语言类选秀节目，一大波奇葩分子用奇葩方式，传递奇葩观点。《奇葩说》致力于选择有独特观点、个性突出、与众不同、讨人喜欢的人，标榜真实观点的真实表达。试图打造下一个高晓松、下一个蔡康永。通过层层选拔寻找最机智、最幽默、最会说话、最有观点、最具人格魅力的华人，将其变为下一个脱口秀大神，下一个新锐意见领袖。

  节目组走访各行各业，寻找拥有幽默谈吐、丰富学识、新锐观点、出

众魅力的选手。在海选中，高晓松、蔡康永选出了18位令人眼前一亮的说话人才进入下一轮选拔。这18位选手有着不同的话题特质：有"屌丝"也有"校花"，有"女王"也有"碧池"，有"大学教授"也有"极品妖男"，如"第一极品妖男"肖骁、"场下哑巴场上核武"的颜如晶、"女版高晓松"马薇薇等在节目一经播出后就受到了网友们的极大关注和讨论，但他们都有相同的辩论才能——一张不饶人的嘴。海选过后，节目进入正式的辩论轨道。经过18进12、12进8、八强争霸、刺客团踢馆、半决赛、决赛环节，最终决出冠军。

辩论赛阶段，选手根据每期话题自由选择立场，由此形成正、反两方，他们同对手针锋相对，以寡敌众，舌战群雄，甚至挑战团长。经过种种的难关与激战，他们的进退将由现场观众和评委共同评判：辩论的胜负由现场100位观众决定，输掉的一方由评委投票选择其中一位辩手离开比赛。和正规辩论赛不同的是，正、反两方的胜负是由现场观众的跑票数决定，即在辩论开始和结束时，100位观众根据题目选择的立场变更数量，跑票数量少的一方胜利。因为观众并不是专业的辩论赛评审，在辩论的过程中他们会被选手的个人风格、奇特表现甚至是因为单纯喜欢选手本身而非辩手的专业素养所劝服从而跑票，比如在12进8的一场比赛中，大四校花刘思达在"爱上好朋友的恋人要不要追"的辩题中向同为比赛选手的包江浩现场表白，尽管这一行为战略与辩题并无多少关系，但仍获得了现场许多观众的支持。观众的喜欢和选择便是正、反双方胜负的唯一判定标准，这也是《奇葩说》的奇葩处之一。虽然在正规的辩论赛制看来这样的规定毫无道理，但这种即时的跑票行为正是选手劝说能力的实时反馈，而这种劝说能力在马东看来是人们在现实生活中必不可少的技能。

节目除了常规的三大说话达人马东、蔡康永、高晓松（第二季由金星接替担任团长）坐镇外，每期还会邀请一位女神参与到话题讨论中来，李湘、陶晶莹、柳岩、杨澜等女神的助阵为丰富节目看点起到了重要作用。

在节目中，观众能够看到观点与思想的激烈碰撞，口才与实力的比拼，是高情商与高智商的较量。贺岁档、真人秀节目井喷式爆发，《奇葩说》剑走偏锋，选择了"说话"这一方向。个性鲜明、言语上互不相让的选手们的"撕逼"大战，非常吸睛且迎合年轻观众口味的讨论话题都成了《奇葩说》的制胜法宝。

二、《奇葩说》的传播内容分析

近几年来，中国的互联网视频平台发展面临着许多挑战，由于一些卫视平台为了更好地保护视频的独家播放权而停止了与互联网视频平台的合作，使得互联网视频平台缺失了大部分播放素材。然而挑战激发了视频网站的自制节目路程，通过打造符合自身平台特色的节目形成与传统电视和其他平台的竞争优势。因此，我们可以看到许多网络自制节目喷薄而出，《奇葩说》从这些节目中脱颖而出有其内在的内容优势。《奇葩说》定位为中国首档说话达人秀，是一档集选拔赛、辩论、脱口秀于一体的语言类综艺节目。语言类综艺节目取胜无疑要依靠新颖独特的节目理念、能够引爆讨论的节目主题以及其他能够引起关注的内容元素。

（一）创新节目理念　旗帜鲜明

"奇葩"本意是指奇特而美丽的花朵，常用来比喻珍贵奇特的盛貌或非常出众的事物，又喻为与众不同的人。节目名字定为《奇葩说》可见节目既希望通过选拔寻找特立独行、观点新颖、逻辑独特的与众不同的说话达人，又旨在通过这些思维独特的奇葩们的唇枪舌剑表达出不随波逐流的态度，发出新一代青年人的时代心声。"我觉得在今天这个时代里，人最大的价值是与众不同。"在马东看来，《奇葩说》是要用奇葩这个词儿去框定和寻找那些与众不同的人。这些选手将自己的故事和经历融于辩论中，用不一样的语态和形式展现自我，或是慷慨激昂，或是低调理性，让观众在笑声中自省，并听见自己内心的声音。

近年来，国内的综艺节目出现了一股股热潮：从先是以《超级女声》后以《中国好声音》掀起的选秀潮、以《中国达人秀》为领头的达人潮、以《非诚勿扰》掀起的相亲潮到现今的以《爸爸去哪儿》《奔跑吧兄弟》为代表的明星真人秀潮流，可以说一种类型的综艺节目兴起后各家卫视便纷纷效仿，扎堆播出，一时间形成了势不可挡的潮流。面对电视、电脑屏幕上的一波波集体轰炸，观众审美疲劳已是可想而知的结果。若想获得更多的关注度，"占领"观众的屏幕领地，突出重围，打出自己的特色才是综艺节目的出路，不跟风、秀创意正是《奇葩说》的成功要义所在。《奇葩说》将导师选拔、脱口秀、辩论、大众评选等多项要素综合在一起，将"说话"本色回归综艺节目，将一群能说、会说、敢说的人们汇聚到一起，用真正的说话之道赢得了观众的关注。

（二）热点话题引爆全民讨论

《奇葩说》的话题，是通过百度贴吧、知乎、新浪微问等热门社区的数据后台得来的，在民生、人文、情感、生活、商业、创业等领域，选取网友关注最多的问题，发动网友参与调查投票。节目组在其中挑选网友关心的、热议的、有争议的、有趣味的话题，拿到节目中来，作为大家辩论的命题，例如"漂亮女人应该拼事业还是拼男人"，"没有爱了要不要离婚"，"异性闺蜜到底是不是谎言"等这样无比接地气的题目。这些题目来源于网民，又反馈于网民，在瞬息之间，通过这个巧妙的循环，节目超脱了辩论节目常常出现的形而上的思辨语境，转而以最平常、最亲近的话题回归到现实生活之中，与每一位目标受众建立起真实的情感联系。同时，这些选题充分照顾了各类型的网民以及这些群体关心的话题。正是这些奇葩又真实的语言表达，让节目形成了一种全新的语态环境，吸引了被互联网各种犀利言论浸泡多年而钝感丛生的网民，像"粑粑味的巧克力和巧克力味的粑粑必须选一个，你选哪个？""在一个荒岛上，只有你和一条美人鱼，你会选上身是人下身是鱼还是上身是鱼下身是人？"之类的奇葩问题正好能够点燃他们的好奇心，进而引发无数热议，因此能够成为节目正式辩论前热场的绝佳选择。在《奇葩说》主页发起的话题墙上，针对"异性闺蜜到底是不是谎言"这一话题，有 28 000 多人坚持是谎言，16 000 多人坚持不是谎言。网友提供的数据将成为节目参考的依据，同时网上的答案回应也可以供网友们检测一下自己的价值观是否属于主流。

话题的设置其实并不是件容易的事，要作出许多的考量。节目组事先筛选出七八百道题目，挑选部分放在网络上接受投票，然后发给公司内部 2 500 人做邮件测试，圈选一部分后交给两个专门做辩论的老师，从是否可辩的角度再做筛选，最后再交到导师手中。导师风格也不一样，比如蔡康永老师喜欢接近生活的情感故事类话题，高晓松老师则喜欢有知识厚度的历史文化类话题，但无论什么风格的话题，最终都归属到大众化方向。节目的观众群体年龄（18～35 岁群体占到 60%）和有限的知识水平加上综艺节目的娱乐属性决定了辩题必须大众化。普通辩论赛里"人性本善还是人性本恶"那种太抽象的话题或是如同"老大爷摔倒了该不该扶"这类话题往往是最先被"毙掉"的，《奇葩说》选题避免用道德标尺去衡量一件事情本身的对错，而是选择没有固定答案的"真话题"——这些话题给受众一种不做作的感觉，能让人在游戏和争论中折射出价值选择。在马东看来，《奇葩说》辩题最有意思的地方就是游戏和不确定性，"它是一种思维体操和口腔体操而已，不需要多敏感，敏感不是我所追求的东西"。在保证出发点明确的前提下，对可能遇见的奇葩、现场辩论的言论，节目都将给予最大的自由度，争取有话可聊、有槽可吐、有料可爆、有得讨论是综艺节目话题选择的至上标准。

（三）主持嘉宾阵容

主打"说话"牌的《奇葩说》当然不能离开说话大师的坐镇。比如在第一季，节目的基础阵容为有在语言类节目圈里耕耘多年的主持人马东，有以"能说"著称的高晓松还有以"会说"著称的蔡康永。马东诙谐幽默，高晓松犀利精准，搭配蔡康永雅皮士娓娓道来的读书人风格，他们是语言达人却又风格各异。三个男人你来我往，对立不激动，说理不攻击，彼此挖苦还不忘诙谐，侃侃而谈诉说人生事理。

主持人出身的马东 2012 年正式离开央视加盟门户视频网站爱奇艺公司，此前他主持过《有话好说》《挑战主持人》《汉字英雄》等电视节目。他将走进互联网产业视为自己"四十归零"的一个新尝试。他掌控全场、打破僵局的能力能够将节目带向全新的视角和氛围，当选手们就一个绕不出来的论点争论不休的时候，马东往往能够以看似不经意的调侃话语，及时评论并引导选手们走出泥潭，从而保证辩论持续有效地进行。

高晓松不仅拥有丰富的学识：历史、政治、军事等知识他都能信手拈来，而且还拥有丰富的人生阅历：周游欧美各国、写小说、编剧本、拍电影、成立流行音乐公司、做音乐制作人等经历都为其渊博的学识增添了实实在在的现实意义。这样的资质往往能够将《奇葩说》中接地气的辩题提升到一个新的高度和境界。在海选中，一名清华博士生提了应该选择什么样的工作时，高晓松回应道："名校是镇国重器，名校培养学生是为了让国家相信真理，这才是一个名校生的风范。"一个名校生应该要胸怀天下，要有改造国家的欲望。"清华今天的校风其实跟技校没什么区别，就是教个技能找个工作，而这其实不光是清华一个学校的问题，是整个社会的严重的问题。"这样的情怀也使这档综艺节目不再只是娱乐大众的附庸，也为其增添了一丝文化责任和理想精神。

而蔡康永可谓是说话之道的创始人，与高晓松和各位选手的剑拔弩张不同，他温文尔雅的气质和口吻能让人在不设防备的语境下被吸引，从而接纳他所要宣扬的道理。在"分手后还能不能做朋友"的题目面前，他说"人生有很多珍贵的机会，我们很少能够真正得到一个很棒的朋友，在我们人生非常狼狈、难堪的时候，我们在他面前依然能够放松，依然能够做自己，不用装高贵，装坚强，可以很脆弱，可以很丑，很丢脸，他都依然好好地陪在你身边。而分手过的恋人经历过分手这一最难堪的时刻，如果这个人身上依然有吸引你的特质的话，我觉得这是一个非常珍贵的做朋友的人"。如此娓娓道来，不费吹灰之力便得以感染众人。蔡康永常年做

《康熙来了》这档节目，许多年轻人是看着《康熙来了》长大的，他们在不知不觉之间就接受了动情、关怀、与人为善这些概念，这就是蔡康永的力量。

导师在节目中的作用除了甄选选手之外，还要带领各自的团队赢得比赛，于是，在节目录制现场，两位能说会道的"老将"频出金句，令整个节目充满看点。高晓松就曾在现场爆料自己曾给杨振宁当过司机，用亲身经历为自己队伍的观点站脚，真可谓是"好拼"！此外，两位导师据理力争的同时也不忘幽默本色，当辩论现场有人问到"高逼格"是什么时，高晓松机智地回答"高逼格是我侄子！"当马东问道"如果你和伴侣身体互换了你会做什么"时，蔡康永也不忘自黑道"我和我的伴侣身体构造一样！"全场笑声一片。

为了丰富看点，节目还添加了"女神"助阵，杨澜、陶晶莹、李湘、柳岩、袁姗姗等都为丰富节目内容起到了重要作用。三男一女的组合调性增加了多元的话语结构，尤其是当节目话题与两性问题相关时，"女神"角色更好地诠释了性别视角，基础人设为节目的点击与话题性奠定了基础。事实证明，在已播出的节目中，陶晶莹大曝明星份子钱囧事、柳岩发表关于相亲经历的大胆言论、李湘拒绝为王诗龄征婚等爆点都为节目带来了高份额关注度，甚至成为娱乐新闻的头条。

导师的包袱攒得再漂亮，扔下去选手们接不住也只能掉在地上。所以《奇葩说》的选手们面对三位说话高手也打出了漂亮的一仗，作出了精彩的应对。这也印证了节目组为了寻找高水平选手下了大功夫。《奇葩说》节目组采取了精选配比制策略，即基于节目样态的需要，寻找、挖掘符合节目需要的选手作为基础，再选择、配比一定数量的有话题性、关注度的"奇葩"型选手共同参与。制片人牟頔曾表示，团队在海选时设置了四轮面试，然后模拟辩论现场，最后才在实验中明确了自己想要的类型，"就是以马薇薇和肖骁为标杆的两类，前者是辩论大咖，横扫所有辩论比赛，知识技巧丰富；后者特立独行、标榜自我，同时又招人喜欢没那么惹人烦"。精选出来的选手阵容使节目诞生出了新一批红人："蛇精男"肖骁、自爆八年情史的范湉湉、自称"女版高晓松"的麻辣姐马薇薇等，他们的出现极大地丰富了节目内容。

（四）语言交锋　思维碰撞

由于互联网传播环境的特殊性，其互联网视频平台自制节目相比传统电视综艺节目来说具备了天生的开放性。基于这样的开放环境，《奇葩说》

标榜打造"史上最大尺度"的国内综艺节目。

节目组从来不会限制选手的言行：可以表白，可以爆粗口，可以讲段子，可以自己尽情演绎。马东对节目的最高要求是真聊，也就是马东口中的"脱下虚伪的假面，好好说话！"在马东眼中，作为节目创造者，他只会在最初推动一把，至于节目自己走向哪里，有节目生命的轨迹和调性。因此，我们可以看到来自五湖四海的奇葩选手在场上进行"撕×大战"，各路奇葩攻势百无禁忌，年轻观众总能心领神会 get 到"消音器"背后的笑点。正如选手马薇薇所说："这是你唯一能破口大骂也允许你破口大骂的节目。"观众在骂战中收获的，除了段子、爆笑、无节操，更重要的是它传递的年青一代勇于表达自我的新态度。

也正是这样的自由性激发了各位选手的潜能，保证了每期节目都看点十足，也使观众收获了无数的金句。在面对诸如"没有爱了要不要离婚""女人应该拼男人还是拼事业"等极具争议性的话题时，"金句王"马薇薇回应道"要独立，要自强，同时还要做好妻子、好妈妈，我怎么那么闲啊我！男人，尤其资深男人的一个险恶心理，就是既希望你赚钱养家，还想要你貌美如花，女人要想用拼事业的方式拼到男人，你要干两份工作，领的是一只鸡的钱，提供的是双拼的服务""你没有爱了，你需要陪伴，养条狗啊！"……简洁有力的语言频频刷新着观众们的世界观。

《奇葩说》的愿望，就是要能够像网友一样地说话，讨论事情可以漫无边际、各自表述，但是一定要有趣。有趣并不是用流言俗语哗众取宠，而是一种拒绝中庸、不痛不痒的态度，用看似无下限的语言直面现实、宣扬心声。面对紧跟社会热点、极具争议性的话题，选手的精彩辩论和不同角度的解读，也许不能给你一个正确答案，但是却打破了观众的思想壁垒，而这正反映了节目的核心价值观——"以颠覆之名传递青春时尚正能量"。

（五）寓教于乐 发人深思

大尺度的话题、个性鲜明的选手和嘉宾、"无节操"的话语厮杀，《奇葩说》的这些内容元素都为节目增添了很多的看点和娱乐元素，这也是综艺节目的必要立足点，就是要为观众带来轻松和欢乐。但在娱乐节目的外壳下，节目组也希望能承载更多的社会意义。正如马东所言："能让人忍不住地爆笑也是一种本事，观众看得爽，爽完之后还会有点思考，这就够了。"如果纯粹做一档娱乐节目的话，马东会请一些娱乐明星。但是做说话类节目，他希望能够通过娱乐这种形式来传递价值，沉淀文化，所以选择了高晓松、蔡康永和金星加盟。比如在"要不要牺牲贾玲救大家"的话题中，蔡康永第一次倒戈反水改变立场，他很惊讶大多数人选择的是为了保全自己生命手刃他人，他坚持"传递的价值观是远远高于辩题之上的"，而这也是一个应向观众传递关键价值观的时刻。在讨论"选择稳定工作还是追求梦想""大城床还是小城房"等关乎现实的话题时，高晓松和蔡康永也站在了一定高度上为现在的年轻人传递了中肯的意见和期许。

"娱乐什么没有可耻，我们应该做一些娱乐的事情，但是做娱乐时，要有一颗对文化的认识的心。"马东希望节目除了找准娱乐性之外，还要传达这一代年轻人的语言方式、内心世界和价值主张，让年轻人对自己的生活有更加精准的见解和把握，在别人的辩论中找到自己的维度。

三、《奇葩说》的品牌战略分析

娱乐消费的高级阶段是沉淀出了文化产品。进入观众视野并能够拥有稳定的观众粉丝群体的电视节目无疑都将自身的节目打造成了文化品牌。将品牌作为核心竞争力以获取差别价值早已成为制作综艺节目的不二法则。从市场分析、受众分析、节目定位到节目制作、宣传推广等应纳入节目的品牌战略，《奇葩说》的成功正是依靠品牌战略的精密策划和执行。

（一）精准定位，张扬个性

前几期的《奇葩说》片头明确指出了"温馨提醒"——"40岁以上观众要在90后陪伴下观看节目"。《奇葩说》的目标受众群体的确定并不是心血来潮的结果，而是基于大数据的慎重选择。爱奇艺首席技术官汤兴曾透露，节目立项后，爱奇艺的数据显示85后、90后是爱奇艺的主流收视人群，所以《奇葩说》在策划阶段就将目标观众定位在90后群体，并针对90后群体做了用户行为调查。根据行为调查数据的分析从而确定节目的辩题设置、辩手排序、嘉宾选择，并借由数据辅佐节目制作，营销团队根据数据时时调整节目制作和营销策略。在明确受众群体和其行为、态度偏好的基础上，第一时间抓住目标受众群的目光。根据爱奇艺指数统计出的数据可以看出，节目的观看人群属性与前期的受众定位研究有着较高的吻合度，这种契合也从实践角度验证了策划的合理性，并检验了节目的质量和水平。

（学历）

硕士以上　14.4%

本科　28.0%

大专　22.1%

高中—中专　14.5%

初中　10.6%

小学　10.4%

10　20　30　40　（%）

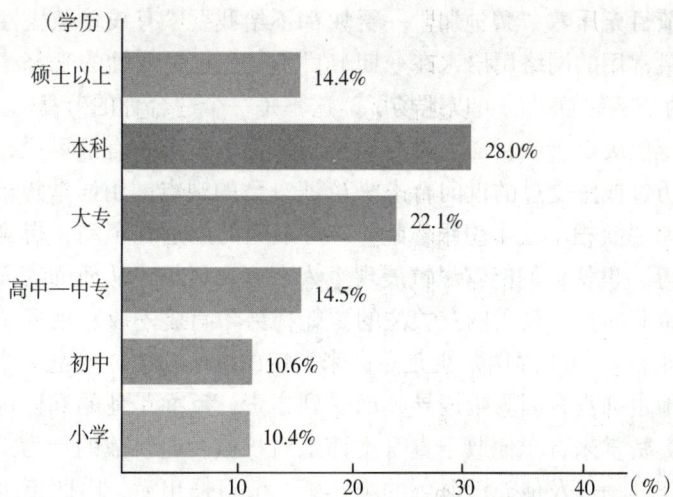

图1　《奇葩说》爱奇艺指数人群属性1

61%

39%

帅哥　　　　　　　美女

性别

37.8%

1~17岁　　18~24岁　　25~30岁　　31~35岁　　35岁以上

年龄

图2　《奇葩说》爱奇艺指数人群属性2

因为节目充斥着"碧池""一百块都不给我""有钱就是任性"等时下年轻人最常用的网络用语，在一期节目中马东也是任性的表态"不明白'碧池'两个字的意思的可以退场了，这不是一个适合你的节目"。正是这样的受众定位决定了节目的大尺度风格，使得各位辩手有话可说，他们通过自己经历过或感受过的世间百态来论证自己的观点，用词辛辣活泼、毫不忌讳，如"我根本就不想跟你睡""得不到的永远在骚动，得到的永远骚不动"等，也使他们能够尽情展现个人态度和风格，从而彻底而又深刻地宣扬了奇葩文化。最受网友关注的"蛇精男"肖骁不仅在现场"狂妄教训"蔡康永，一句"虚伪"更是令向来淡定的高晓松方寸大乱，当场犯了结巴。而他也并没有因为呛声导师而受到指责，反而是他的真性情令网友大加赞赏。赞赏来自于他敢于直言不讳地对权威发起挑战的行为、无畏人言的率真态度，以及他充满讽刺的幽默感。节目播出后，由此衍生的"蛇精男大战高晓松"话题以近两千万的阅读量成为微博热门话题，不少网友直呼自己看完节目后"节操被彻底碾压"。

精准的受众定位不仅能够迅速集纳关注度，也能进一步牢牢抓住固定受众群，培养他们的收看习惯，进而形成良性循环，为提高节目质量打下坚实基础。像所有娱乐产业或者文化创意产业一样，《奇葩说》遵循一个最重要的原则，就是让用户知道他所不知道的。"你的力量和智慧超出观众习惯接受或理解的框架，不仅要让观众觉得你好玩有意思，还要能给他们意外之喜。"马东说。

（二）年轻化、高质量的制作水准

在大多数观众的印象中，网络自制节目常常与"简单粗陋"相挂钩，而《奇葩说》则以高品质击破了这一成见。经验丰富而又富有创意和活力的制作团队为节目最终精致的成品作出了不可磨灭的贡献。

《奇葩说》由马东工作室大型活动中心独立制作。该团队由曾经是央视史上最年轻总导演——80后女导演牟頔带领的最年轻的导演团队组成。牟頔毕业于中国传媒大学，曾在《梦想合唱团》《谢天谢地，你来啦》等节目中担任导演，并在2014年担任CCTV1《喜乐街》节目组总导演。而平均年龄23岁的制作团队也都在《吉尼斯中国之夜》《梦想星搭档》《探索发现》《我们都爱笑》《交易时间》《汉语桥》等节目中磨练过并拥有一定的经验值。经过多年的实践，他们积累了优质的媒体资源和丰富的综艺节目制作经验，并凭借着崭新的创意理念和丰富的执行经验，为《奇葩说》这一年轻态节目注入了新鲜的血液，并为节目的制作和发展打下了坚实基础。

这档已经拥有三位说话大师以及各类奇葩辩手的综艺节目并没有单纯倚靠他们的妙语连珠和唇枪舌剑为节目塑造轮廓，而是运用字幕包装、动画设计、画面剪辑、神曲配乐、即兴弹幕等多重手段，通过这些手段的多管齐下、全副武装，为节目奠定了轻松活泼的基调，丰富而又立体了节目形象，扩大了节目的戏剧张力。

节目中，观众能够看到诸如动物世界、星球大战、世界杯比赛等风格迥异的前情提要，制作团队运用动画效果展现的辩题介绍，瞬时出现的调侃、吐槽字幕，配合选手奇葩举动的画面剪辑……可谓是将90后的独特诙谐展现得淋漓尽致。无论是字幕组的段子手功力还是镜头的蒙太奇组接都令人拍案叫绝。他们会在字幕中添上"怪我咯""一百块都不给我"等时下90后喜爱的段子，后期剪辑也参考美国、日本、韩国、港台等很多综艺节目的剪辑方法，与以往剪辑"不过是动剪子"不同的是，制作组还会在语调上作出蒙太奇组接，以让观众看到另外一种场景，感受到另外一种美感。正是这些包装手段强化、烘托了节目中的黄金佳句与奇葩看点，为引发社交媒体上的话题暴动提供了素材。

这样用心且精致的制作手段也令电视综艺圈对其刮目相看。某卫视的电视人称《奇葩说》"剪辑很赞，破节奏破得相当好，有太多可取之处"，但站在电视综艺节目制作者的角度，这位电视人也隐隐感到了压力："网络自制节目开始动真格了。"而著名主持人林海则表示，《奇葩说》令他想起了鼎盛时期的《非诚勿扰》，"话语的交锋中有着社会现实的返照，后期剪辑很下功夫"。

（三）物料丰富、多管齐下的宣传推广

《奇葩说》这档爱奇艺自制的综艺节目可以说是真真切切的互联网的产物。不仅在播出上依托爱奇艺这一互联网视频平台独家播出，而且在节目的宣传上也是完全依照互联网传播规律和特点，基于网民上网习惯和大数据进行营销和推广。

爱奇艺借由"美特斯邦威5 000万元冠名《奇葩说》""蔡康永'奇葩说'任导师：'康熙'若停播也不可惜""央视爆发最大出走潮　柴静首秀将亮相《奇葩说》""高晓松《奇葩说》痛批奶茶妹妹前男友愧对清华"等话题登录网易新闻、凤凰娱乐、人民网、新华网等媒体平台，在节目播出前营造舆论，并在微博、贴吧等社交媒体投放争议性较强的节目辩题，如"你愿意长得美但笨，还是聪明却丑"，引发网友关注和讨论，通过创

意十足的节目宣传片和预告版海报吸引网友目光，从而形成了强大效用的吸纳力度。凭借得力的宣传和火爆的内容，节目上线两小时总播量便突破百万，在微博热门话题榜上，《奇葩说》也以近一亿次的阅读量超越当晚所有综艺节目，成功登顶"疯狂综艺季"话题榜。

凭借节目自身的内容噱头和首播后的良好口碑，《奇葩说》吸引了大量的微博、微信粉丝，为节目宣传、互动内容的病毒式传播种了培养基体。营销团队一方面通过更多媒体平台的舆论造势和口碑推荐为节目宣传升温，另一方面加强与微博、微信等社交媒体的互动。《奇葩说》在其官方微博下开辟#奇葩说#话题、诸如"我的配饭视频"——晒吃饭时看《奇葩说》的照片赢超级大奖的抽奖活动、与节目辩题相关的投票等板块，争取以合乎情理、适当尺度的方法和频率与网友进行互动，并在每期节目的播出前和结束后发布预告、花絮、总结等，并@节目中的明星嘉宾和辩手，利用他们强大的粉丝团形成裂变性传播优势，扩大节目影响力。

在即时互动上，节目会通过微博、微信搭载爱奇艺 App，App 的启动画面即是《奇葩说》海报等方式提醒用户观看。爱奇艺还为《奇葩说》开通了时下相当流行的即时弹幕播放功能，播放视频时，用户可以让自己的评论实时地出现在视频之中，达到一边观看视频，一边发表评论的效果，满足用户"即时吐槽"的需求。此外，为了争取不同上网习惯的用户，《奇葩说》也与新浪播客、荔枝 FM 等平台进行合作，让用户得以方便收听节目，从而吸纳更多潜在观众。

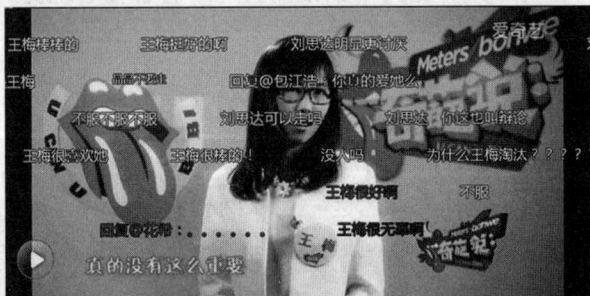

图3　即时弹幕效果图

另外，《奇葩说》的各种宣传物料可以说是节目的一大营销亮点。

1. 文字素材

简短、有趣、话题性十足的文字素材生成话题营销形成迅速转发态势，助推节目资讯的快速扩散。

2. 图片素材

值得一提的是，宣传团队此次在海报制作上下了很大功夫。推出了包括节目预告、选手展示、嘉宾介绍、态度宣言体、选手金句等百余张噱头十足、创意无限的海报。持续占据着网友视野，提高了节目的曝光率和关注度。另外恶搞嘉宾、选手，话题的官方、非官方素材也为扩大节目营销起到了至关重要的作用。

图4　《奇葩说》海报

3. 视频素材

高晓松、蔡康永合体宣传片、18强选手宣传片、删节版宣传片、节目播出后的选手"撕×"精彩片段、风格多样的辩题介绍视频等内容感染力极强，成为《奇葩说》宣传物料中转化效率很好的素材。

另外，大数据的运用也为《奇葩说》的市场推广起到了助力作用。汤兴表示："大数据可以帮我们找到节目主流人群和其所在的社交平台，用他们喜欢的方式进行推广，然后把这些人拉过来。"据悉，在《奇葩说》的整体市场营销宣传中，数据全程实时监控，每一轮的推广都会根据数据变化进行相应的策略调整。

四、结语

自2014年11月底正式上线以来，《奇葩说》在爱奇艺网站的总点击量已经破亿；而在全球最大的视频分享网站 YouTube 上，《奇葩说》的节目点击量也已经突破百万。无论你看或不看，《奇葩说》就是这样狠狠地刷新了娱乐综艺节目在互联网时代的存在感。它允许个性鲜明的观点碰撞，虽然用着一种看似奇葩的方式却真切地传递着一本正经的道理，引导正确的价值观念，带领即将掌握社会话语权的年轻人更有责任感地生活和存在。一档网络自制综艺节目能够在港台及海外展现出如此巨大的影响力，不得不说是中国综艺跟上世界步伐的又一佐证。爱奇艺通过大明星、大投入、大制作，用创新性的内容生成模式、节目制作机制、全面营销方式，打造出了一档互联网现象级的超级综艺节目，颠覆了传统内容产业格局，在与老牌电视综艺节目制作模式和规格之战中成功逆袭，引领了娱乐产业和网络视频行业的前行方向。

（撰稿人：刘越）

网络自制迷你剧探析
——以《万万没想到》为例

2014 年被称为"网络自制剧元年"，互联网和社交网络的助力使网络自制剧在 2014 年实现井喷，获得众多网友的青睐。而其中情节更加紧凑、故事更为短小的迷你剧也得到了巨大发展，这种迷你剧形式无论在叙事方式、人物地位方面，还是在受众互动方面，都与传统影视剧形式有着差别。本文以网络自制迷你剧《万万没想到》为案例进行了简要的分析，分析网络自制迷你剧在内容、人物和播出平台上的特点，以及在之后的发展中，网络自制迷你剧如何突破并实现差异化竞争。

一、案例简介及背景阐述

（一）案例简介

《万万没想到》是一部由优酷与万合天宜联合出品的网络自制迷你剧，2014 年 7 月 1 日第二季在优酷网播出，一经播出便迅速引起人们的关注，引发一轮观看狂潮。从华数、优酷和优酷土豆等播放平台来看，《万万没想到》三天内网络累计播放量已经突破 8 500 万次大关，随后的剧集始终保持着较高的播放次数，累计播放 3 亿多次。[①]《万万没想到》成为最卖座的网络自制迷你剧，并且屡次冲上新浪微博的热门微博，其中的台词也因为个性十足被人们调侃引用。在《万万没想到》中，整个故事情节围绕着一名叫"王大锤"的人物展开，以夸张幽默的方式描述了王大锤意想不到的传奇经历，其中涉及穿越、搞笑、职场、娱乐等众多元素。王大锤并不是一个固定的角色，他可以是现代为生计奔波的普通职员，也可以是古代滑稽的历史角色。所有故事的共通点是故事的结尾都会有一个出乎意料的结局，并且以王大锤的经典台词"我叫王大锤，万万没想到"引出，这也是

---

① 杨柳. 网络自制剧中个体的主体形象建构 [J]. 新闻世界，2015（2）：85.

本剧名字的由来。

《万万没想到》在2013年8月6日首播，随后获得较高关注，这也引起了娱乐巨头湖南卫视的关注。在2014年1月4日，由优酷、万合天宜和湖南卫视联合打造的《万万没想到》贺岁篇《万万没想到之小兵过年》登陆湖南卫视，这也成为第一部在电视台播出的网络自制剧。优酷、万合天宜于2014年7月推出了第二季，相比第一季，第二季集数增加到16集，每集时长由原来的5分钟左右延长至8分钟，甚至变为12分钟。在第二季中同样延续了其搞笑风格、无厘头剧情、吐槽式台词，以主人公王大锤的所见所闻为主要内容，不同的是在场面与特效上，第二季实现了全面升级。

图1　《万万没想到》海报1　　　　图2　《万万没想到》海报2

制作出这部走红的网络自制迷你剧的公司是近些年崛起的一家微型民营影视制作公司万合天宜。万合天宜成立于2012年，当时是由范钧、柏忠春和叫兽易小星等一批在微博上有较高粉丝数量的新媒体影响力人物创建，并且不断吸收网上关注度高又总是有奇思妙想的段子手加盟，最终形成了叫兽易小星、老湿、白客、小爱、刘循子墨等为主要代表的团队。根据吴明对段子的定义，段子即是指那种逗人开心、骂人过瘾、探人隐私的笑话；那种新鲜离奇、无中生有、庸俗不堪、包罗万象的故事。[①] 而段子手正是制作这些段子的众多网友，他们在微博上以文字、"文字＋图片"或者"文字＋图片＋视频"的方式发布搞笑又具有噱头的段子，由于内容的趣味性可以迅速被转发或关注，从而可以聚拢一大批粉丝。他们拥有着可贵的关注力资源并且深谙如何迎合网友趣味，有的段子手便转而成立影

① 吴明举. 庸俗"段子"应该断［J］. 求是，2001（18）：60.

视制作公司，走上营利的道路，万合天宜便是由一批在网络上有影响力的博主成立的民营影视制作公司。以叫兽易小星为例，他在新浪微博的身份认证为导演、万合天宜合伙人、微博签约自媒体，发布5 000多条微博，拥有700多万的粉丝量，其在微博上庞大的粉丝量，为万合天宜出品的作品奠定了一个良好的受众基础。

万合天宜最初拍摄了一些具有新思想的短片，但未形成系列。在2012年，万合天宜确立了全新的品牌战略，并出品了网络自制迷你剧《万万没想到》《报告老板》。这两部剧迅速在网络上爆红，尤其是《万万没想到》受到了网友们的追捧，网友们因此创造了一个新名词"周指活"，意思为每周就指望《万万没想到》更新的一集存活。在打开市场之后，万合天宜除保留原先的王牌节目外，又涉足新的领域，这包括《高科技少女喵》《神探狄仁杰》的播出，与陆川、滕华涛导演合作为别克汽车所做的宣传微电影，以及制作了院线电影《一只狗的大学时光》等，将发展的触角伸向电视、影院等领域，并且扩展业务类型，除了自制的网络剧外，还负责品牌推广、全媒体文化营销、设计与贩卖影视角色周边等业务。现在，万合天宜已经发展成了一个包括编剧、导演、制作与推广、发行完整的新媒体影视制作公司。

（二）背景阐释

根据周敏等人对网络剧的定义，网络剧即为"专门面向网络收视市场制作的，通过互联网播放的一类网络连续剧"。而杨柳认为网络迷你剧的概念源于国外，与情景剧类似，指在有限的集数中讲述一系列独立故事的电视剧。网络迷你剧在我国的发展历史并不长，与传统电视剧相比，拥有更为广阔的收视市场和商业价值前景。[①] 网络迷你剧是伴随着网络媒体和移动终端的发展而出现并兴盛起来的，它运用三五个演员，每集独立，故事新奇，情节夸张，语言幽默，迎合了网友们的兴趣和关注话题，适应了现在在新媒体环境下的碎片化的时间分割和利用，用"非主流"的方式解构传统文化和思想，其中的奇思妙想和搞怪的台词常常被人们津津乐道，并成为新一代的流行语在网上传播。网络自制迷你剧有以下几个特点：

1. 网络为主要的播出平台

网络自制迷你剧主要为视频网站自制，例如《屌丝男士》，或者为视频网站与专业的制作团队联合制作出品，例如优酷和万合天宜联合出品的

---

① 周敏，李子馨. 浅析国内网络迷你剧的特点［J］. 南方电视学刊，2014（10）：80.

众多影视剧。除极少数，例如《万万没想到之小兵过年》登陆传统媒体外，基本上都在优酷、优酷土豆、华数等互联网视频平台播出或者在微博、贴吧上播出。网络视频网站参与自制剧的播出是在与传统媒体的差异化竞争中求得发展，传统媒体占有大量的受众资源和平台资源，它们可以花高价购买大制作的电视剧。网络视频网站长期以来只能跟着电视购买播放版权，出资较高，时间播放上也不占优势，并且近几年国家为整顿互联网盗版，相继出台了《关于加强互联网视听节目内容管理的通知》和《广播影视知识产权战略实施意见》，这导致了许多靠热门美、韩、日剧盈利的网络视频网站被迫将盗版剧全部下线，为了实现盈利，一些大型的网络视频网站不得不将目光转向了低成本、叫好又叫座的网络自制剧。优酷在2008年推出了《嘻哈四重奏》，后又相继推出"11度青春"系列微电影，其中《老男孩》和《泡芙小姐》系列得到了网友的热捧。

在几部网络自制剧获得成功后，2013年8月，优酷和万合天宜共同打造网络自制迷你剧。由网络视频网站主导制作自制剧，既可以保证拍完之后的播放，又为网络视频网站增强了竞争力。同时网络视频网站投资拍摄自制剧也是对观看网络视频人群的把握，自制剧的形式能够吸引网友，迎合他们的口味，最终使他们在观看的过程中获得愉悦。

2. 成本低、画面粗糙

网络自制迷你剧一般为低成本的影视剧，投资额限制、场地限制、演员限制都成为自制剧精细制作的掣肘。传统的影视剧的制作，需要专业的导演、演员、制作人，还包括后期宣传人员，视频剪辑等专业人士，并且在拍摄过程中要求灯光、服装、特效等，但在网络自制迷你剧中，由于资金的限制，只能在创意上下功夫，而在其他方面则能省则省。例如在《万万没想到》的第一季第一集中，王大锤作为一个演员的身份登场，在剧集中，演员手中的武器被替换成了儿童玩具，而打斗的场面也被纸上的简笔画小人所代替，最后王大锤说，"再也不想跟这种穷×剧组合作了"。刨去为笑果而刻意为之的因素，这在一定程度上也显示了剧组设备的不足和条件的简陋。

3. 关注时下热点

网络自制迷你剧的播出采取的是周播的形式，每周播出一集，这大大加大了与受众的互动性。在播出后，主创团队能够搜集到网友的观看体验，并且能够听取网友的反馈和意见，这使主创团队能够根据网友反馈进行即时调整，在下集的剧集中进行反映，并且由于是周播的形式，剧集内容能够紧跟热点，讨论当下的话题，将微博上讨论热度较高的话题或者段子搬上荧屏，做成迷你剧，实现二次传播。

二、案例过程记叙

《万万没想到》的播出达到了网络自制迷你剧的高峰，创造了前所未有的播放量和关注度。之前播出的《屌丝男士》《极品女士》虽取得一定成绩，引起一定关注，但远未像《万万没想到》系列一样能制作如此多的爆点，能够引发新浪微博的讨论狂欢。除了与其余的网络自制迷你剧共同具有的采用周播形式、制作设备简陋与借助网络视频平台的特点外，它还具有其他特点，而这些特点直接将此剧推向了"圣坛"，成为"2013 年第一神剧"。

（一）内容具有戏剧性

《万万没想到》中的故事情节融合了历史典故、当下热点以及某种有争议的话题，例如潜规则、相亲、选秀等，并且涉及上至刘备、曹操等历史人物，下至公司职员、面试者等，涵盖了恋爱、工作、求职以及生活中的囧事。每个故事相互并无关联，各具特色，高密度的笑料布置，使观众始终被它吸引着，在节目结束后，有意犹未尽之感，具有很高的观赏性。《万万没想到》的叙事结构则是对日本动画《搞笑漫画日和》的本土化创造。《搞笑漫画日和》（日文名"ギャグマンガ日和"）是日本漫画家增田幸助于 2001 年连载的一部漫画，2002 年以 Jump Festa 动画的形式被制作推出之后，引起了很大的反响，2005 年被真正地电视动画化，并附有"增田幸助剧场"这个副标题。[①]《搞笑漫画日和》基本上是每一集完成一个故事，时长五分钟左右，对那些故事情节较长的就选择两集连播。《搞笑漫画日和》最突出的特点即是它的叙事风格，它并非按照传统电视剧或者电影叙述一个完整的故事情节，并且演员的台词具有逻辑。它的惯用手法即是在叙述的过程中，有意曲解或者撇开正在进行的情节或者台词，转而将观众带入一个搞怪的又毫不相连的另外的思想世界，这种非线性的叙述方式博得了大家的喜爱。《万万没想到》借鉴了《搞笑漫画日和》的"恶搞"风格，并且在叙述结构中也采用非线性的方式，要求结果与过程的反转，并且情节之间用碎片化勾连。例如：在第一季第二集《进击的刘备篇》中，王大锤去公司面试，在将简历递到主管面前后，主管问其专业，

① 杨柳．"吐槽当道，逆袭成功"——网络自制剧《万万没想到》评析［J］．当代电视，2014（4）：30．

王大锤臆想其是美国哈佛大学金融管理专业一等奖学金的获得者，但实际上在报专业时却是蓝翔技工拖拉机学院的手扶拖拉机专业。而在之后，王大锤臆想面试官的每个动作都是在暗示，包括暗示扫地上的纸屑，拉裤子的拉链，王大锤在完成了自己主观臆想的所有考验后，"成功"地获得了在厕所递毛巾的工作。在整个面试的过程中，除去开始问专业的问题，他们之间并无其余的对话，面试也没有按照规定的程序进行下去，而主要是围绕着王大锤的臆想进行，他的一系列滑稽又想当然的做法，让人忍俊不禁，而最后被安排到的工作则是对他最大的讽刺，笑果增强。《万万没想到》在自嘲与解嘲的方式中，用"恶搞"与夸张完成了故事情节的铺开与叙述，观众在观看的过程中，既可以看到有关自身的时下热点话题和事件，又可以看到创作者们对其艺术化的加工和解构，在冲突中达到轻松娱乐的目的。

（二）角色具有鲜明性

饰演主人公王大锤的为微博红人白客，白客并非演员出身，学习播音与主持专业的他，在大学的时候就与室友合作为《搞笑漫画日和》配音，而在《万万没想到》的演员招募中，导演一眼就看中了有着呆呆的表情和凌乱头发的他，并且让他担任男主角。在他的演绎下，王大锤有着"天然衰"的长相、呆萌可爱的表情以及夸张做作的动作。白客饰演的王大锤成为 2013 年塑造最成功的角色之一，QQ、微信等社交媒体同步配有王大锤表情包，并且在微博、论坛中，王大锤也成为讨论的热门对象。

王大锤是《万万没想到》中的主要人物，这是一个典型的小人物形象。生性善良却又懦弱可欺，喜欢吐槽别人却总是沦落为被别人嘲笑的对象，他是一个屡次被摔只为刘备收买人心的牺牲品；他是一个被坏人拦路抢劫的老实人；他也是一个被父亲和哥哥"横刀夺爱"的富家子弟，在众多的不幸遭遇中，王大锤作为一个"屌丝"的形象树立起来了，并且深入人心。许多网友或多或少都能在王大锤身上找到自己的影子，身处平凡世界的平凡职位中，每天过着重复的生活，在巨大的生活压力下都显得有些无奈。与王大锤遭遇的相似性给予观众以较强的身份代入感，在观看的过程中能够与自身遇到的无厘头经历结合，产生共鸣，或者在对传统人物的颠覆和戏谑中，观众找到了高于被针对对象的优越感，在吐槽王大锤的经历的过程中获得愉悦的观感。①

---

① 龚芳敏等. 网络迷你剧《万万没想到》的狂欢化特征探析［J］. 新闻传播，2014（9）：15~17.

　　杨柳认为，对角色心理和动作的细微准确的刻画是王大锤这一形象得以成功的重要原因。在人物心理刻画上，《万万没想到》一剧借鉴了影视理论中的"物化"手法，剧中通过动画、画外音、字幕叠加等技术，间接地展现主人公王大锤的幻觉、闪念、回忆等心理内容，屏幕中的画面与王大锤本身的心理动态形成了鲜明的对比，在矛盾和冲突中主角的心理被淋漓尽致地展现出来。而内心戏的打造，将一个内心活动激烈、不按常理出牌的人物形象塑造了出来。另外通过王大锤的独白、对话、画外音等方式不仅推进了剧集的进展也塑造了一个"屌丝"的人物形象。① 而在塑造王大锤这一角色中，使用的另外一种方式便是夸张的动作，加上搞怪的服装和发型，王大锤好像一个在台前表演的小丑，一举一动都像是一出戏，这其中不乏对传统电视角色的模仿和解构，达到自嘲与解嘲的效果。在第二季的第12集中，王大锤变身成了一位超级富豪，他有着高五厘米的大奔头，举手投足间模仿偶像剧中的男主角的一举一动，在开心时常将两臂弯曲向后，配有滑稽的表情，在对偶像剧中角色的异化模仿中，让人捧腹。

（三）观众具有草根性

　　《万万没想到》的成功一方面是自身内容、台词具有趣味性；另一方面是对目标收视人群特征的充分把握，这直接奠定了整部剧成功的基础。根据中国互联网络信息中心（CNNIC）发布的第 35 次《中国互联网络发展状况统计报告》显示，截至 2014 年 12 月，我国的网民规模达到了 6.49亿，全年新增网民共计 3 117 万人，互联网普及率为 47.9%，较 2013 年底提升了 2.1 个百分点。其中 20～29 岁年龄段的网民占比最高，达到31.5%。趋向于年轻化的群体追求新鲜、活泼又有趣味的表现形式，而越来越多的网民则给了网络自制剧以庞大的受众基础。在《万万没想到》开拍前，主创们就已经确定了自身的目标，选取了网络上人数最大又活跃度较高的 20～25 岁的大学生和年轻白领。② 而另一方面，视频网站的影响力越来越大，采用手机观看视频的人越来越多，在这一背景下，《万万没想到》将 20～25 岁的网络视频用户，特别是手机视频用户确定为目标收视人群，特别是中、重度网络使用者。在确定了目标群体后，制作团队便开始收集各方面的数据，分析他们的收视习惯、收视需求和收视喜好，在数

　　① 杨柳."吐槽当道，逆袭成功"——网络自制剧《万万没想到》评析 [J]. 当代电视，2014（4）：31.

　　② 高贵武. 网络自制剧对传统电视剧的影响与启示 [J]. 新闻与写作，2014（12）：72～74.

据的分析下，《万万没想到》包含了"搞笑、穿越、职场"等时下年轻群体经常讨论的话题。

而《万万没想到》的搞怪风格选定则直接对当下流行的"屌丝文化""腐女文化"和"游戏文化"呼应，也是对这类群体的迎合。有学者采用深度访谈法和田野观察法选择了十名至少看过一次《万万没想到》的受众进行采访，在谈到王大锤这个人物形象时，受访者都赞同这个人物形象有夸张的成分，但承认基本是以现实生活为蓝本符合"屌丝"自嘲的精神，传达出了社会底层的"屌丝们"的苦闷与挣扎。在观看的过程中，受众或多或少会看到自身的影子，产生身份认同，他们像王大锤一样是生活在社会底层的草根，受着恋爱、工作、买房各方面的压力，背着层层的负担艰难前行，生活的压力将他们的活力和锐气磨掉，但在网上，在一个相对自由和轻松的环境中，他们便可以释放天性，自嘲、自黑和吐槽大行其道。而《万万没想到》的没节操正好迎合了这部分人的"重口味"，受到这部分人的喜爱。

（四）台词具有幽默性

《万万没想到》的另一个突出的特点便是它的台词，制作团队花了大功夫在台词上，剧中有许多的台词都成为当年的热门，登上了热门微博、论坛，在网上流传，成为引用率极高的话语。例如在第一季中，"我的生涯一片无悔，想起那天下午夕阳下的奔跑，那是我逝去的青春""不用多久，我就会升职加薪，当上总经理，出任 CEO，赢取白富美，走向人生的巅峰，想想还有点小激动呢"！而在第二季中，"他说的好有道理，我竟无言以对""只要作出正确的决定，人生就会变得灿烂起来"等，都成为网络上被引用的高频语句。

有学者认为，《万万没想到》的台词的重大意义在于它是对电视、报纸等树立起来的经典形象和符合价值规范的语句的一种消解，在剧中大量使用粗鄙化的甚至是赤裸裸的脏话，这些都是未经过过滤、挑拣的，是信手拈来，甚至是生活中使用的极度口语化的语言，这些台词与网络"博眼球"的传播策略和草根阶级的价值观、意识形态一脉相承，在看似戏谑的过程中说出了网友的心声。《万万没想到》中的笑果并非像传统喜剧一样拼尽全力抖包袱，营造巧合、误会、矛盾，而是在剧情反转和台词有趣上。现代年轻人白天承受着工作的压力和负担，在晚上对于正统的有着浓浓的灌输意味的电视剧已经产生了疲劳，他们更倾向于选择一些无厘头的、搞笑的，甚至没有节操的电视剧进行观看，并且在电视剧对某一句台词的反复强调中，网友们会不知不觉地记下，联想自身的经历，在不经意间说出这句台词，实现台词的第二次传播。

三、分析及评价

作为对市场的呼应，近几年网络自制迷你剧的数量实现了快速增长，制作、剪辑和播出也越加成熟。可以预料，随着网络媒体和手机等移动媒体的进一步发展，网络自制迷你剧领域存在着巨大的可开发的潜力。

（一）笑点更加密集，情节节奏更快

网络上有海量的信息可供阅读和观看，受众一打开网络便被各种信息包围，而受众的注意力是有限的，在这种矛盾之下，网络视频若想尽快取得受众，就应当尽可能地省去一些冗长的前情铺垫，在剧情的设置上加快节奏，用段子将笑点布置得更加密集，这是增加受众观看黏性的方法。《万万没想到》与之前包括《屌丝男士》《极品女士》不同的是，它运用了极少的时间来铺垫剧情，往往在"我是王大锤，我是……"的简单的身份介绍后，整个剧情就展开来，接下来便是高密度的笑点设置，省去了许多故事背景、人物的交代时间，受众能够持续被设置的笑点所刺激，而选择继续关注，并且配合简短的时间，使剧情能够展开但又不至于拖沓，在最后将悬念解开，受众才能有恍然大悟的感觉。同时，快节奏的播出还意味着，网络自制迷你剧的时长可以更短，故事还可以更加紧凑，变化可以更加多样，这不仅包括每个故事的变幻，也包括场景、人物的转变。例如在《万万没想到》中，王大锤一会变身为一身邋遢爱幻想的求职者，一会又变成胆小懦弱不杀生的牛魔王，一会又成了屡次被人夺爱的富二代，在身份和场景不断变换的刺激下，网友的每次观看都会有新的刺激点，使其保持观看的兴趣。

（二）更加精准的受众定位

随着大数据的发展，未来视频网站对观看者的分析将能够细化到个人，根据个人的收视习惯和收视兴趣，在内容上进行调整。[①] 在《万万没想到》中，制作者只是将目标群体定位为 20～25 岁的中、重度网络使用者，这种划分并没有体现出更加细化的受众针对性，并未争取到最大数量

---

① 郑春欣. 从《万万没想到》看网络自制剧中的身份认同 [J]. 青年记者，2014（10）：65.

的适合的目标群体。网络自制迷你剧从诞生到现在走过了五六年的时间，在制作上并未有一套成熟的经验和套路可以模仿，并且现在数量还不是很多，在未来，越来越多的视频网站投资拍摄迷你剧，那么更加精准的受众定位，实现差异化发展就尤为必要。

更加精准的受众定位，确定了迷你剧的核心受众，同时也应该广泛地搜寻大家对所播放剧集的看法，这些可以通过网络所具有的反馈机制实现，例如，通过对视频网站的转发量、评论量的统计，微博上对剧情讨论的热度可以看出什么话题是受网友关注的，什么是网友更想了解和更感兴趣的，在不断地吸收受众观看习惯的信息中，可以不断调整每集讲述的内容。

（三）风格多种多样，关注当下生活

现今网络自制迷你剧的发展还仅限于对一些微博段子的演绎，而剧中的笑果也最多来自台词的荒诞和剧情的无厘头，在观看过后，网友讨论最多的也只停留在对其中的台词和人物的调侃与揶揄中。在未来的网络自制迷你剧中，应该更多关心当下的生活。那些之前用刻板的形式表现的东西，可以借用当下的网络热词或者更加新颖的形式拍摄出来，呈现的内容能让人在捧腹大笑中有所思考。法国网络自制迷你剧《总而言之》是一个很好的示范，它描写的是一个法国"屌丝"的生活。他不修边幅，生活邋遢，做事拖沓，而在描述他的生活状态时，我们可以作为旁观者反观自身，自己的许多经历在经过艺术化的处理呈现出来后，会有很强的身份代入感，仿佛能看到自己的影子和生活。在网络自制迷你剧的进一步发展中，会有更多类型的迷你剧出现，而能够联系生活，反映当下人的生活状态的作品将是新的可以开垦的领域。

（四）发行渠道将更加多元

除了在片头或者片尾植入广告，网络自制迷你剧的发行渠道也应该是多元化的。[①] 不仅有视频网站、手机媒体，还应同时在公共移动电视、户外 LED 显示屏等多种渠道共同发行，并且还应考虑在扩大影响后，制作出适应电视传统媒体播出的版本，向传统媒体渗透，例如，《万万没想到》在网络上打响知名度后，与湖南卫视合作推出《万万没想到之小兵过年》；优酷土豆网自制剧《欢迎爱光临》除了在视频网站播出外，其版权还被星

---

① 曹慎慎. "网络自制剧"观念与实践探析 [J]. 青年记者, 2011 (10)：114.

空卫视、香港亚视等多家电视台买走，实现了多个渠道的发行。

四、结语

当传统的影视剧还沉浸在大制作、大成本的宏大梦想时，以《万万没想到》为代表的网络自制迷你剧受到了越来越多网民的青睐，它用搞笑、无厘头、荒诞的方式阐释对普通生活和小人物的理解。可以想象这类触动社会深层脉动的影视剧形式未来将会全面开花，但在制作和推广的过程中，在利用网络媒体的过程中，要克服粗制滥造和质量低下的弊病，使剧情更加迎合受众，更加反映现实生活，探索多渠道发行的商业模式，这是网络自制迷你剧走上一个新台阶必须要考虑的。

（撰稿人：庞娜）

弹幕视频——初露头角的新型社交媒介

近年来，弹幕视频逐渐走进公众视野：2014 年 7 月 31 日，《秦时明月之龙腾万里》在杭州的电影院里使用弹幕技术播放；同年 8 月，国内视频网站爱奇艺和优酷土豆网等先后推出弹幕功能；同年 12 月，国内知名的互联网学习平台沪江网校也在其网校视频课程中推出弹幕功能。至此，弹幕在电影院、视频网站和教学网站等多个领域全线出击，由"御宅族"专享的小众娱乐，逐渐走向大众化。

本文旨在通过梳理弹幕视频的起源、发展轨迹和现状，总结出弹幕视频的特点，从而尝试分析弹幕视频存在和发展的深层原因，并由此对弹幕视频的发展前景和方向作出展望。

一、案例简介及背景介绍

（一）弹幕视频由来

弹幕（Dàn Mù）一词原为军事术语，指使用密集火力对某一区域进行攻击，后又沿用到某些射击游戏中，用来形容游戏中枪林弹雨的激烈场景。后来，在日本出现了一种新型的视频网站，观看者可以在观看过程中发表评论并同步看到别人的评论，这些评论是以滑动而过的字幕显示出来的。因为大量评论从屏幕飘过时的效果看上去像是飞行射击游戏里的弹幕，所以人们将这种评论出现的效果形象地

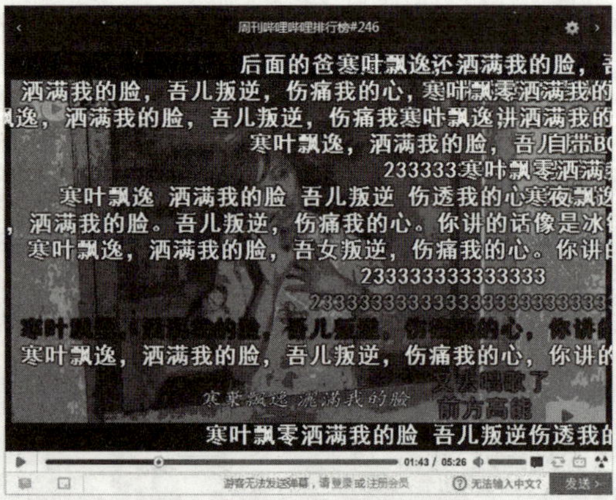

图 1　bilibili 网的弹幕视频

图片来源：http://www.bilibili.com/video/av1185839/.

称为弹幕。在中国，视频中出现了像子弹一样飞过的评论就叫做弹幕。但是在日本，只有当大量评论出现于屏幕的时候，人们才称之为弹幕。

弹幕视频的始祖是日本的 niconico 网站，2008 年左右传入我国。我国现存最早的弹幕视频网站是 AcFun 网站，俗称 A 站。刚进入中国时，弹幕视频是名副其实的小众视频，是"御宅族"的聚集地，圈外人士很少知道它的存在。继迅雷看看提供弹幕功能之后，2014 年，国内各大知名视频网站纷纷开始提供弹幕功能，据不完全统计，爱奇艺、优酷土豆网、56 网（我乐网）、乐视网、PPTV 聚力网相继提供弹幕功能，弹幕视频进入爆炸性增长阶段，开始从专门的弹幕视频网站进入普通视频网站。同年夏季，《秦时明月之龙腾万里》《小时代 3：刺金时代》的弹幕版分别在影院上映；12 月份国内著名学习网站沪江网校首先在其小语种课程中推出弹幕功能，随后又将弹幕功能扩展到所有课程。至此，在 2014 年，弹幕视频跨越了国界、跨越了行业，形成星火燎原之势。

（二）弹幕视频产生和发展的背景

笔者认为，弹幕视频的产生和其在不同国家、不同行业迅速蔓延的原因主要有以下两点：宅文化的流行和泛娱乐化现象的产生。

1. 宅文化的流行

提到宅文化，首先有必要清楚地界定一下其概念。"御宅族"概念源于日本动漫，原是对喜欢并沉迷某项事物的人的统称，后来专指沉迷动画、漫画、二维游戏等事物的人。

实际上，在"御宅族"群体内部所说的"宅男""宅女"和一般大众所说的"宅男""宅女"不一样。他们会更倾向以"御宅族"自称，以便让自己与大众泛化意义的"宅"区分开来。

大众意义上的"宅"通常指的是足不出户在家里待着。本文中所说的"宅男""宅女"是特指习惯于待在家里，而且沉迷于网络世界的群体。

可以说宅文化的流行是随着工业化、城市化的发展和互联网普及所产生的一种新的文化现象。

随着工业化、城市化的进程加快，越来越多的人开始涌进城市，陌生人社会逐渐取代了传统的熟人社会。传统农业社会中的"远亲不如近邻"、人们世代相识、邻里互相串门唠嗑的时代一去不复返了，取而代之的是邻居之间互不相识，即使一起坐电梯也不说话，默契地保持着安全距离。

同时，快节奏社会的巨大压力让很多年轻人疲于奔命，下班之后只想好好休息，没有心情出门结交新朋友。

另外，随着工业化、城市化进程的加快，以及生活压力的加大，在中国由于国家政策的影响，还出现了晚婚、少子甚至丁克的现象。特别是很多80后、90后、00后都是独生子女，他们从小身边没有兄弟姐妹的陪伴，在某些程度上可以说内心是孤单的。

但是，人是社会性的动物，具有社会属性。1943年美国心理学家马斯洛在《人类激励理论》中提出了需求层次理论，把人的需求从低到高进行排序，依次为：生理需求、安全需求、归属和爱的需求、尊重需求以及自我实现的需求。处于第三层次中的人把友爱看得非常可贵，希望能拥有幸福美满的家庭，渴望得到一定社会与团体的认同、接受，并与同事建立良好和谐的人际关系。如果这一需求得不到满足，个体就会产生强烈的孤独感、异化感、疏离感，产生极其痛苦的体验。①

在这种情况下，互联网的普及为在社会压力下难以在现实生活中满足其心理和爱的需求者提供了便利条件。在现实生活中成本很高的社交活动在网上就变得很轻松。网络的便利性让原本需要花费相对较多的时间、金钱的交友变得便利；同时，网络的匿名性把网络交友与现实生活分开，在虚拟的世界里常常不需要承担责任，可以轻松、自由、任性，充分表达自我和个性。因此越来越多的年轻白领迷恋上了这样的生活。

弹幕视频网站正是宅文化的产物。"御宅族"是以"ACG"②文化为基础产生的新兴群体。"御宅族"个体的人际交往呈现出内向被动型的特点。这里提到的内向不仅仅指人性趋向中不爱言谈的内向性，而且也表现出一种被动性和内向收缩式的人际互动特点。③

在"御宅族"的"二次元"世界④中，他们非常愿意分享自己的成果，热衷于叛逆、搞怪。弹幕视频网站上有很多网友自己上传的短片。"御宅族"们通过弹幕视频网站这个平台，分享自己的心得，分享自己的成果，获取成就感。同时，弹幕视频让独自看剧的行为变成共同吐槽，有效填补了"御宅族"心里孤单的空白，给平时孤单的"御宅族"一个展示自己的空间，广大"御宅族"互相交流心得，在虚拟世界中创造出一种天下漫友是一家的归属感和认同感。

---

① 李鑫. 广告表现与人性需求的关系——基于马斯洛需求层次理论的实证研究［D］. 暨南大学硕士学位论文，2011.

② ACG 全称 Animations（动画）、Comics（漫画）、Games（游戏），指疯狂迷恋（多为日本的）动画、漫画的人。

③ 卢杨. "御宅族"——"二次元"的构建者与体验者［D］. 中国社会科学院研究生院硕士学位论文，2014.

④ "二次元"世界指二维平面的世界，在"御宅族"群体中特指 ACG 所构成的平面世界。

2. 泛娱乐化现象的产生

作为美国最大的媒体和娱乐专业机构顾问，迈克尔·沃尔夫在其著作《娱乐经济》中提出"娱乐经济概念"。他认为，娱乐经济是在"以消费者为中心"的市场机制中，基于满足消费者生理和心理趋乐欲望和精神愉悦需要的"乐趣导向"消费而形成的一种新型经济。① 并且，书中还预测到，当全球的娱乐业发展进入相当规模，企业的产品或者服务中的娱乐因素成为商家竞争制胜的关键点，此时，我们真正进入娱乐经济时代。

快乐主义是西方一种非常重要的思潮，它强调人类一切行为的最终目的或人类欲望的本质都是为了实现各自精神的快乐满足。② 心理学中的快乐论者认为趋乐避苦是人类欲望的共同属性和本质规定。

纵观当今社会，媒介娱乐化、营销娱乐化、微博上自发形成的"造句大赛"，整个世界处处充满娱乐的气息。在追求快乐的道路上，弹幕以其易得性、针对性脱颖而出。弹幕中指出大量槽点，让观众注意到更多有趣的细节；同时，弹幕中对台词、歌曲的改写创造出新的乐趣。可以说，对爱好者来说观看弹幕视频是一件非常有趣的事情。

二、案例过程记叙

（一）弹幕视频网站的始祖

弹幕视频的创始者 niconico 网站是 niwango 公司所提供的线上影片分享网站，意为"笑笑"视频，它与 YouTube 等影片共享网站相似，但是增加了弹幕的播放功能。2006 年 12 月 12 日，niconico 开始提供实验性质的弹幕服务，当时他们只是将储存在 YouTube 上的影片加上即时留言功能，本身并没有提供影片上传的服务，与 YouTube 也没有正式的关系。2007 年 2月 23 日之后，YouTube 禁止 niconico 存取影片，于是 niconico 推出自己的动画分享服务网站 smilevideo。目前 niconico 上的动画可以上传、储存于 smilevideo（有意思的是这个网站名字也叫"笑笑视频"）与 photozou 等网站上。③

niconico 最大的特征是弹幕功能。也就是说，使用者可以根据自己的喜好安排字幕出现的时间、在视频中的位置、字体的大小、字幕的形

---

① 胡丽萍. 营销娱乐化研究［D］. 吉林大学硕士学位论文，2008.

② 胡丽萍. 营销娱乐化研究［D］. 吉林大学硕士学位论文，2008.

③ 江含雪. 传播学视域中的弹幕视频研究［D］. 华中师范大学硕士学位论文，2014.

态——滚动或者固定等。同时，niconico 针对不喜欢画面有文字流过的人，设有不显示评论的功能。另外，niconico 还有一个特色是设有"我的备忘录"功能，它可以让使用者保存某一特定时点的评论，也可以任意更改指定留言是否显示。①

于 2006 年才进行创建测试的 niconico，在 2007 年的月浏览人数已达到 1 亿次，总留言数已高达 1 000 万条。当时 niconico 仅一个平台的网络传输量就占用全日本的十二分之一。2011 年 9 月至 12 月，niconico 动画季度盈利为 3 亿日元，成为目前世界上少数实现盈利的弹幕视频网站之一。②

图 2　niconico 网主页

图片来源：http://www.nicovideo.jp/.

（二）中国萌芽

2007 年的 6、7 月份 AcFun 网站创建。该网站在初建时还不是一个弹幕视频网站，网站 logo 上的标语是"动漫游影音精选"，与大多数观众投稿规模庞大且群雄割据的商业动漫视频网站相比，它其实并无突出之处，因此在建站初期的 9 个月基本无人问津。2008 年 2 月 4 日，AcFun 第一代弹幕播放器上线，标志着它开始了弹幕吐槽。这是 AcFun 的一个转折点。此时，它才由传统的视频网站向弹幕视频网站过渡。但是由于受 niconico 这一弹幕视频网站鼻祖影响过深，此时的 AcFun 对 niconico 呈现极度的依赖状况，大量的模仿使得 AcFun 几乎等同于 niconico 的中文站。网站上的主要视频上传者也是长期混迹于 niconico 的网民，内容上基本搬运自 nicon-

---

① 江含雪. 传播学视域中的弹幕视频研究 ［D］. 华中师范大学硕士学位论文，2014.
② 江含雪. 传播学视域中的弹幕视频研究 ［D］. 华中师范大学硕士学位论文，2014.

ico，弹幕充满了同样的风格。于是，这种高度的相似性不仅使得 AcFun 没有得到更好的发展，同时也使得日本网民以保护知识产权和维护言论自由为由开始干涉 AcFun，使其因此停站了一段时间。后来 AcFun 转变为会员登录方式，成为全弹幕视频网站，并开始寻找自己的建站风格。技术更新快，以及受众目标定位的成功，使得 AcFun 现已成为国内目前人气最高的弹幕视频网站之一。①

图 3　AcFun 网站首页

图片来源：http：//www. acfun. tv/.

bilibili，也被称为哔哩哔哩或 B 站，它与 AcFun 的定位相同，也是一个与 ACG 相关的弹幕视频网站，为上海东方传媒（集团）有限公司旗下网站。该网站由原 AcFun 网友于 2009 年 6 月 26 日创建，2010 年 1 月 24 日更名为 bilibili，其视频来源和 AcFun 相同，多是日本电视台的深夜动画、niconico 以及 YouTube 等视频分享网站的内容。视频多存储在新浪播客、QQVideo、优酷网等国内提供的视频分享网站上。②

值得一提的是，在支持正版的趋势下，bilibili 开始自主购买新番动画的版权，但是因为购买版权需要大量资金，为了让正版新番动画永远不加视频贴片广告，2014 年 10 月 1 日，bilibili 提出了"新番承包计划"，会员根据喜好承包新番，并在片尾出现承包商的名字。

①　江含雪. 传播学视域中的弹幕视频研究［D］. 华中师范大学硕士学位论文，2014.
②　江含雪. 传播学视域中的弹幕视频研究［D］. 华中师范大学硕士学位论文，2014.

图4　bilibili 网站首页

图片来源：http://www.bilibili.com/.

AcFun、bilibili 作为中国宅文化的基地，受众主要是喜爱"ACG"的"御宅族"，所以其主打的是日本动漫、游戏、日本综艺节目，并且其电视剧也主要是日剧、美剧。bilibili 的电视剧中有不少是没有翻译字幕的，俗称"生肉"（有中文字幕的被称为"熟肉"）。另外还有很多技术型的"御宅族"上传经过自己重新编辑后的原创视频。

AcFun 和 bilibili 作为专业的弹幕视频网站，其弹幕功能比其他网站的更强大。弹幕的形式、类型比普通视频网站要多得多。其中 bilibili 的弹幕在视频右侧空白处专门开辟了一个空间，按照时间顺序显示，不仅可以按照弹幕类型、功能选择弹幕，还可以设置关键词来屏蔽部分弹幕，而且可以选择不显示特定的弹幕。

（三）弹幕发展

2014年7月31日，《秦时明月之龙腾万里》在杭州奢华影城5号厅上映，成为全国第一场弹幕电影。一周之内，《小时代3：刺金时代》《绣春刀》接连开出弹幕专场。

2014年8月7日，爱奇艺在八部剧集中开启了弹幕功能，在普通视频播放界面的右下角增加了一个弹幕开启按钮，可以轻松实现弹幕视频、普通视频的转换。短短两个小时之内，弹幕数量就达到了3万条左右，第二天达到了21万条。上线第二天，弹幕功能在默认关闭的情况下，超过一半的用户选择了开启弹幕功能。[①] 到现在为止，爱奇艺的全部视频均开通了弹幕功能。未登录的游客在观看视频的时候可以打开弹幕按钮观看弹幕，

---

① 爱奇艺开启弹幕功能　满足多元化用户需求［EB/OL］．飞象网，http://www.cctime.com/html/2014 - 9 - 2/201492118479114.htm.

但是不能发送弹幕，需登录后方可发送。用户可以根据喜好选择弹幕字号（大、中、小）、颜色、弹幕显示的区域，自己发送的弹幕会以绿色的框圈出，点击别人的弹幕还可以进行回复。

图 5　爱奇艺弹幕视频

图片来源：http：//www.iqiyi.com/v_19rrnx1j40.html#vfrm=2-3-0-1.

2014 年 8 月 20 日，国内知名视频网站优酷土豆网宣布正式上线弹幕视频。播放器右下方的弹幕按钮可以自由开启或者关闭。用户无须登录即可观看并发送弹幕，弹幕位置有默认的滚动、顶端、底端三种选择；字号有大、小两种选择。

表 1　爱奇艺和优酷土豆网弹幕功能对比

	字号	位置	颜色	附加
爱奇艺	大、中、小	顶部、底部、中间、随机	20 种	①可发送亦可屏蔽图片表情 ②可直接回复他人弹幕
优酷土豆网	大、小	滚动、顶端、底端	10 种	①字幕区弹幕屏蔽 ②颜文字

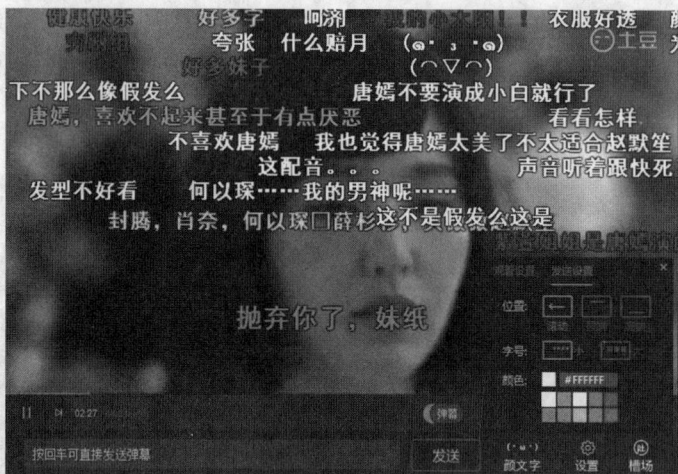

图6　优酷土豆网弹幕视频

图片来源：http：//www.tudou.com/albumplay/NZRgBwCFJUg/zKNfPorXDM8.html.

从此，弹幕视频由以 AcFun 和 bilibili 为代表的专门的视频网站扩展到普通视频网站。

2014 年 12 月，国内著名学习网站沪江网校在其课程视频中添加了弹幕功能，这一功能最初在小语种课程中使用，随后逐渐扩展到所有课程。班主任可以选择开启或者关闭此功能。对于弹幕视频的发展，这无疑是一个里程碑。笔者认为，弹幕视频是区别于传统视频的，代表互联网时代互动新文化的一种全新的媒介。和传统视频不同，去看弹幕视频的人大多数都不是去看视频的，而是去看弹幕、发弹幕的。弹幕视频的互动性强、狂欢性强的特点符合互联网时代公民掌握话语权的强烈需求和社会娱乐化的趋势，因此，笔者认为其具有强大的生命力。

三、分析及评价

（一）弹幕功能使用现状

为了研究弹幕视频的普及情况，我们在网上做了一个"弹幕视频观看和感知情况调查"的问卷，共回收有效问卷 343 份，32.07% 的人（110人）表示在看视频时经常开启弹幕功能，67.93% 的人（233 人）表示在看视频时不经常开启弹幕功能。由此可见，看弹幕依然不是主流，不看弹幕的人数是看弹幕人数的 2 倍多。笔者对年龄和是否经常开启弹幕做了交叉分析（见表2），其中19～25岁的人共有268个样本量，选择看视频时经常开启弹幕的有92人，占34.33%；不经常开启弹幕的有176人，占65.67%。26～30岁的人有23个样本量，其中经常开启弹幕的有8人，占34.78%，不经常开启弹幕的有15人，占65.22%。30岁以上的人有44个样本量，其中经常开启弹幕的有5人，占11.36%；不经常开启弹幕的有39个，占88.64%。只有13～18岁的人经常开启弹幕的比例大于不经常开启弹幕的比例。而30岁以上的人不经常开启弹幕的比例远远高于其他年龄段的不经常开启弹幕的比例（0～12岁因为样本量太少，不能说明情况，此处忽略）。这说明弹幕是一种年轻化的潮流。

表2　年龄和是否经常开启弹幕的交叉分析

	是	否	小计（人）
0～12岁	0（0.00%）	1（100.00%）	1
13～18岁	5（71.43%）	2（28.57%）	7
19～25岁	92（34.33%）	176（65.67%）	268
26～30岁	8（34.78%）	15（65.22%）	23
30岁以上	5（11.36%）	39（88.64%）	44

为了分析地域和是否观看弹幕的关系，笔者对两者做了交叉分析。由表3可以看出，一线城市和二线城市的人看弹幕的比例相对偏高，而三线城市的人看弹幕的比例相对偏低，城镇和农村看弹幕的人比例非常低，只有14.29%。

表3　地域与是否观看弹幕的交叉分析

	是	否	小计（人）
北、上、广、深	55（34.59%）	104（65.41%）	159
除北、上、广、深之外的省会城市	24（35.29%）	44（64.71%）	68
非省会城市	28（29.47%）	67（70.53%）	95
城镇和农村	3（14.29%）	18（85.71%）	21

从数据可以看出，大家常去的弹幕视频网站非常集中。可以分为两大

类：以优酷土豆网、爱奇艺为代表的传统视频网站和以 AcFun、bilibili 为代表的弹幕视频网站。约80%的人常去弹幕视频网站看弹幕，约65%的人常去传统视频网站看弹幕。由此可见，弹幕视频网站有巨大的用户黏性，拥有固定的忠诚的观众。而传统视频网站也因其庞大的受众群体和丰富的视频资源吸引了不少观众的眼球。另外，在调查中，4 名网友表示经常去斗鱼网看弹幕，斗鱼网是全民游戏直播平台，可见单一的游戏弹幕视频网站也有其固定的观众。

表4　经常看的弹幕网站

网站	小计（人）	比例（%）
优酷土豆网	34	30.91
爱奇艺	37	33.64
AcFun	23	20.91
bilibili	65	59.09
niconico	6	5.45
56（我乐）网	4	3.64
miomio	0	0.00
吐槽网	4	3.64
其他	11	10.00
本题有效填写人数	110	

在看什么视频会开弹幕的问题中，各种类型的视频比例基本持平，都在50%左右。但是游戏（含游戏解说）和网友原创视频比例相对较少，各占34.55%。（见表5）

表5　看弹幕的视频类型

视频类型	小计（人）	比例（%）
日本动漫	56	50.91
综艺节目	59	53.64
电影	50	45.45
电视剧	57	51.82

（续上表）

视频类型	小计（人）	比例（%）
游戏（含游戏解说）	38	34.55
网友原创视频	38	34.55
其他	5	4.55
本题有效填写人数	110	

（二）弹幕视频的特点

进入 Web3.0 时代，受众参与机制越来越被关注。弹幕视频正是由于其互动性强而受到弹幕迷的追捧。根据调查，不看弹幕的人当中有 80% 是因为觉得弹幕影响观看，尽管如此，还是有相当一部分人要看弹幕，这就意味着看弹幕视频的观众中有相当多的比例可能不是去看视频的，而是去看弹幕的。我们的调查结果也证实了这一点。和传统视频相比，弹幕视频因其评论针对性强、互动性强的特点使其对观看者来说独具魅力，甚至超越了视频本身所传达的内容。可以说对于这部分观众而言，弹幕才是他们接触到的媒介，而视频只是弹幕的一个载体。在某种意义上，弹幕视频是区别于传统视频的一种全新的媒介。

笔者调查了 110 位经常看弹幕的人看弹幕的目的（见表 6）。65.45%的人（72 人）看弹幕是为了找"槽点"，46.36%（51 人）看弹幕是为了找人一起吐槽，45.45%（50 人）是纯粹为了看弹幕，弹幕的吸引力已经远远超过了视频本身。40.91%（45 人）通过弹幕了解关于视频内容的更多信息。18.18%（20 人）表示看弹幕是纯属好奇、追求时尚，8.18%（9人）表示看弹幕是想和别人聊天。

表 6　看弹幕的目的

目的	小计（人）	比例（%）
一起吐槽	51	46.36
看弹幕	50	45.45
找"槽点"	72	65.45
纯属好奇、追求时尚	20	18.18
和别人聊天	9	8.18

（续上表）

目的	小计（人）	比例（%）
了解关于视频内容的更多信息	45	40.91
其他	1	0.91
本题有效填写人数	110	

对这110人看弹幕（发弹幕）满足了什么需求进行调查（见表7）。70.91%（78人）表示看弹幕满足了吐槽的欲望。44.55%（49人）表示看弹幕能满足寻求伙伴一起看的欲望，相同比例的人表示看弹幕可以满足好奇欲，29.09%（32人）表示看弹幕能满足求知欲。

表7　看弹幕（发弹幕）满足了什么需求

需求	小计（人）	比例（%）
吐槽欲	78	70.91
求知欲	32	29.09
好奇欲	49	44.55
寻求伙伴一起看的欲望	49	44.55
其他	6	5.45
本题有效填写人数	110	

根据以上调查数据和分析，笔者总结出弹幕视频的两个最重要的特点。

1. 互动性强

包括新闻网站在内的早期的ICP（因特网内容提供商）通常都和传统的平面媒体及广电媒体一样，只是单向地向受众传达媒介信息。后来为了满足受众互动性的需求，大多数的新闻网站都陆续在内容页面上开通了留言板功能，但这仍不足以满足读者在互动、社交方面的强烈需求，各种主题论坛（BBS）的流行就足以说明这一点。由博客进化而来的微博，也正是因为其大幅度提高了互动性、社交性而获得巨大的成功，这些事实表明，对互动性、社交性的渴望是媒体受众的普遍需求，在前互联网时代，这种渴望因为技术上难以实现，因而未能充分表现出来，但在如今的互联网时代，这种需求已经成为足以影响媒介发展方向的重要力量。

在视频领域，和其他 ICP 一样，传统的视频网站通常会在视频的入口页面加上留言板功能，或者开通论坛，供观众讨论和社交。但是这种留言板和论坛，由于是与视频的画面分离的，因而通常局限于讨论对视频的整体观感、剧情介绍等比较笼统的内容，很少也很难有针对某个画面、某个情节、某句台词等具体细节的评论，即使有，也常常因为读者需要频繁地切换到视频中相关部分观看后再切换回来才能继续讨论，严重地妨碍了互动性。

而在弹幕视频上，评论与视频在时空上是一致的，因为其便捷、直观、针对性强的特性，观众参与度很高，成为真正的实时互动。弹幕的内容也因此变得丰富，有聊天式的、补充知识式的、表达感情式的。此时的弹幕相当于一个社交性质的论坛，视频内容成为这个论坛的话题，互不相识的网民由这一主题发散开来进行交流。这样，观看同一视频的网友成为一个暂时的社交圈。

以上分析可以看出，弹幕视频和传统视频相比互动性、社交性更强，它可以充分调动受众参与的热情。21 世纪是自媒体的时代，人人都有麦克风，受众不再是单纯的信息接收者，也成为信息的制造者。弹幕视频正是通过提供在视频播放环节中的实时互动和社交功能，在一定程度上满足了受众制造信息、表达自我的欲望，从而吸引了越来越多的人参与其中。

2. 狂欢性

美国学者尼尔·波兹曼在其著作《娱乐至死》中提到，现实社会的一切公众话语日渐以娱乐的方式出现，并成为一种文化精神。弹幕视频里网民通过发送弹幕对视频内容进行吐槽，以娱乐的形式表达自己的意见，通过发弹幕、看弹幕，跨越时空，实现"一个人的孤单，一群人的狂欢"。即使一个人坐在家里对着电脑，也能感觉到有一帮小伙伴在身边一起狂欢。随着后工业社会的发展、互联网的普及，越来越多的人逐渐摆脱了互相串门的熟人社会，进入陌生人社会，"宅男""宅女"整天待在家里与电脑相对，依赖网络进行社交和获取信息。弹幕视频给他们提供了一个非常好的社交平台，一个狂欢的舞台。

弹幕中充斥着大量无意义的情感表达，这种情感的表达通常运用网民自己的术语，并且在短时间内集中重复出现，呈现出狂欢的态势。比如经常用"233333"代表"哈哈哈哈"的意思，在出现搞笑的剧情时经常可以看到很多"233333"穿梭在画面中。此外，广大网民充分发挥聪明才智，发明了很多恶搞的方式进行狂欢。除了上文所说的用自己的专门术语在短时间内集中出现之外，还有一种常见的是关键台词、歌词的重复及改编。例如在 bilibili 上台湾的一个广告《难忘的家中美味》，因为剧情雷人、插曲搞笑引来大量网友关注，在女主人公唱洗脑神曲的时候，全屏一直出现大量重复的歌词（见图1）。大批弹幕爱好者一起发歌词恶搞，表达对此广告反复出现洗脑神曲的无语。此时，弹幕不是用来传递信息，而是用于表达感情，网友们通过自创的感情表达方式将娱乐进行到底，弹幕成为一种互联网狂欢的新形式。

（三）弹幕视频——新型媒介形式

20 世纪 60 年代，加拿大著名传播学家麦克卢汉在《理解媒介》一书中提出了"媒介是人的延伸"的观点。他认为，广义上的媒介可以理解为人类所利用的一切工具。"游戏是人为设计和控制的情景，是群体知觉的延伸，它们容许人从惯常的模式中得到休整。"① 基于上述对弹幕视频的分析可知弹幕视频已经超越了作为眼、耳延伸的传统视频，而成为实时互动、一齐狂欢的具有反馈机制和社交属性的人的延伸，即一种全新意义上的媒介形式。

因为弹幕视频的观看者的关注重心已经脱离视频本身的意义而把注意力集中于弹幕，而发弹幕成为人们表达自己感受，获得存在感、被关注感和与他人沟通的一种方式。而看弹幕也成了一种寻求认同感、与人沟通和学习知识的一种途径。在发弹幕的过程中，人们表达自己的观点，发出自己的声音，希望被人关注，希望自己的存在得到认同。这种"刷存在感"在心理机制上类似于外出旅游在景点上刻"某某某到此一游"的行为。人是一种社会性动物，马斯洛的需求层次理论提到人有归属感的需求、获得尊重和自我实现的需求。弹幕视频为发弹幕者提供了一个归属地，让他们觉得自己是其中的一分子，同时发弹幕剧透和科普知识满足了发弹幕者获得尊重的需求和自我实现的需求。在弹幕视频里，大家参与其中，获得认同感和尊重，并且实现了自我价值。因此，弹幕视频已经超越了传统视频对人的视觉和听觉的延伸，而更加侧重于满足人的内心需要的延伸。

此外，麦克卢汉还提出了一个具有重大意义的观点：媒介即讯息。他认为改变人、改变社会的不是媒介所传达的具体内容，而是媒介本身。虽然听起来有些技术决定论的意味，但是这一观点又确实明确指出了媒介的重要性。在 Web3.0 时代，受众变为参众，由被动的信息接收者变为主动

---

① ［加］马歇尔·麦克卢汉. 理解媒介［M］. 何道宽译. 北京：商务印书馆, 2001.

的信息制作者、传播者，微博、微信正是由于其很好地把握住了这一趋势而获得巨大成功。弹幕视频正是基于视频观看者重构视频、互动讨论的强大需求，并且符合当今社会娱乐化的倾向而逐渐兴起。虽然目前弹幕视频只是小众传播中的非主流视频，但是笔者相信，由于其本身的娱乐性和互动性符合当今时代的发展需求，弹幕视频作为一种新型的媒介发展方向必将具有强大的生命力。

（四）存在的问题以及改进的方向

弹幕视频因为具备前文所述的种种特点而具备了强大的生命力和巨大的发展潜力，但目前这种新型媒介还远远谈不上成熟，还有许多尚待改进之处，妨碍着其进入大众视野。针对这个问题，笔者对其发展方向提出以下几点建议。

1. 显示用户名扩展其社交功能

现在大多数弹幕视频上的弹幕都不显示用户名，因此在弹幕视频中意义的一致性被损害，这就导致了评论的极度碎片化，很容易导致解码错误。因为弹幕不仅仅是罗列一条条信息，更应该是表现出每个弹幕发送者的个性，在一连串的弹幕下应该突出一个个具有独特个性的人。笔者建议运用会员制管理模式，要求所有发弹幕者登录之后再发弹幕，把弹幕的信息与弹幕发送者相匹配，在弹幕的前面显示其用户名，一方面可以避免信息碎片化带来的误解，更重要的是增强了交互性，方便人与人的交流，让弹幕形成一个虚拟社区；另一方面更加满足弹幕发送者获得归属感、被尊重和实现自我价值的需求。这样一来，弹幕不再是一条条不相干的信息，而是发掘出弹幕背后每个人之间的交往，形成一个虚拟的社交圈。

2. 在视频之外开辟专门的弹幕显示区域

在对233位不看弹幕的网友的调查中可以发现，其不看弹幕的最主要原因是觉得弹幕影响视频观看（见表8）。

表8　不看弹幕的原因

不看弹幕的原因	小计（人）	比例（％）
不知道弹幕	35	15.02
觉得弹幕影响视频观看	187	80.26
其他	11	4.72
本题有效填写人数	233	

现在弹幕视频的显示方式往往是软件本身默认的，统一位于屏幕画面中，在弹幕多的时候甚至覆盖在整个画面上。对于某些人来说已经习惯了这种方式，但是对于更多的人来说，弹幕出现在画面上影响观看。所以建议单独设立一个视频画面之外的区域显示弹幕，这样可以在享受弹幕乐趣的前提下不影响画面显示。

3. 弹幕显示个性化

弹幕的内容多样，有剧透式、知识普及式和无聊感叹式等。现在的弹幕视频都是全部弹幕同时出现，根据每个人的不同需求，同样的弹幕已经无法满足每个人的个性需求。因此建议弹幕视频开通个性化服务，观看者可以根据自己的需要自行选择弹幕的显示方式和弹幕的内容。让弹幕具有个性定制功能，每个人都能找到自己喜欢的弹幕形式。

4. 与其他社交网站绑定

作为基于互联网时代的新型媒介，弹幕视频应该努力扩大功能，在实践过程中满足用户多方面的需求，把弹幕视频的社交性扩展到极致，在更大的范围内让弹幕"飞"起来。例如弹幕视频可以在显示用户名的基础上开发类似于微博的粉丝功能和@功能。如果弹幕视频观看者对某一弹幕发送者非常感兴趣，可以一键点击其超链接关注该人，并且还可以与微信、微博、QQ等已经较为成熟的社交软件合作，方便其从弹幕视频转到其他社交平台进行更深层次的交流。此外，由于弹幕发送者和接收者往往不在同一时间观看同一视频，其即时的互动性大打折扣，弹幕视频可以增加同时观看弹幕视频的功能专区，保证互动的即时性。同时，弹幕发送者对不在同一时刻观看同一视频的弹幕进行评论时也可以通过消息的形式告知对方，让弹幕视频更具互动性。

5. 形成固定的弹幕观看群

回望整个互联网社交媒体的发展过程，由交互性强、人员不固定的聊天室，时效性差、主题性强的论坛，门槛高、可保存的个人网页；到门槛较低的博客，一对一聊天的ICQ，固定人聚集的QQ群；再到即时性强的微博、互动性强的微信。可以总结出网络社交媒体发展的几大特征：人员由不固定到固定；个人交往与群体交往并行；即时性与保存性并行。

目前弹幕水平参差不齐，受众差距很大，形成固定的弹幕观看群可以让每个人在弹幕群体中更有归属感，形成更强的用户黏性，让弹幕视频真正成为一个社交软件，让弹幕成为一个同兴趣同爱好者的聚集地。

四、结语

自从互联网兴起以来，静态媒体（文字、图片等）的互动形式经历了留言板到 BBS、个人主页和博客到微博的发展进化，已经相当成熟；而即时交流工具也从简单的聊天室发展到 ICQ、MSN、QQ、微信等功能齐全、方便的综合社交软件，并进一步衍生出针对细分市场的 Skype、陌陌、YY 等形式多样的特色互动工具；而长期以来流式媒体（视频、音频）的交流互动主要依赖于静态媒体的互动形式或使用通用即时交流软件，全部是"离线交流"，交流效果始终差强人意。弹幕视频是基于互联网技术的发展而出现的一种完全区别于传统视频的新型媒介，也是基于流式媒体出现的第一种"在线互动"形式，虽然由于其形式远远没有成熟，还有多种问题亟待解决，但由于其开拓了流式媒体互动的全新并且巨大的潜在市场，因而具有巨大的发展空间。笔者相信，弹幕视频以及在此基础上发展的新兴流式媒体互动技术必将成为互联网领域的又一个重要的发展方向。

（撰稿人：钱昱）

网络自制剧的优质时代要来了？

——以《匆匆那年》为例探究

2014 年 8 月 4 日，搜狐视频的网络自制剧《匆匆那年》首播，这部网络自制剧主打青春怀旧题材，以陈寻、方茴、乔燃、林嘉茉、赵烨五人的情感故事为主，凭借剧中令人熟悉的环境和台词，戳中观众泪点，勾起了不少 80 后的回忆。很多网友在搜狐视频留言区、社交网站上刷屏发表感慨，追忆自己已经逝去的青春时光。

在目前网络自制剧依然存在低投入、快产出，以反转情节、密集笑点或露骨演出吸引眼球的情况下，《匆匆那年》打破了网络自制剧与传统电视剧在规格上的界限，制作成本接近一线电视剧水平。在拍摄方面，该剧成为国内首次应用 4K 高清规格拍摄技术的影视剧。从前期拍摄、后期制作、音乐音效、播出平台等方面看，《匆匆那年》都可以比拟卫视大剧，实现互联网行业前所未有的全方位颠覆，开启"大网剧"4K 高清观剧时代。

一、案例简介及背景阐述

（一）网络自制剧《匆匆那年》的简介

网络自制剧《匆匆那年》改编自 80 后作家九夜茴所著的同名小说，2008 年该小说出版时，就占据各大图书销售排行榜达八个月之久，创造了四个月内销售十万册的纪录。而网络自制剧《匆匆那年》在内容上基本忠于原著，还原了书中描述的 80 后年轻人的情感波折和生活经历。

图1　网络自制剧《匆匆那年》宣传海报

　　故事发生在20世纪的最后一年，五位主人公陈寻、方茴、乔燃、林嘉茉、赵烨因为校园里的一场闹剧而结为死党。温暖安静的乔燃渐渐喜欢上了爱画画、如丁香般的女孩方茴。而陈寻是校园内的少女杀手，长得帅、成绩好又是班长，轻易就把方茴追到手。但他们的恋情却百转千回，陈寻移情别恋，大学时跟一个性格开朗的女生在一起；方茴自暴自弃，没有接受一直默默守候她的乔燃，却消失不见了。义气男生赵烨尝试着和喜欢篮球的女孩林嘉茉套近乎，而林嘉茉却一直暗恋学校篮球队队长，后来赵烨因为保护林嘉茉而入狱，前途尽毁。曾经的一群死党因为感情的纠葛和不同的前程而不再亲密。多年之后，除了失去联系的方茴，其余四人再次聚首，谈起当时的年少疯狂，回忆起那些如水般流逝的匆匆那年。

　　《匆匆那年》每集长达45分钟，共有16集，采用周播的模式。第一次由80后主创团队操刀，第一次引进4K技术制作的网络自制剧，第一次每集超百万元制作的网络自制剧，第一次使用院线大银幕首映的网络自制剧，将如此多的第一次融合在一起，搜狐视频出品的网络自制剧《匆匆那年》众望所归地成为年度最佳网络剧。在"2014中国横店影视节"中，搜狐自制网络剧《匆匆那年》一举获得最佳网络剧和最具人气剧两项提名，并最终击败其他热门网络自制剧获得最佳网络剧殊荣。采用周播模式播出的《匆匆那年》在播出的两个月内总播放量达到6亿次，单集播放量超3 000万，收视用户推广规模达1.5亿人次，相当于每4个中国网民便有1人在看《匆匆那年》，成绩逼平同期播出的卫视大剧。

（二）背景阐述

关于网络自制剧的定义，有学者指出，网络自制剧是指由网站参与投资拍摄，适合视频网站播放的影视作品。它必须由网络媒体参与制作，以视频网站为主流传播平台，具有影视剧的属性。[①] 内容是互联网视频企业竞争的关键因素，不过近年来，传统电视剧版权的价格水涨船高。2012年，乐视网一举拿下当年最热古装剧《甄嬛传》的独家网络视频版权，总费用高达2 000万元。而视频网站能够利用网络自制剧较好地参透网民的心理，根据网络用户的收视特点来制作剧集，打造出优质、独有的收视资源。在内容同质化现象严重的行业，自制内容有效推动了视频网站差异化竞争，树立了各自平台的品牌调性，提升了平台整体的商业价值。因此在2013 年，各大视频网站都开始试水网络自制剧。2014 年，网络自制剧更是进入了白热化的阶段，各大视频网站掌门人纷纷加大自制剧的投资。[②]

《匆匆那年》是搜狐视频在 2014 年推出的网络自制剧，而在这之前，已经有不少的网络自制剧红翻天，例如同样是搜狐视频出品的《屌丝男士》、万合天宜与优酷网共同出品的《万万没想到》、优酷土豆网的《欢迎爱光临》和酷6网的《新生活大爆炸》等。但大部分的网络自制剧内容情节简单、剧情单一，像《屌丝男士》《新生活大爆炸》等都是翻拍而成。《屌丝男士》是直接翻拍德国网络自制剧《屌丝女士》，《新生活大爆炸》更是中国版的 *The Big Bang Theory*。还有一部分网络自制剧因为制作成本投入较少、拍摄时间较短、演员不专业、拍摄场地有限、题材为吸引眼球刻意迎合"审丑文化"等问题，导致剧集拍摄粗糙，质量低下，无法与传统的影视剧竞争。

但是在美国 Netflix 公司制作精良的网络自制剧《纸牌屋》的影响与启发下，2014 年，各大视频网站都相继加大对网络自制剧的投资比重，朝"大制作、大明星、大导演"的方向发展。在制作方面，优酷土豆集团投入 3 亿元全力打造网络自制剧，搜狐视频针对网络自制剧的投入达到 2013 年的两倍，乐视网将推出 700 集的网络自制剧等。在明星方面，陈冠希、杨幂、郭涛等明星也加盟到各视频网站的网络自制剧的拍摄。在名导演方面，乐视网已邀请郑晓龙为旗下网络自制剧做监制，搜狐视频与赵宝刚合

① 丁月. UGC + PGC：网络自制剧生产模式探究［J］. 视听界，2014（4）：69.
② 范萍萍. 网络自制剧：多方推手助力前行［J］. 视听界，2014（4）：74.

作将投拍改编自小说的网络自制剧。

《匆匆那年》这部周播剧不仅仅颠覆了视频自制和网络剧自身的"小格局"，而且打破了网络剧和电视剧规格的界限，将中国影视行业带入一个全新的"大时代"。《匆匆那年》虽然没有用当红明星来吸引眼球，赚取收视，但强调了颠覆性的高质量超级制作。这部网络剧获得每集超百万的大规模投入，并首创了4K高清拍摄，而且迈出了长剧这一步，时长规格是45分钟级别长剧，16集周播。在剪辑和宣传等方面，都采用了电影级别的人员和资源投入，而推广力度也是网络视频行业的顶峰级别。因此，当《匆匆那年》播出之后，无论在业内还是观众的评价中，几乎获得"零差评"的好成绩。

二、案例过程记叙

（一）青春小说改编

"不悔梦归处，只恨太匆匆……"2008年，一部关于校园青春的情感小说《匆匆那年》出版后连破当年图书市场的销售纪录，而近年校园怀旧影视剧颇受观众的喜欢，《匆匆那年》顺理成章地成为各大影视公司争夺其影视剧改编权的焦点。在此之前，很少有互联网公司争夺网络小说的影视改编权，而当《匆匆那年》花落搜狐视频的时候，制作团队同样纠结于产品形态的开发。因为《匆匆那年》的内容牵扯到早恋等比较敏感的话题，这在传统电视台是很难通过的，所以制作团队决定将其定位为网络自制剧。

2013年，大批的网络自制剧涌现，网络自制剧市场方兴未艾，但在格局上，它们无一例外都是短剧。而且因为制作成本有限，一些质量堪忧的网络自制剧充斥网络，让人一度以为网络自制剧就是"狗血剧"的代名词。而随着网络自制剧的发展，网友的需求不再只是短小精悍，而是希望看到有深度、有品质的网络自制剧。所以当整个行业认为网络自制剧就是低成本制作时，以单集100万元的成本投资拍摄的《匆匆那年》无疑是优质网络自制剧的开篇之作。①

---

① 吴洋. 《匆匆那年》为网剧正名　不是颠覆那么简单［EB/OL］. 搜狐娱乐，http：//yule. sohu. com/20141008/n404913454. shtml.

没有选择大牌明星，而是启用全新锐演员的阵容，《匆匆那年》集结了一群才华横溢、朝气蓬勃的 80 后主创，包括作品荣获多项国际大奖的 80 后青年导演姚婷婷、因出演《大丈夫》走红的新晋小生杨玏、"校园女神"蔡文静等。这些主演都承载着五千万读者心中的选择，六亿网民的青春想象。如果说《致青春》是 70 后对于青春的美好记忆，那么《匆匆那年》就填补了 80 后这一庞大群体青春岁月的空白。

（二）电影级别宣传

2014 年 6 月 8 日，中国首部网络长剧《匆匆那年》的主演发布会上，除了制作团队在媒体前亮相外，还有多个一线电视大厂的最新 4K 电视排成一排，对《匆匆那年》的预告片进行了展示。而在当天，搜狐视频发布了 4K 规格的预告片，在 4K 分辨率下，观众将可以看清画面中的每一个细节。搜狐视频也与"中国好歌曲"制作方灿星制作开展战略合作，中国好歌曲学员将为《匆匆那年》制作系列主题音乐，由 80 后中国好歌曲学员集体创作，呈现 20 世纪 80 年代中国校园民谣。

2014 年 7 月 30 日，《匆匆那年》在北京电影资料馆举行了盛大的首映礼，开网络自制剧在影院办首映的先河。在 4K 拍摄技术的支撑下，将画面直接搬到大屏幕也毫无瑕疵，画质与优秀的院线电影无差别，达到了同级水平。在现场观影的著名导演高群书也对《匆匆那年》称赞道："没想到现在的网络自制剧可以做得这么高级，直接搬到影院办首映。这部小说有很多人喜欢，青春题材也是容易引起大家共鸣的题材，画面掌控也很到位，整体非常好。"

《匆匆那年》不仅在搜狐视频上推广，同时还覆盖了有线电视开机画面、商场灯箱广告、北京东三环 LED 大屏幕、公交站牌、星美国际影城宣传广告，同时还有国内几家媒体版面为《匆匆那年》做宣传。此剧还连续在北京、广州、沈阳、成都、郑州五地进行全国巡回式观影活动。在五地利用电影院 4K 高清大屏幕，让一批媒体人与"匆匆"书迷提前享受 4K 超高清技术拍摄出来的《匆匆那年》。

《匆匆那年》也吸引了大批的广告主，包括智能手机 ELIFE 首席赞助、美国补钙专家迪巧全程特约播出。同时该剧也获得了娃哈哈小陈陈的联合赞助，以及一汽大众捷达、康师傅冰红茶、康师傅绿茶、康师傅茉莉清茶、红牛、火咖等大量一线广告主的投放和支持。

（三）火热关注度

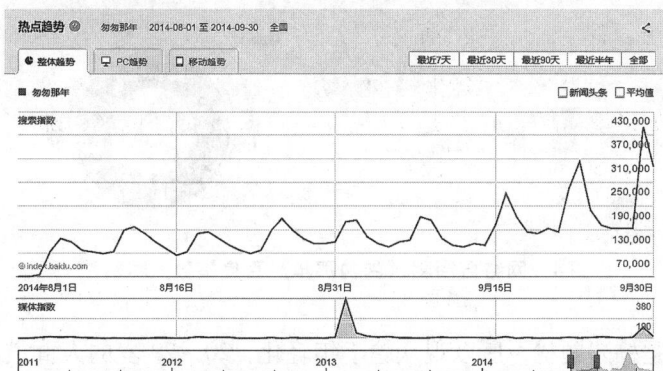

图 2　关键词"匆匆那年"2014 年 8 月 1 日至 9 月 30 日百度指数

图 3　网络自制剧《匆匆那年》和电影《匆匆那年》在豆瓣网站上的简介与评分

从百度指数来看，网络自制剧《匆匆那年》开播的前一天（即 8 月 3 日），关键词"匆匆那年"的百度指数就开始呈现上升趋势，而随着搜狐视频每周周一、周二各更新一集，关键词"匆匆那年"的百度指数也迎来一个小高峰。就 9 月 2 日（星期二）的百度指数来看，同期播出每周二更新的网络剧《万万没想到》（第二季）的百度指数是125 841，而《匆匆那年》的百度指数是157 229。9 月 29 日，《匆匆那年》大结局当天，百度指数高达395 118。而观看《匆匆那年》的 PC 端与移动端在数量上没有很大的差别，不过移动端还是多于 PC 端，说明观众倾向于在移动端观看《匆匆那年》。豆瓣评分方面，于 2014 年 12 月 5 日上映的张一白导演的电影版《匆匆那年》评分是5.4，而网络自制剧《匆匆那年》的评分是8.1。

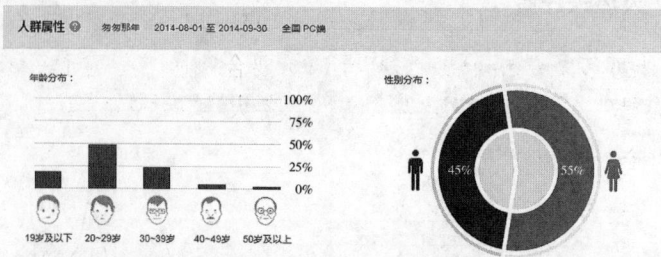

图 4　网络自制剧《匆匆那年》百度指数人群属性

因为是校园题材，所以观众趋于年轻化，20～29 岁的人群最多，其次是 30～39 岁的人群。因为故事中讲述的正是 80 后的校园生活，所以十分能引起他们的共鸣，而 19 岁以下的观众大多正处于校园生活中，对校园题材也比较感兴趣。而在观众性别分布方面比较平均，女性比男性多 10%，尽管校园情感剧比较受女性的欢迎，但是《匆匆那年》还是吸引了不少的男性观众。

三、案例分析及评价

（一）大投入，大制作

网络自制剧的制作成本一般比较低，像《灵魂摆渡》单集成本不到 10 万元，《万万没想到》单集成本不到 5 万元，而《屌丝男士》（第一季）总成本才 70 万元。《匆匆那年》每集的投入超过 100 万元，达到传统电视剧的拍摄成本。但是很多传统电视剧为了保证高收视率，经常会请大牌明星演员造势，而明星演员的费用水涨船高，所以在传统电视剧的制作成本之中，演员费用占很大的比重，但是《匆匆那年》大胆起用新人，将更多的费用花在了剧本、拍摄上面，保证了制作的精良。

而在此剧拍摄中运用的 4K 技术，更是首开先河，打破了网络自制剧低技术含量的现状。4K 技术是一种分辨率更高的超高清显示规格，正开始成为行业热点，虽然由于硬件设备等原因还远未达到全面普及的程度，但是它有非常好的发展前景，厂商推出的 4K 电视高速增长，不过 4K 技术在国内影视行业制作的应用却非常鲜见。《匆匆那年》此次使用 4K 技术，不仅是在视频网站行业内的首次使用，也是中国电视剧拍摄的第一次使用。在 2014 年 6 月 18 日《匆匆那年》的发布会现场，目前业内最领先的几家电视终端厂商包括海信、创维、TCL、联想、小米用其 4K 设备展出了《匆匆那年》的片花。专注 4K 技术并在产品中领先应用的智能电视机顶盒厂商杰科、开博尔、美如画也作为搜狐的重要合作伙伴参与了发布推广。大量 4K 电商是终端厂商，利用覆盖全国的各大卖场和网络渠道，对《匆匆那年》的 4K 画面进行了展示。

（二）无处不在的 80 后情怀

青春是一本仓促的书，有微笑有泪痕，让我们忍不住在记忆中一读再读。开始有另类标签的 80 后，如今已经成为文化消费的主力军。近年，有不少针对青春怀旧题材的作品，不过《那些年，我们一起追过的女孩》太具有台湾地域化，《致青春》《中国合伙人》的剧情背景年代比较久远，而《匆匆那年》对于全中国的 80 后来说就刚刚好，能够勾起不少人的回忆，戳中大家的泪点。与电影版的《匆匆那年》不同，网络自制剧版的《匆匆那年》的主创团队大多都是 80 后。导演姚婷婷毕业于中国传媒大学电影学电影创作专业，是出生于 1986 年的新生代女导演。剧本总监田博 1982 年出生；编剧丁洁如、潘越均出生于 1982 年；编剧刘焱霏出生于 1989 年；策划卓越泡沫生于 1982 年，出版过多部畅销小说；角色分配蔺水净生于 1985 年；摄影周文操、美术刘钊生均生于 1983 年……

网络自制剧《匆匆那年》的剧本是依照原著小说进行编写的，小说的人物和气质是完全保留的。剧中的主人公是出生于 1983 年左右的那一代人，故事发生的时间定格在 1999 年。身为男性总监的田博对剧中"乔燃"这个角色倾注了比较多的感情，甚至把乔燃的生日设成了他自己的生日。而导演姚婷婷的朋友就觉得剧中"林嘉茉"的身上有姚婷婷的影子，一样爽朗率真。制作团队像重走了一次青春路一般，把自己的年代记忆渗透在这部剧中，而观众也同样感受到了强烈的代入感。来自观众的调查显示，男性观众眼中女二号林嘉茉比女主角方茴更讨喜，他们觉得方茴型的女生就是学生时代的女神，大家都默默喜欢她，但不会说出来或者追求她，而林嘉茉这样的女孩，就容易成为男生的"哥儿们"。所以《匆匆那年》撞击了观众的真实情感，或者回忆起那些失联许久的老友，或者回忆起自己的初恋。只有在纯真的校园时代，才会花很多时间、很多心思，酝酿很久才和自己喜欢的男生说一句话，在对方过生日的时候想很多的招数。长大之后，这些傻傻的举动都不会再有了，但青春里最值得回味的或许就是这些。制作团队还将具有 80 后气息的符号带到《匆匆那年》的剧情中：一起办黑板报、上课传纸条、动人的《灰姑娘》、为到底是流川枫帅还是樱

木花道帅争到面红耳赤、看《还珠格格》、喜欢《小王子》……①

编剧在《匆匆那年》中还特意为每一集起了一个与剧集内容相关的标题，结合了当时的社会流行与热点，也颇具 80 后特色，勾起观众回忆的同时，还让他们对这集内容产生兴趣。例如：

第一集：校服再丑，你再也穿不到了。（作为中国校园的特色，"校服很丑"一直是学生吐槽的热点。但是当毕业之后，大家往往会怀念学生时代那些穿着丑校服的纯真日子。）

第二集：所有公式都忘了，只记得你笑的样子。（上学的时候为了应付考试，总会背各科的公式，可是毕业之后很快就忘记了，唯独忘不了的是那些让你欢笑让你落泪的人和事。）

第四集：还是磁带才能让人好好听歌啊。（80 后上学的时候，随身听还没有普及，很多同学听歌就是播放磁带，随着磁带转动发出的轻微响声，听到的歌曲也别有一番风味。）

第八集：就算变成老头还是会被考试的噩梦惊醒。（被中国人称作"一考定终生"的高考一直是中国学生的梦魇，高考复习的紧张气氛让人毕生难以忘怀。）

第十二集：中国队也会进世界杯，世事无常啊！（一直表现不佳的中国队在 2002 年首次打入世界杯，虽然最终没有取得佳绩，但是还是让国人惊讶。）

（三）增加用户的观剧黏度

之前比较火的网络自制剧主打短、平、快，一般为 10～20 分钟，是典型的微视频、轻视频；拍摄周期也短，"边拍边播"，这与网络自媒体的微传播环境是相吻合的。而生活在快节奏中的年轻人收看影视剧多是用于打发无聊的琐碎时间，其收视的习惯是"非线性"的。而影视剧在传统媒体上播出都有固定的时间段，收看的随意性受到了限制，所以互联网用户越来越倾向于可以根据自己的时间收看的网络自制剧。正因为剧集的时间短，所以一般的网络自制剧会瓦解直线的叙事方式，割裂故事的连续感和情节上的关联性，所以基本上每集讲一个故事，剧情间少有连贯。

但是这种碎片化的剧情，让用户的收看习惯也变得具有"任意性"。

---

① 孟祥菊.《匆匆那年》在一代人的记忆里致敬青春 ［EB/OL］. 搜狐娱乐，http：//yule. sohu. com/20140826/n403783944. shtml.

因为剧情不连贯，所以即使用户不连贯地收看剧集，甚至"弃剧"，也不会破坏剧集的叙事性。这样的网络自制剧很难让用户每一集都追着收看，用户对剧的热情度也会降低。而《匆匆那年》运用直线的叙事方式，剧情具有连续性，能够吸引用户持续收看，而且每集时长达45分钟，故事叙述得更加完整生动。对于网络自制剧的观众来说，有一分钟看不下去，他可能就会叉掉窗口，所以网络自制剧在叙事上应该注重抓人，叙事节奏要更快，不断推动故事的发展，一般的电视剧一集大概20场戏，《匆匆那年》一集多达40场戏。为了增加用户黏性，《匆匆那年》在下集预告和每集结尾都很花心思，多用悬疑性的结尾去勾住观众，让网友想听下回分解。而网络自制剧《匆匆那年》改编自畅销小说，本来就具有庞大的粉丝群，能够巧妙地利用小说读者群体的文本检验心理，通过影像符号再现机制，构建受众的主体认同感。剧情是否与小说一致，对人物的刻画是否忠实于原文，演员的形象是否与自己的心理预期重合，都吸引着小说读者对其进行文本检验。[①]

（四）不足与反思

虽然《匆匆那年》用户规模达1.5亿，总点击量突破4亿，单集平均点击量接近3 000万，但远远无法与《古剑奇谭》线上总点击量75亿、单集平均点击量1.5亿的成绩相匹敌。《匆匆那年》在画质和画面处理上很高大上，但是一味模仿电影，没有利用好网络介质的互动性特点，确实可惜，如果其能在每集结尾引出一个讨论话题，和观众做个互动就更好了。《匆匆那年》虽然是周播剧，但是所有镜头早已经在2013年全部拍摄完成，只是采用了边播放边剪辑的方式，结局早已尘埃落定。而搜狐视频临时起意让观众投票决定结局的方式，让赶制结局的制作团队有点焦头烂额。[②]

四、小结

"内容为王"是影视行业的真理，观众归根结底关心的还是"好看不好看"。网络自制剧在内容表现形式上有无拘无束的优势，活泼的语言、颠覆性的表达、灵活的播放时间，加上极强的互动性，避开了与传统电视剧的正面碰撞，树立了自身独特的风格。但如果要与传统的电视剧竞争，

---

① 陈功，赵青林. 网络自制剧的传播特征分析［J］. 当代传播，2014（6）.
② 杨文杰，范毓洋.《匆匆那年》电视剧周播还需空间［N］. 北京青年报，2014－10－04.

网络自制剧还需要去除其"屌丝相""非主流""地摊风"等不良品质，褪去浓厚的山寨味道、草根色彩，表现出优质、精良、专业化的特性。《匆匆那年》在投入成本、制作技术、表现方式、宣传等方面都给网络自制剧立起了新的方向标，给其他视频网站的网络自制剧生产带来了很多的启示。未来网络自制剧的"品牌之战""品质之战""移动之战"将会更加激烈，培育真正具备网络化优势的制作方式、传播推广模式和播出方式，是网络自制剧发展的新命题。

（撰稿人：谭敏诗）

从《TFBOYS 偶像手记》看中国"造星"新气象

当观众还在讨论选秀节目上 90 后参赛者的独特魅力时，00 后的少年团体 TFBOYS 已经横空出世，活跃在各种屏幕上。2014 年 9 月 13 日晚上 8 点，由爱奇艺制作并全网独播的人气少年偶像团体 TFBOYS 的首档偶像成长类全纪录节目《TFBOYS 偶像手记》开始跟网友见面。节目内容是专门为 TFBOYS 量身打造，将舞台上三位十四五岁的男孩放在现实生活之中，拉进他们与观众之间的距离，表现出舞台下更加真实的一面。该节目一上线就受到狂热的追捧，相关话题的搜索量一度占领微博话题榜十强的位置，节目中的三位男孩在一夜间收获了更多的粉丝。

这样看来，《TFBOYS 偶像手记》不仅仅是一档综艺节目，更是一部"造星"之作，节目中青春偶像在旅行生活与艺人训练中的真实呈现对他们形象的塑造有十分积极的作用，是现今少年偶像团体独特的"互联网式"宣传手法。本文通过对《TFBOYS 偶像手记》的多角度分析，探究互联网时代的"造星"新气象。

一、案例简介及背景阐述

（一）《TFBOYS 偶像手记》简介

《TFBOYS 偶像手记》是人气少年偶像团体 TFBOYS 的首档偶像成长类全纪录节目，由爱奇艺自 2014 年 8 月起在两岸多地取景拍摄，于 2014 年 9 月 13 日晚上 8 点在爱奇艺全网首播，每周六、周日更新一集，每集 30 分钟，共 11 集。《TFBOYS 偶像手记》的制作由爱奇艺王牌自制团队及台湾金牌综艺拍摄团队强强联合，节目监制詹仁雄是台湾著名的电视节目制作人，曾经策划过《康熙来了》《超级星光大道》《我猜我猜我猜猜猜》等著名综艺节目。

图1 《TFBOYS偶像手记》宣传海报

不同于其他的偶像综艺节目以竞技游戏为主，《TFBOYS偶像手记》节目安排少年偶像团体TFBOYS的成员到台湾度过十天的旅程。三个十四五岁的男孩在节目中被称为"三小只"，跟拍由"三小只"准备台湾之旅的行李开始，成员们互相准备贴心礼物，还在出发前"约法三章"，违反章法的成员要为对方手洗内裤。而到了台湾，挑战一浪接一浪，"三小只"在魔术师餐厅接受魔术考验，接着拿着有限的资金勇闯小吃街搜罗台湾美食，在大海中体验香蕉船翻船的惊险，还去到台湾著名综艺节目《康熙来了》的节目现场，向蔡康永、小S请教做节目的心得……即使到了台湾，"三小只"也不能只享受吃喝玩乐，其中两天的时间里，他们要在台湾著名艺人舞蹈老师大目的指导下，进行魔鬼式的舞蹈训练。针对粉丝们喜欢看到偶像们真实的一面，时刻追随粉丝的想法，在节目中，TFBOYS偶像团体的生活状态、训练情况一一呈现在观众面前，成员们还说出自己的真实感受，互相揭秘爆料，满足粉丝的好奇心。

《TFBOYS偶像手记》上线当晚，涉及"TFBOYS偶像手记"的微博60分钟之内便占据1小时、24小时排行榜双榜首，截至2014年9月15日下午两点，《TFBOYS偶像手记》流量累计近400万，微博话题阅读量达到8.5亿，讨论量182.4万。在TFBOYS百度贴吧中，关于"TFBOYS偶像手记"的相关帖子有504篇。①

（二）背景阐述

从2005年湖南卫视节目《超级女声》掀起全国的选秀热浪开始，中国推出的新晋歌手，绝大多数都是通过大众选秀进入观众的视野，但是一般选手在选秀节目结束后，没有经过系统的训练就急于出道，虽然有在选秀节目中积聚的人气，但是缺少实力，发展的领域比较窄。而且在选秀节

---

① TFBOYS偶像手记［EB/OL］.百科百度，http://baike.baidu.com/view/14745774.htm.

目中取得的人气很快就会随着节目的完结而减少,一批新的选秀歌手出道,便预示着旧的选秀歌手在中国观众的眼皮底下沉默。而歌手的营销和宣传渠道也缺少突破,主要通过上综艺节目、绯闻炒作、跑通告来增加知名度,但是随着人气的下降,这些活动也会减少,难以维持知名度。

反观韩国的娱乐公司,有着极为成熟以及程序化的造星机制,包括选秀、培训、制作、营销等步骤。大多数的韩国当红明星都是从初中甚至小学就开始作为公司的练习生接受培训,十八九岁就开始出道。而这些练习生所接受的都是地狱式的训练,从声乐、舞蹈再到语言表达,培训具有内容多、时间长、强度大等特点。公司还会定时检验练习生的培训成果,举行公司内练习生的考核大会,淘汰一些不及格的练习生。组合是娱乐公司最喜欢推出的娱乐产品,因为不同特长和性格的成员能够满足观众多方面的需求,而且推出组合能够降低公司的投资风险。大多数的公司会不惜投入大量的资金对艺人进行全方位的培训,而且给练习生配备出色的老师、词曲作家对其进行指点,所以近年来有那么多韩国的组合在世界范围内蹿红。①

TFBOYS 所属的经纪公司北京时代峰峻文化艺术发展有限公司就是第一个参照日韩模式培养偶像明星的培训机构。公司旨在招募及发掘外形、才艺等综合条件优秀的男练习生,然后给予一系列的艺术培训,包括声乐、舞蹈、表演等。练习生经过一段时间的培训后可选择继续学业,或者被国内知名公司选中,包装打造,正式出道。

从 2009 年起,该公司就启动了第一批练习生的招募和甄选活动,前前后后一共招了几十批,近千个孩子,但是最终只推出了由王俊凯、王源和易烊千玺三个人组成的 TFBOYS 组合。这个组合成员间的搭配,也颇为讲究。王俊凯是"门面担当",长得帅气吸引人,而且声线不错,可以作为组合的主唱角色。王源是主唱、主持担当,易烊千玺是舞蹈担当。有人说,这个配置有点像曾经红极一时的小虎队。王俊凯走吴奇隆路线,帅气耍酷,吸引喜欢硬派偶像的粉丝。王源对应的是苏有朋,阳光可爱,暖男,讨少女粉和妈妈粉的欢心。而易烊千玺对应的就是陈志朋,舞蹈出众,全能学霸,激发小粉丝的崇拜之情。这种铁三角搭配,确保覆盖了主流粉丝的喜好。

公司要推出新的艺人,一般都会开发布会,帮新人出唱片、上活动。但是这些推出方式需要一定的资金,如果新人没有在短时间内红起来,那么经纪公司将会需要长期的大投入,而且很难预测何时能得到回报。而北

① 姚佳颖. 从韩国造星机制的蓬勃发展得到的启示:以少女时代的影响力为案例 [J]. 知识经济, 2011 (16).

京时代峰峻文化艺术发展有限公司从 2010 年起，就组织一些练习生翻唱当红的流行歌曲，并将视频传到网上试探反响，慢慢积累人气。公司在 2012年 7 月 15 日发布的由王源与王俊凯翻唱的《一个像夏天一个像秋天》被原唱范玮琪在新浪微博上转发。2013 年 6 月 1 日，王俊凯和王源的翻唱视频《洋葱》在网络的总点击次数、微博转发次数、评论次数等多项指标上创下了童星翻唱视频的最高纪录，红遍海峡两岸。2013 年 6 月 5 日，台湾《中天新闻》对 TFBOYS 家族翻唱《洋葱》作出滚动新闻报道，成为首个登陆台湾新闻栏目的大陆童星组合。

相对于日韩的娱乐公司在练习生推出之前采用有限的曝光制度，北京时代峰峻文化艺术发展有限公司运用了"养成系"的方式让练习生积聚粉丝。练习生一边曝光一边练习，陪伴粉丝们一起成长。为了培养这种陪伴感，公司自制了很多小视频放在网上，结合各类热点事件，每周定时更新，让粉丝持续关注。①

二、案例过程记叙

（一）未播先火

《TFBOYS 偶像手记》将于两岸多地取景拍摄的消息在网络上传开后，就引起了粉丝们的热烈关注。截至 2014 年 9 月 12 日早上 10 点，节目还没有播出，相关微博话题#TFBOYS 偶像手记#点击量已经达到 7.9 亿，讨论数 142.9 万，并被网友喻为"这个夏天最值得期待的惊喜"。随着《TF-BOYS 偶像手记》播出时间的临近，越来越多的 TFBOYS 粉丝团凝聚在爱奇艺周围，为满足粉丝最迫切的需求，爱奇艺粉丝日由此诞生。

2014 年 9 月 11 日，爱奇艺首个粉丝节暨《TFBOYS 偶像手记》点映会在上海举行，来自全国超过 30 多个 TFBOYS 粉丝团观看了《TFBOYS 偶像手记》的正片以及花絮。与此同时，爱奇艺更为粉丝们提供录制专属告白 ID 的机会，让每个团的粉丝代表都可通过爱奇艺的粉丝通道录制告白视频，向偶像表达心声。而爱奇艺将这些祝福传递给 TFBOYS，并将其收入爱奇艺策划的《TFBOYS 偶像手记》专题粉丝专区中。②

---

① TFBOYS 小正太红过都教授［EB/OL］. 凤凰娱乐网，http：//ent. ifeng. com/a/20140606/40103826_ 0. shtml.

② 《TFBOYS 偶像手记》上海点映会 爱奇艺粉丝先睹为快［EB/OL］. 速途网，http：//www. sootoo. com/content/513047. shtml.

（二）播出零差评

2014 年 9 月 13 日晚上 8 点，《TFBOYS 偶像手记》在爱奇艺首播，播出当晚，涉及"TFBOYS 偶像手记"的微博一小时内便占据 1 小时、24 小时排行榜双榜首，话题搜索量达到 340 万，并一度占领微博话题榜十强位置。在百度贴吧直播帖中，网友跟帖超过 80 万，爱奇艺《TFBOYS 偶像手记》专题讨论区网友留言更是高达8 000页，足以体现其火爆程度。

相比于偶像上综艺节目、跑通告，粉丝对《TFBOYS 偶像手记》的节目形式更加喜欢。因为一般的综艺节目、通告都会设定一些游戏、情节，偶像要配合节目的效果演出，缺乏真实性。而《TFBOYS 偶像手记》则不同于常规的综艺节目形式，没有沿用剧情设计的常规模式，而完全让三个十四五岁的大男孩脱去偶像的光环做回自己，通过在节目中组合之间的交流和默契，深入展现他们之间的梦想与友谊，为粉丝们展现超人气偶像最真实的偶像生态。

网友对于节目的制作精良及编排用心给予了极高的评价，爱奇艺《TFBOYS 偶像手记》官方微博更是收到了无数粉丝的感谢话语。而在台湾金牌综艺拍摄团队的努力下，作为一部网络节目，《TFBOYS 偶像手记》所呈现出的制作水平也让网友感到惊喜。

（三）百度指数飙升

上升最快检索词

1. TFBYOS偶像手记完整版	大于1000% ↑
2. TFBYOS偶像手记花絮	大于1000% ↑
3. 偶像手记	大于1000% ↑
4. TFBYOS之偶像手记	857% ↑
5. TFBYOS偶像手记	806% ↑
6. TFBYOS偶像手记微博	606% ↑
7. 康熙来了TFBYOS	560% ↑
8. TFBYOS偶像日记	505% ↑
9. TFBYOS偶像手记同款	318% ↑
10. TFBYOS偶像手记台湾	280% ↑

图2　2014 年 9 月至 11 月百度指数
"TFBOYS 偶像手记"相关检索词的上升速度

从图 2 可以看出，《TFBOYS 偶像手记》播出期间，与 "TFBOYS 偶像手记" 相关的搜索词 "TFBOYS 偶像手记完整版" "TFBOYS 偶像手记花絮" 和 "偶像手记" 的上升速度大于 1000%。2014 年 9 月 27 日，TF-BOYS 组合去了台湾综艺节目《康熙来了》的节目现场，"康熙来了 TF-BOYS" 这个搜索词的快速上升说明，TFBOYS 组合与主持人小 S 和蔡康永的互动引起了网友极大的关注。

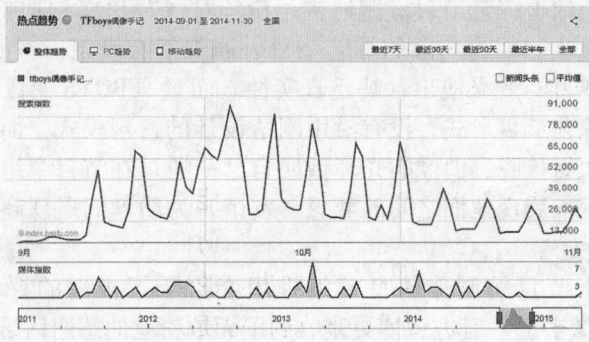

图 3　2014 年 9 月至 11 月关键词 "TFBOYS 偶像手记" 的百度指数

在图 3 中，关键词 "TFBOYS 偶像手记" 在 2014 年 9 月 11 日的搜索量开始上升。2014 年 9 月到 11 月间，每个百度指数的高峰值都出现在周六或者周日，而《TFBOYS 偶像手记》的播出时间正好是周六、周日，这说明在节目播放后，运用百度搜索此节目信息的用户有所增加。最高峰值出现在 2014 年 10 月 5 日，为节目第 7 集播出的时候，内容是 TFBOYS 组合来到台湾东部的花莲，展开美食搜寻活动，还出海钓章鱼。

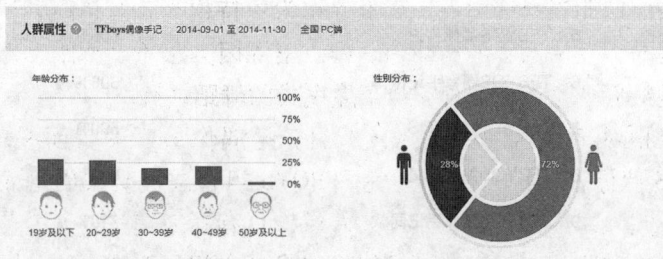

图 4　2014 年 9 月至 11 月关键词 "TFBOYS 偶像手记" 百度指数的人群属性

从图 4 可以看出，搜索关键词 "TFBOYS 偶像手记" 的用户有 72% 是女性，这与男子组合的粉丝群体的性别分布有关，因为一般男子组合粉丝群体都是以女性居多。但是在年龄分布上，我们发现，关注这个 00 后组合的不单是 00 后，除了 19 岁及以下这一个群体以外，20 ~ 29 岁、30 ~ 39 岁和 40 ~ 49 岁这几个群体都占关注 "TFBOYS 偶像手记" 的人群的 25% 左右。这说明关注这个节目的年龄分布比较均匀。

三、案例分析及评价

（一）"养成式" 的偶像塑造

一般来说，青少年在最初崇拜偶像时，往往会采取表层性欣赏的方式。但欣赏一个偶像的外部特征，充其量只能给人带来美好的感观享受及模仿。而且粉丝对于偶像外貌的崇拜是具有时间性的，很难持续下去。如果偶像的样子变老了，或者有外表更加出众的明星出现，粉丝对于偶像的忠诚度就会下降。而认同一个偶像的内在特质，会推动一个人去积极辨别偶像身上那些有利于个人成长的特征，从而把偶像所代表的精神内化为自我成长的动力，这实质上就是将偶像化为学习的榜样。

而 TFBOYS 组合在推出的时候，就不是以一个尽善尽美的形象出现的，他们是以练习生的身份在网络上曝光的。不论是作为偶像还是作为原本的学生形象，他们还在一步步地成长，所以在《TFBOYS 偶像手记》中，组合成员所表现的不是具有丰富经验的艺人形象，而是真实地做回自己，让观众看到组合成员们的成长。例如在节目的开头，组合三人就约法三章，收拾好自己的衣服，不能有起床气，一定要洗澡才能睡觉，如有违例就要帮对方洗内裤。因为王源一向就有乱扔东西的习惯，所以他在节目的最后违反了条例，要当众洗内裤。而王源作为主持担当，在舞蹈表现上比其他两位成员弱。在第六集的舞蹈训练中，王源因为跟不上舞蹈动作而情绪低落，但是最后还是很认真地完成了魔鬼式的舞蹈训练。

所以相对于其他的明星综艺节目，把偶像最好的一面展现给观众，《TFBOYS 偶像手记》侧重于呈现 TFBOYS 组合成员真实的一面。金无足赤，人无完人，不管是普通人还是偶像，总有不完美的一面。节目将偶像的缺点曝光在粉丝面前，拉进了偶像与粉丝之间的距离，与此同时，偶像努力改正自己的缺点也给粉丝树立了榜样。这也是为什么观看《TFBOYS 偶像手记》的观众群年龄分布比较平均的一个重要原因。因为不只是同龄人跟组合成员一起成长，一些 "阿姨级别" "妈妈级别" 的观众也会将组合成员看成是自己的弟弟、儿子，关注他们是怎样从小男生成长为成熟有担当的男子汉的。

（二）适合青少年观看

虽然娱乐节目本身的性质就是单纯为了人们精神上的愉悦、感官上的快乐而人为制造出来的产物，其节目总体上就具备娱乐、有趣、消遣三个元素。我们纵观整体娱乐节目，无论是电视、广播还是互联网，娱乐节目基于自身的经营条件，其呈现的是成年受众下的娱乐内容。例如江苏卫视非常火热的《非诚勿扰》节目表现出了当代适婚男女的爱情婚姻观，台湾收视长虹的娱乐节目《康熙来了》揭秘明星的私生活。虽然这些节目受众年龄方面并没有严格的划分，全年龄阶段人群都可以观看节目，但部分娱乐节目中所呈现的拜金主义、享乐主义、两性话题、有意作秀的现象无可避免地会对青少年受众产生不良影响。而目前针对青少年受众的娱乐节目，量少且主要集中在电视综艺频道、少儿频道和卡通频道，其节目定位整体上偏向于低龄儿童，针对青春期受众的节目占少数。而互联网的用户越来越低龄化，所以需要一些积极向上、轻松有趣又有教育意义的综艺节目提供给青少年观看。

《TFBOYS偶像手记》就是一档适合青少年观看的比较轻松的综艺节目，节目的主角TFBOYS组合的成员就是初中生、高中生群体的代表，所以节目是以青少年的视角来呈现整个台湾之旅的。TFBOYS组合在节目中虽然也有小打小闹，但总体上表现出兄弟般的团结互助，例如在第一集开头，成员们互相为对方挑选礼物；在第三集的淡水之旅中，成员在海浪中互相帮助彼此上香蕉船。尽管初到台湾，成员在游玩的过程和训练的时候，都会遇到大大小小的问题和障碍，但是在没有外援的情况下，三个人还是尽力去克服了困难。例如在第七集的夜间钓章鱼的时候，三个人首次坐船出海都遇到身体不适应晕船的情况，而且钓了半天没有一点收获，成员们还是有点沮丧。可是后来他们还是坚持下来，尝试各种方法，最后成功钓到了章鱼。虽然三个十几岁的男生撑起一档综艺节目，有时候会出现冷场，节目整体质量不如电视节目，不过其节目内容十足的青春少年味，节目氛围的自然、纯真，是现今节目，特别是青少年类节目所需要学习和借鉴的。

（三）潜移默化的明星宣传

明星想要保值，除了推出新的作品之外，还要不停地上综艺节目、赶通告来保持曝光度。为了增强节目的可看性，明星扮丑、随意被调侃、耍嘴皮等都是很平常的，明星必须把自己变成一个"职业演员"。而且明星上综艺节目推广新作品，一般都是只上一期节目，形式通常是介绍、献唱、播宣传片等方式，没有形成持续的关注度，难以培养粉丝的忠诚度。

而《TFBOYS 偶像手记》作为 TFBOYS 组合专属的偶像成长类全纪录节目，最大限度地给组合做全方位的宣传。首先，TFBOYS 组合所演唱的歌曲贯穿于整个节目当中，只要能用背景音乐的片段，都播着他们的歌，不断循环，让观众将歌词和旋律烂熟于心。节目主题曲《快乐环岛》收录在 TFBOYS 组合于 2014 年 10 月 10 日推出的专辑《青春修炼手册》里面，所以专辑还没推出，这首歌已经因为《TFBOYS 偶像手记》红了，传唱度相当高。节目中还设置了一个采访环节，就是组合成员会在摄影机前回答关于在旅游过程中所遇到的事情的真实感受。这些真心话采访会在事情发生的片段之后播出，让粉丝不仅能够看到偶像的真实反应，还能了解偶像的心理感受。而最吸引粉丝的就是每集结束时候的"偶像手记"，TFBOYS 组合会将自己一天的所见所闻所想，用笔写在本子上，而内容会用独白的形式公开，迎合了粉丝们的窥探心理。经纪公司还别出心裁地让另外一个练习生组合"天宇兄弟"作为出游伙伴，不时出现在节目的镜头中，借着当红组合的人气，推出新的组合，给新组合带来关注度。

（四）不足与反思

作为一档网络综艺节目，《TFBOYS 偶像手记》没有把握好互联网的互动性特点，节目中除了提示观众可以扫二维码进入百度贴吧参与互动以外，没有其他官方的模式与观众实时进行互动。而且这个节目在播出之前，节目内容已经全部拍摄制作完毕，难以根据观众的反馈来修改或者创新节目形式。而在内容方面，节目虽然真实地呈现了偶像的生活、工作，但是节目的大部分时间都是 TFBOYS 组合的成员主持节目，由于他们经验不足，所以难以调动整个节目的气氛。此外，节目内容的核心侧重于台湾出游方面，对 TFBOYS 组合的学习和训练方面没有太多的镜头。笔者认为，既然是偶像成长类全纪录节目，可以更多地曝光偶像在平时的训练和学习上的事情。

四、小结

国内的综艺节目向来都是一窝蜂，哪个形式火了，立马就会有很多同质化的节目涌现出来，让观众产生视觉的疲劳，而探索新的节目形式是在同质化竞争中博取眼球的最好方式。《TFBOYS 偶像手记》首创了新的节目形式，没有运用剧情设定和人物安排的方式，而是真实地记载偶像在出游过程中的表现。以青少年喜闻乐见的方式打造出积极、健康向上的文化节目，尤其是借助偶像效应，树立青少年的精神榜样，展示偶像不为人知的一面，使观众在观看节目中得到进步和提升。节目中潜移默化的明星推广手法，也增加了观众对于偶像以及其作品的关注，提高了偶像的人气和粉丝的忠诚度。

（撰稿人：谭敏诗）

窗口叙事时期时政新闻的新变化

——从习近平夫妇印度亲密荡秋千说开来

如果让你说说习近平出任国家主席以来我国时政界有哪些新点、亮点，"反腐""中国梦"等你不可能不知道，如果再让你放开点来回答这个问题，那么"习近平夫妇的爱情"这个话题也必定是可以脱口而出的。2014 年 9 月 17 日，国家主席习近平和夫人彭丽媛一起出访印度，其间在萨巴玛蒂河畔河岸公园，两人一起亲密荡秋千。这段浪漫、温馨的画面和视频被传上网以后，迅速被转发、点赞，人们纷纷高呼"秀恩爱""感动"。"阳春女儿笑语喧，绿杨影里荡秋千"，像如今这样为百姓津津乐道的"习近平夫妇的爱情故事"能够公然出现，在各大媒体上占据着民众的视野，这在以往的时政新闻和传统媒体上是绝无仅有的。为什么现在就可以成为焦点？进入窗口叙事时期以来，我国的时政新闻又出现了哪些新变化？这些新变化又会产生什么样的影响？以下，我们将从这一段荡秋千的故事说开来。

一、案例简介及背景介绍

2014 年 9 月 17 日下午（当地时间）中国国家主席习近平和夫人彭丽媛到达印度古吉拉特邦，对印度进行了为期三天的国事访问。其间，习近平、彭丽媛在印度总理莫迪的陪同下，在河岸公园一起体验了该公园的秋千。关于这段习近平夫妇亲密荡秋千的恩爱场景和画面被网友记录下来，从社交网络微博开始，迅速向各大论坛、新闻网站蔓延开来，引起网上、网下一片热议和好评。

在古代，国即君，君即国，随便谈论国事、君事弄不好就是大罪，更别说谈论皇家宫闱私事，那可是极为"大不敬"的，所以即便是老百姓多想知道皇帝的"花边新闻"，那也只能私下里传传。在近代，统治松动，国家动荡，文人志士纷纷站出来探寻国家发展之路，批判袁世凯复辟的梁启超的《异哉所谓国体问题者》便是其代表作，但是时政新闻严肃的形象也基本由此定了下来。然而现今，国家现任主席习近平及其夫人的爱情故事却不仅仅可以作为花边新闻在网上盛传，在被人津津乐道的同时，也因为其正能量的传播而得到官方和民间的推崇。由此可见，习近平夫妇荡秋千视频和图片的传播还是有着新的时代性的背景和原因的。

（一）时政背景

国家主席习近平偕夫人彭丽媛于2014年9月17日下午抵达印度古吉拉特邦，对印度展开为期三天的国事访问。印度总理莫迪全程陪同。两国领导人亲切会见，共同参观甘地故居和河岸公园发展项目，追昔抚今，展望未来，共话两国关系发展和共同关心的重要问题。其间，在河岸公园参观时，习近平还和夫人彭丽媛一起亲密地荡起秋千。这段视频上传网络后引发网友的疯狂转发，网友直呼好有爱，纷纷感叹这温馨的一幕。而且，在这次出访之中，除了荡秋千之外还有其他类似场面，如由网友陆续上传的习近平为彭丽媛带上手镯；彭丽媛身穿一袭粉色长裙亮相镜头前，习近平赞赏夫人的眼神，这些温馨的小动作、暖人的场景成为在印度的"秀恩爱"系列，并同之前习近平夫妇系列国事出访及国际会议上两人互动场景一起，如在斯里兰卡和其他多个地方彭丽媛挽着习近平的胳膊一起慢走、同步下飞机；出访蒙古国时习近平给彭丽媛撑伞；在哥斯达黎加二人一起嗅花香，受邀品尝当地的小茶点时彭丽媛一手持杯一手为丈夫习近平清理无意中掉落在腿上的渣滓；在澳大利亚习近平转身牵手夫人一起进"雪龙"号科考船及提醒抱小袋鼠的彭丽媛不要摸小袋鼠的头，这前前后后众多的互动画面，俨然成了夫妇二人外出进行国事访问中的一道亮丽的风景线，之后被网友合并成为"秀国际范恩爱"大系列，同当时中国众多有建设性的国际交往政策一起，大大提升了国家和国家领导人在国际上的形象。

（二）媒介背景

荡秋千的视频和图片之所以能在网上得以盛传，除了现今我国政治环境整体氛围趋于民生、人性化，言论自由度提高外，还与现行媒体的变化息息相关。传播学大家麦克卢汉说"媒介即讯息"，的确，人们传播信息的媒介的变化本身能影响到整个社会的思维，方称之为窗口叙事时期（在新叙事学中，就将具有这种特性的电脑、手机时代称为窗口叙事时期，把通过电脑、手机等媒体制作、传播的新闻叙事称为窗口叙事）。信息的海量化、交互性逐渐成为主流，尤其是这两年微博、微信等社交新媒体的运用，受众逐渐从信息的被动接受者，变为主动传播信息的自媒体。既然奥巴马都可以成为美国第一任"网络总统"，为什么我们感兴趣的、打动我们的、温暖又温馨的"习近平夫妇的恩爱照"就不可以在网上传播呢？一个是政治新星，一个是家喻户晓的歌星，内在的信息需求产生传播动力，为交互裂变传播方式提供平台，再加上发生时机又恰巧是本已饱受瞩目的国事访问期间，间带着官方的推动，习近平夫妇亲密荡秋千的画面"想不红都难"。

二、案例过程记叙

习近平夫妇这一段印度出访期间亲密荡秋千的新闻，首先发布于新浪微博，最初的资源有两个版本，一个来源是网友@阿拉蕾要顺顺利利哒的三幅图片；另一个来源是搜狐视频的微博官方账号，主要是以小视频或动态图的形式发布内容。下面我们分别对两个版本进行介绍。

（一）网友上传的图片版本

该微博上传时间为2014年9月17日晚上9点27分，由文字和图片构成，文字部分为"来，我们一起荡秋千～"，图片有三张：第一张习近平站在一旁看彭丽媛荡秋千，两人微笑对视；第二张为彭丽媛停下作势要起身，习近平上前按着她，让她继续坐在秋千上；第三张为两人一起坐上秋千，欢笑交谈，其乐融融。这条微博截至笔者写这篇案例之时（2015年3月15日），共获得11 980个赞，评论数306条，被转发35 964次，其中，二次裂变传播中的热门转发主要为@新浪江苏（9 257），@丽媛粉丝团（4 990），@恩顾（537），@京华时报（322），@无敌饼干姐（611）。

（二）搜狐视频上传的视频版本

这条微博上传时间略晚于上一条，是第二天即2014年9月18日上午10点15分发布，文字部分承接网友@阿拉蕾要顺顺利利哒，也以"来，我们一起荡秋千"为题，紧接着做了简评和信息扩展"甜死了！习近平夫妇访问印度，亲密地荡起了秋千～"添加的视频也由三个组成，第二个视频为整个片段的全景描述，先是固定长镜头拍摄习近平夫妇在印度总理莫迪的带领下走向秋千，彭丽媛在莫迪和习近平的邀请下，坐上秋千体验一番，片刻后本欲起身又被习近平按下；接着镜头切换至全景，显示习近平在彭丽媛身边坐了下来，对面舞台上正在进行印度古吉拉特邦舞蹈表演，整个场面轻松热闹；紧接着镜头拉近，特写习近平夫妇两人一起欢乐交谈、亲密荡秋千的场景，浪漫温馨；结尾处为二人与印度总理莫迪交谈，并起身示意莫迪一起体验秋千，展示出中印两国领导人亲切愉快的氛围。放在第一个位置的视频是第二个视频中特写镜头的习近平夫妇亲密荡秋千的场景。第三个视频应该是接着第二个视频而来的，长镜头展示莫迪和习近平夫妇共同坐在秋千上，莫迪向二人介绍对面的印度传统舞蹈，习近平一边听介绍，一边看着夫人彭丽媛随着舞蹈的节奏以手轻拍手提包专心打着节拍。这条微博可能由于时间较为靠后，转发量不及网友的图片版本大，但仍然不少，获得了467个赞，193条评论，以及577次转发，热门转发中更是有@央视综艺的评论和转发。

虽然展示的信息形式和内容略有不同，但都记录并展现了习近平夫妇在本次出访印度时二人温馨浪漫的瞬间，让众多网友忍不住直呼"好有爱""甜死了"，纷纷表示"为他们的爱情点赞！"

三、案例分析及评价

本案例看起来是一条类似"花絮"的新闻，但从新闻叙事视角分析，却折射出新的时代背景下，时政新闻叙事的诸多变化。以下，我们将结合案例，具体分析梳理其所呈现出的时政新闻叙事的新变化，并进一步试着归纳评价这些新变化可能造成的影响。

（一）窗口叙事时期时政新闻的新变化

正如前文背景介绍中提到的那样，在以电脑、手机等新媒体为主导的窗口叙事期，一贯严肃、冷硬的时政新闻的叙事方式和叙事角度也悄然发生着变化。从本文案例来看，主要表现在以下几个方面。

1. 传播主体泛众化，传播平台趋向新媒体

在习近平夫妇荡秋千的图片和视频被新浪用户@阿拉蕾要顺顺利利哒和@搜狐视频上传之后，带来了上万转发量和点击率。在新浪微博平台上，原始资料共引起的转发量达36 503次；在百度搜索上，同时输入关键词"习近平夫妇""印度""荡秋千"，得到多达262 000个搜索结果，凤凰网、新浪网、人民网、新华网、央广网、腾讯网等几乎所有中央级媒体网站、有影响力的商业网站和其他大大小小的媒体网站都进行了图文、图片、视频报道。笔者以新浪微博为平台，综合@阿拉蕾要顺顺利利哒和@搜狐视频二者的热门转发数据，分析得出数据，如图1所示：在热门转发

中，主要热门转发对象是新媒体、网友、政府和传统媒体，分别占45%（9 451）、44%（9 259）、7%（1 433）、4%（984）。

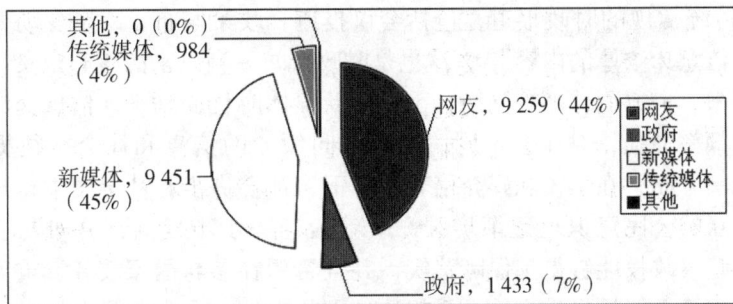

图1　热门转发数据综合统计

（1）新媒体和传统媒体在二次转发中的百分比共占到49%，这显示出虽然初始数据可能不来源于媒体，但媒体在网络上对于时政新闻的报道依然有着普通网友所无法比肩的影响力，是时政新闻传播最主要的来源。

（2）虽然同样是新闻媒体，但新浪江苏、新浪四川、《凤凰博报》等这些新媒体对于该消息的转发力度远大于《京华时报》《今晚报》等传统媒体，而且很遗憾，这些热门转发中并没有出现《人民日报》、新华社等这些具有代表性的中央级官方媒体微博的名字，@搜狐视频发布的视频的热门转发中虽然有@央视综艺，但很可惜转发量并不大，只有64次。这说明在网络叙事语境中，尤其在网络社交平台上，新媒体比传统媒体有更强的影响力，过去时政新闻几乎被传统媒体所垄断的情况也开始逐渐改变。

（3）官方信息主要靠官方推动？不见得。从本案例的两个初始发布者来看，@阿拉蕾要顺顺利利哒就是一个普通网友，@搜狐视频也只是新媒体中的一员，二者都不是官方身份；从转发情况来看，政府机构和官员只占转发量的7%（1 433）。这再次印证，窗口叙事时期的网络平台，媒体和草根网民的舆论场要远大于政府，即便是在后者发布权威度更高的时政信息方面。

（4）在对时政新闻进行二度传播的过程中，看似新媒体的转发量和影响力要大于一般网友，但原始信息转发（指直接对原信息单次转发，但没有或较少形成接下来的裂变转发链）中仍有15 398个单个转发量未统计在内，而这个转发量却是广大网友的功劳。所以综合来看，本次案例的传播主体仍然是网友，包括@丽媛粉丝团这样的网友团队，以及@恩顾这样的网络写手和网络达人们。这些都说明，在窗口叙事时期，时政新闻的传播主体不再单纯是媒体、政府官方，而呈现出主体泛众化的趋势。

2. 时政新闻的民生化、娱乐化倾向

什么是时政新闻？一般认为，时政新闻就是有关国家政治生活的报道，"传统常规的时政报道，包括会议报道、政策发布、人事变动等指令性和宣传意味浓厚的内容"①，这也是时政新闻一直以来的核心定义。但是近些年来，一方面伴随着网络、手机等新媒体时代的到来，信息交流范围扩大、频率加强，对社会不同阶层、不同领域的信息和社会交往提出要求；另一方面，在学校和媒介培养教育下，社会进步和社会民主化进程提升，民众的公民意识也逐渐增强，政治素养一步步提高，更加要求知情权、参政议政权能够得到保障落实，并且希望在参与国家政务、重大民生时事的决策上能够更为主动，希望让过去几乎处于保密制状态的时政信息变得公开、透明，让"权力在阳光下运行"。在这种时代背景下，时政新闻的定义也从过去的核心层内容，逐渐向相关的边缘扩大，增添了"除指令性报道之外的由媒体自身挖掘的时政报道，比如政治人物、政治揭秘等内容"②。本案例就很好地说明了在窗口叙事时期，时政新闻的又一个变化。

国家主席出访，传统的叙事聚焦点应该是两国政治高层领导的形成和交谈的核心内容，以及经过交流达成的政治、经济、外交、文化等系列成果。如果有阅读扩展内容，也一般都是相关史实、事件、人文、地理的知识扩展。但是从2013年习近平任国家主席以来的系列国际出访活动中，包括这次对印度的国事访问，人们关注的焦点除了往常的内容外，习近平夫妇的言行举止、衣着打扮竟也成了一个系列话题，得到民众的关注。习近平夫妇这次又去了哪里，他们在什么场合穿了什么衣服，又做了哪些有意思的事，被抓拍到了哪些"秀恩爱"的细节场面，这些八卦味道十足的消息，都成为一大热点，将过去时政新闻叙事"高大上"的聚焦拉低到百姓的平民生活中来，使时政新闻呈现的不再仅是过去被称为核心内容的会议、政策发布、人事变动等，而是更多地向政治人物、政治事件的生活化相关性话题等内容倾斜。因而，习近平夫妇在印度亲密荡秋千微博的大量转发和点赞，"新闻联播变身偶像剧"，表面上体现出人们对于两人和睦温馨行为的感触，从新闻叙事角度讲，则体现出窗口叙事时期，在较为宽松、自由、开放的环境下，人们对于时政新闻的民生化、娱乐化及人性本质的期待，及由此引发的时政新闻叙事方式的改变。

---

① 薛国林，张晋升. 新闻报道学 [M]. 广州：暨南大学出版社，2013. 162.
② 薛国林，张晋升. 新闻报道学 [M]. 广州：暨南大学出版社，2013. 162.

3. 新闻聚焦离散化，边缘信息中心化

时政新闻只是"与时政内容有关的政治建设以及党的建设"的新闻吗？在窗口叙事时期，时政新闻涵盖的信息量，不仅由单纯的时政信息扩展到时政新闻人物生活化、反映人物更为真实的人的本性的相关内涵性信息，还扩展到与时政人物相关的时政外的信息层，正如薛国林、张晋升在《新闻报道学》中提到的那样，"在大时政观观照下的广义的时政新闻报道则涵盖了中国特色社会主义现代化建设'五位一体'布局的各方面和各领域"①，也就是说，时政新闻由核心的时事政治信息，逐渐往相关的经济、文化、社会层面扩展，并且这些之前被认为是附带的边缘信息逐渐向中心化方向发展，甚至在一些情况下，边缘信息的价值可能会超越主体中心信息的价值，获得人们更多的关注。

本案例所涉及的习近平夫妇荡秋千的视频、图片本来只是国家主席习近平出访印度时的一个小片段，却被凸显放大出来，将他们夫妇二人之间温馨的画面解读为平淡恬静又浪漫的中国式爱情的体现，秋千与女子的意象贴合着古诗词中常出现的对于美好爱情含蓄又纯真的向往，同时又令我们想起儿童年代荡秋千时那段悠闲欢乐的时光。正因为有了这样的文化内涵和解读，他们两人荡秋千的视频、图片就更显得感人和温暖，这其中所体现出来的人性的温暖、爱情的美好也超过了本来作为重头戏份的时政新闻本身，而得到众多网友的认同并转发。前边提到的习近平夫妇国际访问中类似的"秀国际范恩爱"的系列得到广泛传播也多是这个原因。除了文化、社会层面的信息之外，这一系列的访问"话外题"还有经济层面的信息，比如习近平及夫人彭丽媛出访各个场合时所穿的对应的中式服装（两人大多时候的衣服搭配非常和谐，被称为"情侣装"），以及服装的款式设计、颜色、品牌、布料等，再如夫妇两人途中所使用的物品，比如彭丽媛使用的手提包、小包，在访问德国时拍照用的手机，这些附带的边缘性的经济信息，都会得到服装界、科技界等经济领域，以及普通民众的关注，而且对于他们来说，兴趣度反而会大于国际访谈本身的进展和成果。像上述例子所提到的那样，时政新闻中，作为主体和中心存在的时政信息未至，边缘的经济、文化类信息却可以先达并大放异彩，恰恰反映了当下窗口叙事时期，时政新闻边缘信息中心化的一个特点。

综上所述，在以电脑、手机为主导的窗口叙事时期，新闻叙事都在悄然发生着变化，即便是看似十分严肃、冷硬的时政新闻也不例外，呈现出

---

① 薛国林，张晋升. 新闻报道学［M］. 广州：暨南大学出版社，2013. 146.

传播主体泛众化，传播平台由传统媒体转向新媒体；新闻内容民生化、娱乐化，叙事聚焦离散化，边缘信息中心化等倾向。那么，时政新闻的这些变化和倾向会带来什么影响呢？接下来，我们仍然结合本案例进行分析归纳。

（二）窗口叙事时期时政新闻新变化的影响

由上一部分分析得出，窗口叙事时期时政新闻的确出现了一些新变化，但这些变化究竟好不好？是值得倡导，抑或需要警惕？笔者认为，网络娱乐化的倾向，在草根舆论场的氛围中，时政新闻逐渐摆脱过去的形象，变得相对轻松、宽容一些，并没有什么不好，反而应该是我们舆论自由的大趋势所在。结合国家主席习近平及夫人彭丽媛印度出访期间亲密荡秋千等系列图片、视频的传播，我们认为，它在感动、温暖我们的同时，也对时政本身、国家经济和社会文化方面潜移默化地传递着自身的正能量。

1. 时政影响

时政新闻的生活化、娱乐化究竟会不会真的盖过时政新闻本身而不利于时政新闻的传播呢？我们来看几组数据。

根据中国外文局最新公布的《2014 年中国国家形象全球调查》显示，在美国总统奥巴马、俄罗斯总统普京、英国首相卡梅伦、中国国家主席习近平、澳大利亚总理阿博特、日本首相安倍晋三等九个国家领导人的国际认知度调查中，习近平以 70% 的认知度位列第四，紧跟在奥巴马（97%）、普京（91%）以及卡梅伦（86%）之后；而在各国领导人国内事务处理能力和国际事务处理能力的调查中，中国领导人习近平不论是在处理国内事务还是国际事务方面，都得到了很高的评价，认可度均排在第二位，仅次于 2014 年新当选的印度总理莫迪。

根据哈佛大学肯尼迪政府管理学院艾什中心官方网站公布的对世界主要国家领导人形象的全球公众调查结果，在受访者对本国领导人认可度、三十国受访者对十国领导人认可度以及受访者对本国领导人正确处理国内及国际信息方面，中国国家主席习近平均排名第一。调查结果还显示，在习近平到访过的国家，公众对他的态度呈现明显变化，在对其处理国内和国际事务的信心度上，习近平到访国家的公众的评价比其他国家高出10%，知晓率也高出 10%。

自 2013 年习近平出任国家主席以来，其亲民、务实的形象在反腐、党的群众路线教育实践活动等国家事务中日渐树立和显现出来，并伴随着系列出访及国际会议而在世界上获得越来越高的认可度，这些都可以在上述数据中得到充分佐证。而在国家领导人形象构建的过程中，诸如本文案例提及的夫妇二人荡秋千等系列"秀恩爱"举动则有着功不可没的作用。网友根据这些温馨浪漫的场景创作的歌曲，传达出民众对国家领导人关于"反腐""中国梦"的高度认同；习近平夫妇着中式服装出访各国，显现出民族自信心，"是国力增强的表现"；出访美国和德国，使用的手机从iPhone到中兴，显现出国家领导人对国货的支持；彭丽媛在国际场合一衣多穿则又凸显节俭的时政主题；就算是作为花絮的"秀恩爱"，比如在哥斯达黎加的种植园，习近平摘咖啡花请彭丽媛闻花香，又比如这次印度荡秋千，这些温馨的场面，想必一定会为习近平"暖男"的形象加分不少。总之，这些看似一直"跑偏"的时政新闻，实则无时无刻不在间接地反映和凸显着国家的时政主题，增加着时政新闻的分量和影响力。

2. 经济影响

马克思历史唯物主义指出，经济基础决定上层建筑，同时上层建筑也对经济基础有着非常明显的或促进或阻碍的反作用。时政虽然侧重政治，但正如前文提到的那样，在大政治时代，时政也与政治、经济、文化、社会等各方面有着密不可分的关系。窗口叙事时期，习近平出访各国的系列时政新闻，其本身所含有的中国经济政策、经济交流与经济合作开发等长期性战略在广泛传播中所带来的现实及潜在效果，如"一带一路"经济外交战略对中国及周边国家的长期性的经济引力效应，除此之外，也犹如前文所提到的边缘性的与经济有关的信息，在被中心化的过程中，也对经济界产生了比较明显的影响。关于这一点，举两个例子加以说明。

其一，在访问德国时，彭丽媛使用国产品牌中兴"努比亚 Z5 迷你"手机拍摄当时的足球赛，就曾一度引发热议，让人们对于国产手机、国产科技品牌的关注度迅速提升，@ nubia 智能手机微博转发该图片，并配文字"中国梦从中国制造开始"获得1 781次转发、864 条评论及 598 个赞，同样使用该品牌的手机用户在分享心情时称很高兴看到自己和"第一夫人"的品位一样。据媒体调查，在该时政新闻报道后的第二天，京东商城上中兴的这款手机的升级版销量就增加了一倍，中兴股市上涨 4%；而在国际影响中，据 2015 年 3 月中国外文局发布的《2014 年中国国家形象全球调查》中关于"海外受访者对中国品牌的熟悉程度"的调查结果，中兴就出现在海外民众最熟悉的中国品牌前十名之中，这其中不能说没有"国母"

的功劳。

其二，伴随着系列访问同时盛行起来的中国服装。从 2013 年到 2014 年年底，习近平夫妇在各种国际场合所穿的"秀恩爱"中式服装可谓吸足了众人的眼球，尤其是彭丽媛在出访中的各种服饰成为国内外服装界的又一个热点话题，在多个场合出现的我们熟悉的服饰，像修身深蓝色印花改良式旗袍、中式缎面长款大衣、中国风黑色刺绣的传统对襟、中式薄荷绿长衫等。典雅得体的"彭丽媛 style"掀起了服装界又一轮中国风，受到中外时尚服装设计界的关注，有关的服饰设计解说也在大众网站、专业时尚界大量出现，百度搜索关键词"彭丽媛服装"得到 1 740 000 个反馈结果，可见其关注度之高。国产服装品牌在国家领导人外访的时政新闻中大放异彩，这也让国内 A 股服装类上市公司获益匪浅。例如，在习近平夫妇出访俄国、坦桑尼亚等国之后，股市纺织服装板块中，包括众和股份、大杨创世、朗姿股份等多个服装上市公司和兴业科技等皮具商在内的股票一度大涨甚至涨停。广东流通业商会执行会长黄文杰表示，面对最近几年国内服装市场持续低迷的情况，彭丽媛在国际舞台上的闪亮登场如同给国内服装品牌注入一支强心剂，对国内服装市场的发展意义重大。

3. 文化影响

如果说时政新闻中附加的经济信息所产生的影响，是时政新闻在窗口叙事时期对社会较为直接、硬性的影响的话，那么它附带的文化信息则是间接性、软性的影响。尤其是在更崇尚轻松、自由、娱乐、互动的网络交互平台上，处在快节奏生活压抑下的人们可能会更喜欢相对宽松、舒缓的氛围，更倾向于选择充满人文气息、充满关爱和温暖的文字和画面。因此，正如前文所分析的，在窗口叙事时期，时政新闻中所包含的一些有关人性、人文关怀的话题通常会被无限放大，也因为更容易和网友形成情感上、心理上的共鸣而得到更广泛的传播，对社会文化层面也会产生更大的影响力。

穿情侣装、携手下飞机、共嗅花香，还有本案例中的亲密荡秋千等习近平夫妇外出访问途中系列温情暖心、浪漫感人的小细节，每一个画面在网络上被曝光之后，无一不是引发大量转载和好评一片。原本是要关注访问情况的，结果却投注了大量目光在习近平夫妇的"恩爱"画面上，网络上这样时政新闻民生化的倾向看似奇怪，实则有着我们独有的文化背景。《礼记·大学》上说："古之欲明明德于天下者，先治其国；欲治其国者，先齐其家；欲齐其家者，先修其身；欲修其身者，先正其心……心正而后身修，身修而后家齐，家齐而后国治，国治而后天下平。"后来儒家学者把它总结为"修身齐家治国平天下"，并按照顺序将它们作为人生的几大步骤，治国先治家，只有自己的家庭经营好了，才可以把国家也治理好。

认真对待自己、对待爱情、对待生活，这不正是现代生活中我们所缺失的吗？寻找、放大时政新闻中那些温暖感人的人性，借助它们反思生活，宣传正确的婚姻观、爱情观，这难道不是社会发展进步所必需的吗？窗口叙事时期，时政新闻的上述新变化，说到底还是源于人们对于回归本真、回归人性的向往和追求，它所产生的文化、社会意义也必然是积极的、充满正能量的。文章出轨了，陈赫离婚了，你不相信爱情了；可是习近平夫妇还在荡着秋千，还在共嗅花香，你是不是又相信爱情了呢？

四、结语

综上所述，我们从国家主席习近平及夫人彭丽媛 2014 年 9 月在印度亲密荡秋千的视频、图片说起，结合了习主席自 2013 年任职以来，在国外出访途中与夫人彭丽媛之间一系列温情感人的互动小细节及其在社会中的传播情况，从传播主体到传播内容，详细分析了以电脑、手机为载体的窗口叙事语境下，时政新闻表现出的传播主体泛众化、传播平台趋向新媒体，内容导向民生化、娱乐化，新闻聚焦离散化、边缘信息中心化等新的变化，并结合各方数据统计和实例，详细分析了时政新闻的这些新变化对经济、文化及时政本身所造成的影响，得出结论：时政新闻的这些变化并不会阻碍其本身的传播效果，反而通过对经济、社会、文化等方面的影响，进一步扩展了其影响力和影响范围，进而大大增强了预期的传播效果。"习近平夫妇亲密荡秋千"不只是"秀恩爱"，不只是两人美好爱情的呈现，更是民族文化、国家形象的展现；中式服装出行、国产手机拍照，不只是两人的个人活动，更是一种行政理念的展现。对外树立民族自信心、传播民族文化，对内倡导民族创新、激励民族企业发展。于细微之处显大义，于余音中扩散主旋律，这才是时政新闻叙事应该具有的品质和风采。

但是我们也应该看到一些问题。比如前文所提到的，荡秋千的视频、图片在微博等社交平台中，政府官员和传统媒体似乎转载的并不多，并没有像新媒体和普通网友一样对该信息进行应有的互动；而在网站方面，虽然人民网、中国网等中央级媒体也有跟进报道，但基本就只有在标题中涉及和通过图片展现，来源是网络上已有的，并且时间上较腾讯网等商业网站晚些，自身的官方信息源的优势并没有得到很好的利用。此外，在面对"不那么严肃"的时政新闻，或者时政新闻的边缘性信息时，如何把握、平衡好受众关注热点与时政新闻的主体信息之间的关系，使媒体既不错过能够增加竞争力的舆论点，同时又能够进行正确的引导，不让中心话题被淹没或被边缘化，这些都是媒体在窗口叙事时期需要考虑的问题。

（撰稿人：邢真真）

去"秀"存"真"——竞技真人秀 《极速前进》 节目分析

　　自 2011 年 11 月国家广电总局"限娱令"颁布以来，国内娱乐节目的选秀化、低质化现象得到有效改善，单一的选秀模式被否定，各家卫视为抢占收视率纷纷寻求新的出路。2013 年 10 月，湖南卫视引进韩国 MBC 电视台的亲子户外真人秀节目《爸爸去哪儿》，第一季即引发收视狂潮，随之国内各家卫视都效仿或模式引进推出真人秀节目，一时间各路明星的家庭亲子、生活体验类综艺节目扎堆荧屏。虽然具体模式、体验领域有所不同，但基本都是以直播明星日常生活来吸引观众眼球的。

　　2014 年真人秀仍是媒体热点，各家卫视间的真人秀战场硝烟弥漫，从上半年的《爸爸回来了》到第四季度的《奔跑吧兄弟》《一年级》，五花八门的真人秀让人目不暇接。真人秀节目之所以如此受欢迎，根源就在于它的真实性和接近性，但在电视媒体扎堆做真人秀节目时，呈现出的节目却多是"秀"，而少了"真"。2014 年 10 月，深圳卫视和英菲尼迪联手打造的全明星环球竞技类真人秀节目《极速前进》则将嘉宾放在激烈的竞赛环境中，通过淘汰的压力让其表现真实、不做作，这种回归本真的接近性让《极速前进》跳脱出作秀的虚假模式，以真诚、拼搏打动观众，用"敢爱"精神传递正能量。

一、节目简介及背景概述

　　《极速前进》是深圳卫视 2014 年推出的一档全明星环球竞技类真人秀节目，引进美国传奇王牌真人秀节目 *The Amazing Race*。该节目第一季共十集，八组明星搭档在两个月里跨越四大洲五大洋，行程九万多公里，在美国、印度、阿拉伯联合酋长国、希腊、韩国、中国六国十个城市里，展开一场紧张刺激的极速竞技之旅。

　　与国内以往电视真人秀节目"草根选秀""虐待明星"的怪异题材不同，《极速前进》主打"真实""竞技""敢爱"主题，以环球旅行、竞技项目挑战、有情感关联的搭档以及真实的淘汰机制为看点，在忠实于美国原版模式的基础上，加入了更多中国元素。高难度的挑战项目、明星选手的各异表现及其展现出来的真实状态，都是打破传统电视节目纯娱乐模式的亮点，堪称真人秀节目的诚意之作，可看性极强。

《极速前进》延续了原版最吸引人的"全球旅行竞赛"核心，将世界各地的独特风土人情和紧张刺激的比赛任务完美结合，在荧屏上掀起一阵"最炫竞技风"。参与节目的嘉宾是演艺圈、体育界等各界知名人士。节目组将为各界精英们营造一次难得的"相处"机会——两位彼此熟悉且具有亲密关系的嘉宾作为一组："好父女组"张铁林和张月亮、"好兄妹组"钟汉良和钟秀萍、"好兄弟组"陈小春和郑伊健、"好夫妻组"李小鹏和李安琪、"好同学组"白举纲和关晓彤、"好哥们组"刘畅和金大川、"好闺蜜组"刘云和应采儿以及"好搭档组"辰亦儒和周韦彤。在节目中明星嘉宾纷纷回归社会角色，与另一人一起完成一次独一无二的环球竞赛之旅。这是一次 Amazing 的挑战，有普通旅行中不会经历的神奇、疯狂和感动。《极速前进》让观众不仅有机会见到明星们过人的能力，更能感受到明星们在前进路上的坚持，以及他们与身边的人相知、相守、相爱、相扶持的感人力量。

图 1　《极速前进》海报

二、节目收视及创新特色

（一）收视奇迹

一直以来，周五晚间黄金档都是各家卫视竞争最激烈的时段，与一线卫视相比，深圳卫视的平台略低，而且《极速前进》的播出档期撞车浙江卫视的竞技真人秀节目《奔跑吧兄弟》，但《极速前进》仍能以其优良的品质迅速吸引大批观众，对于首次尝试大型真人秀节目制作的深圳卫视来说，能赢得收视率、口碑的"双丰收"已经是极大的成功。

据统计，《极速前进》前两期的平均收视率为0.868%/2.969%，排名省级卫视同时段第四位。而播出该节目之前，深圳卫视前四周同时段收视率仅为0.291%/0.968%，排名省级卫视同时段第十三位。《极速前进》的收视率较之前提升了66.5%，收视份额提升了67.4%，在省级卫视同时段排名中提升了九个位次，说明该节目对深圳卫视收视具有极大的拉动作用。①

《极速前进》第三期（2014年10月31日）收视率首度破1%，在深圳卫视这个并不强劲的收视平台上，这个收视率堪称创造了奇迹。总决赛播出后，据央视索福瑞调查数据显示，《极速前进》50城市收视率为1.397%、34城市收视率为1.63%，稳居周五晚间黄金档综艺节目第二位。不仅收视率再创新高，众明星的精彩表现也瞬间引爆网络，截至2014年12月3日，新浪微博#极速前进#与#钟汉良极速前进#两个话题的阅读量已达20多亿，该节目还以超高人气稳居新浪微博真人秀节目实时热搜榜第一名。② 从节目收视、阵容、制作、影响力、对平台贡献等多维度综合考量来说，《极速前进》是2014年第四季度的一匹黑马。

表1　2014年12月19日各栏目收视率

排名	频道	栏目	34城	50城
1	浙江卫视	《奔跑吧兄弟》	3.19%	2.889%
2	深圳卫视	《极速前进》	1.63%	1.397%
3	湖南卫视	《天天向上》	1.32%	1.315%
4	湖南卫视	《一年级》	1.1%	1.089%
5	江苏卫视	《明星到我家》	0.92%	0.795%
6	天津卫视	《百万粉丝》	0.82%	0.719%
7	江西卫视	《金牌调解》	0.48%	0.462%
8	东南卫视	《好好学习吧》	0.42%	0.346%
9	深圳卫视	《直播港澳台》	0.41%	0.347%
10	山东卫视	《星球大战》	0.4%	0.368%

---

① 从收视数据看《极速前进》：引领环球户外真人秀之风［EB/OL］. 中国娱乐网，http：// news. yule. com. cn/html/201410/182684. html.

② 《极速前进》渐入尾声　是第四季度最大黑马［EB/OL］. 搜狐娱乐，http：// yule. sohu. com/20141205/n406687070. shtml.

（二）"吸睛"秘诀

《极速前进》能在扎堆的真人秀节目中脱颖而出，与其引进模式、赛制规则、拍摄取景等多方面创新因素密不可分，通过对该节目的细致分析便可简要看出其吸引眼球的秘诀。

1. 引用已有模式，聚集品牌效应

The Amazing Race 是由美国 CBS 公司推出的一档竞技类真人秀节目，自 2001 年开播至今已成功播出 24 季，因其激烈的竞速对抗、真实的人物表现，及充分展现的世界各地风土人情，该节目曾十次获得"电视界奥斯卡"艾美奖中真人秀最高荣誉——"黄金档最佳竞技类真人秀"大奖，是不折不扣的真人秀经典之作。成熟的制作理念和有趣的环节设置让这档节目在美国风行十五年，而且已被十二个国家引进制作，它的全球奢华取景和后期精良制作都堪称"真人秀节目中的高规格"，残酷的淘汰赛制和惊险刺激的游戏更让它被赋予了"最为真实的真人秀节目"称号，在全球拥有许多忠实观众。

凭借良好的业界信誉和受众口碑，*The Amazing Race* 已经成为竞技真人秀节目的王牌，此次深圳卫视全套引进该节目模式，推出中国版《极速前进》，依靠原版节目的品牌号召力，必将吸引大批"极速迷"对中国版的关注，从而有效聚集了节目的人气，并通过前期的宣传和微博互动，在原有收视人群基础上不断发展新受众，使其收获良好的收视率。

虽然都是参照国外已有节目模式进行中国化改造，但《极速前进》没有跟风从韩国综艺节目中选择纯娱乐的家庭体验式节目，而是大手笔引进美国户外竞技类的高难度真人秀节目，其选择领域很有新意，在明星家长里短的乏味体验之外给观众带来一道全新的极速环球视觉大餐，这无疑让该节目赚足眼球，取得良好的收视率也是必然。有业内人士认为，《极速前进》作为"首档中国大陆电视制作团队登陆美国、挑战全球的中国大型综艺节目"的热播，会使美国节目代替韩国节目成为中国电视生态圈内新宠，成为电视综艺节目发展的一个标志。[①]

2. 全明星阵容，提供收视保障

与美版 *The Amazing Race* 的普通素人嘉宾不同，深圳卫视《极速前进》的嘉宾首次启用"全明星阵容"，既增加了节目的可看性，又能深度挖掘艺人的真实性格。八组明星嘉宾在《极速前进》中需要接受各种意想不到

---

① 全明星阵容　艾美奖传奇原版引进　英菲尼迪《极速前进》备受关注 [J]. 南方电视学刊，2014（5）。

的任务挑战，随着比赛进程的推进，各队间的竞争日益激烈，选手们完全放下明星架子，不惜牺牲个人形象拼尽全力，努力完成任务以防被淘汰出局。

《极速前进》在嘉宾选择上可谓下足了功夫，不但有"皇阿玛"张铁林、"古惑仔兄弟"陈小春、郑伊健这样的影视圈常青树，还有钟汉良、辰亦儒等优质偶像，更有体育跨界明星李小鹏和90后超人气"小鲜肉"白举纲、关晓彤。把这16位来自影视、体育、模特等不同领域的明星选手放在一起就足够吸引眼球，而这个横跨"50后"到"90后"的嘉宾阵容更是涵盖了各类收视群体。不仅如此，把两位彼此熟悉且具有亲密关系的嘉宾组合成明星搭档也是各有特色，看点多多。

"皇阿玛"张铁林与混血女儿月亮因长期异国生活而有距离感，为弥补多年来父女间的隔阂，张铁林在节目中和女儿一起过关斩将，父爱的宽厚与父女关系的拉近让人看到了血浓于水的亲情。而亲情的另一种表达方式是"钟家兄妹"，近年来因出演各类影视剧而走红的钟汉良一改"气质男神"的形象，回归哥哥身份与消防员妹妹钟秀萍一同开启环球竞速之旅，比赛中"女汉子"钟秀萍对各种高难度任务信手拈来，哥哥钟汉良也是放下偶像包袱为夺冠不遗余力，兄妹二人的齐心协力和搞笑表现让人看到了满满的手足情。"体操王子"李小鹏因与女儿参加真人亲子秀《爸爸回来了》而人气倍增，此次又偕妻子李安琪组成最强夫妻档挑战《极速前进》，默契的配合、良好的身体素质以及相互扶持的陪伴，让人不禁为之感动。

因共同出演系列电影《古惑仔》而广为人知的香港演员陈小春和郑伊健，此次搭档组成好兄弟团队，二十多年的友情让其配合默契，知己知彼的相互理解和睿智稳健的才智发挥，让这对好兄弟在节目中尽显硬汉魅力。一句"铜锣湾是我们的，旺角也是我们的"分分钟把观众带回电影的经典桥段，追忆那些"基情岁月"。这对嘉宾的真实表现和戏里戏外的兄弟情谊不仅看点十足，正能量满满，而且也吸引了一大批影迷关注《极速前进》。更有戏剧性的是，陈小春的妻子应采儿也是该节目的嘉宾，她与十年好友刘云组成"闺蜜组"对阵"古惑仔兄弟"，生活中的伴侣"摇身一变"成为赛场上的对手，如此微妙的人物关系自然大大增加了看点。

国际超模刘畅、金大川延续T台上的"哥们儿情"，在《极速前进》中搭档闯关，这对"大长腿"组合不仅帅气、勇敢，谦逊、有爱心的暖男形象也独具看点。台湾优质偶像辰亦儒首次携手内地名模周韦彤搭档闯关，从生疏到了解，从分歧到互助，两人在磕磕绊绊的闯关路上逐渐建立信任和友谊。白举纲和关晓彤这对"90 后"小鲜肉青春洋溢，热血冲关的勇气和机智让许多同龄人跟随他们一起在节目中成长。

通过明星吸引注意力，再用明星与亲友搭档间的独特关系制造看点，打明星牌而不哗众取宠，在真性情中留住观众，《极速前进》的全明星阵容为其取得高收视率提供了保障。

3. 竞技性规则设置，悬念迭起

《极速前进》节目全程是一场完整的竞技比赛，每一期为一个赛段（第一季共十个赛段），各组选手在每一赛段重复"获得线索—到达线索指引目的地—完成规定项目—获取新线索"的比赛流程，并以到达该赛段的"中继站"为终点。

每一期比赛中，各队名次一直处于波动状态，随着比赛的推进，各队间名次的追赶也愈发激烈，而排名的先后直接关系到队伍是否会被淘汰。每一赛段最后一组选手到达中继站时，主持人会宣布此赛段是否为淘汰赛段，若是淘汰赛段，则最后一名到达的队伍即被淘汰；若不是，则最后一组到达的队伍在下一赛段中将会比其他队伍多一个"减速带"的额外任务作为惩罚。在第一季的节目中共有四个非淘汰赛段，其他六个赛段每次淘汰一组队员，如此紧张的悬念设置让观众不由自主地跟着比赛情节走，加上衔接片花预设的悬念，充分抓住了观众的好奇心理，提高了观众对节目的忠诚度，很巧妙地把观众"留了下来"。

不仅比赛流程悬念迭起，比赛中的各种项目、规则也独具新意。各组选手在每个赛段都要完成规定的任务才能获得下一项信息继续比赛，如果项目无法完成，则可选择放弃任务，接受延时惩罚。在前三个赛段只有"路线信息""绕道"（任务二选一）和"路障"三类规则，随着比赛的推进又不断增加"回转"（先到者有权利决定其他组重新来做绕道中并没有选择的另一项任务）、"快进"（若完成快进任务即可跳过后面所有任务直接到达中继站）、"联合"（各组自愿结合共同完成任务）和"让路"（先到者有权利让其他组停止比赛一小时）等新规则。这些规则的设定是为了在竞赛中产生障碍，不仅能推动叙事，还制造了悬念，让比赛节奏更加紧张，也能表现出选手在竞争压力下的真实状态，从而增加看点。

最后几期将要争夺冠军时，各组队员都进入了最佳状态，对于赛制和任务规律都很熟悉了，比赛的节奏更加紧张刺激。一方面冠军争夺的气氛越发浓烈，另一方面长期相处下来所积攒的友谊让各队之间更加难舍难分，想要多帮助别人却又不希望自己被淘汰，在这种矛盾心理的煎熬中，悬念迭生，观众则很自然地跟随比赛节奏走，强烈的代入感也让该节目一直保持稳定的收视率。

4. 环球户外拍摄，突显地域风情

《极速前进》和以往竞技真人秀相比最大的创新即在于它的环球旅行竞技模式，打破传统电视节目在室内编排表演的单一方式，《极速前进》把演播厅搬到世界各地，在不同的国家完成以当地文化为主题的任务，把世界多元文化融入比赛中，既增加了比赛的趣味性，又能让观众跟随节目一起领略世界各地的风土人情，可谓一举两得。

此次《极速前进》选取了中国、美国、印度、阿拉伯联合酋长国、希腊、韩国六个国家中的十座城市作为比赛地点，虽然全程的室外开放性比赛为节目拍摄制作增加了难度，但深入当地的项目设置却完美展现了文化的多样性。比如在第二赛段美国达拉斯的比赛中，选择"踢踏"任务的队伍需要换上牛仔服学习一段独具美国西部特色的牛仔舞，只有整段舞蹈流畅、规范地表演下来才能得到下一项任务的信息，热情洋溢的牛仔舞搭配欢快的乡村音乐，淋漓尽致地展现了美国西部牛仔的生活。不仅如此，在印度体验瑜伽，在希腊背诵阿基米德浮力定律，在韩国生吃章鱼……节目全程独具特色的任务设计充分展现了世界各地的人文风情，给观众以独特的视听享受。

图2 《极速前进》视频截图

5. 简化字幕干扰，增强画面效果

2013年湖南卫视《爸爸去哪儿》的火爆掀起了国内真人秀节目的创作狂潮，随之进入人们视线的是节目中"卖萌""搞怪"的特效字幕，这些画龙点睛的字幕不但解释了一些难懂的画面，还将许多隐藏的笑料提炼出来，"森碟""风一样的女子"的神来之笔都归功于字幕组天马行空的大胆想象。有了成功的先例，国内各类真人秀节目纷纷效仿，不但加大后期制作力度，还变着花样"秀"字幕。然而，盲目的跟风却也带来各种问题，有些字幕遮挡了重要画面，影响观众观看；也有因字幕的泛滥而抢了节目的风头，造成观众注意力偏离的问题。诸如此类的问题，让字幕不但没有达到应有的解释说明效果，反而引起了视觉上的错乱和观看中的困难。

不同于《爸爸去哪儿》等亲子节目以"萌"取胜的"小清新"，主打竞技牌的《极速前进》里，既没有儿童牙牙学语的难解之词，又不需要通过"卖萌"营造可爱氛围，全程刺激紧张的比赛让节目组更注重对选手真实表现的完整记录。没有满屏幕花花绿绿的字幕、特效做干扰，《极速前进》的画面干净简洁，真实地展现了节目拍摄环境和选手们的实时表现。为了方便观众对赛制和规则的理解，每个新任务开始之前都会有一段文字和情景展示，通过声画配合的方式准确生动地阐述规则。此外，节目中还适时插入选手排名榜和任务路线图，用播报大型竞技比赛的方式即时更新名次和各组状况，既增加了比赛的紧迫感和悬念，也让节目条理清晰，减小观众观看阻力。对节目定位的精确把握让《极速前进》跳出了单纯"炫"特效的怪圈，准确的剪辑和对字幕良好的控制让画面效果简洁、明朗，优化了视觉体验。

三、节目内容分析及文化内涵

"现在的真人秀节目很火，但真实性不够，刻意的虚构、设计桥段痕迹太重，什么节目火了就模仿，一拥而上，好节目不多。"这是崔永元在一次访谈中说出自己对当下国内真人秀节目的看法。[①] 在电视媒体扎堆做真人秀节目时，呈现出的节目多是"秀"，而少了"真"，真人秀节目之所以受欢迎，根源就在于它的真实、自然、接近生活的代入感，《极速前进》将嘉宾放在一段完整的比赛环境中，淘汰的压力让其表现真实、不做作，这种回归本真的接近性让《极速前进》跳脱出国内真人秀弄虚作假的泥潭，以真诚、拼搏打动观众，用"敢爱"精神传递正能量。

（一）去"秀"存"真"：还原真性情，拉近与观众的距离

1. 任务设置最真实

主打环球竞技主题的《极速前进》强调"户外性"和"竞技性"，节目中新颖的任务设置是一大看点，而这些考脑力、拼体力、挑战极限的项

---

① 张英."没有唯一正确的答案" 崔永元埋在《我知道》的价值观里 [N]. 南方周末，2014-09-26.

目一次又一次颠覆着选手和观众的想象。正如该节目总制片人易骅所说："你永远不知道下一秒要发生什么。"高强度的任务设置和真正的全程参与，让人看到了该节目与众不同的真诚。

任务到底有多难？参赛选手最有发言权。"好兄妹组"的钟汉良在一次采访中"吐槽"了一个让他终生难忘的环节——"徒手糊牛粪"。"选那个快进任务是想快一点拿第一，但完全想不到是要弄牛粪，我们要用当地人的方法，把新鲜的牛粪徒手糊到墙上，五十个做完裁判满意才能停。现在想想简直不敢回忆，那任务，这辈子都不敢再做第二次。回到酒店后我反复洗手，拿牙刷清洗手指甲，但吃饭的时候还是完全没有食欲。"痛苦的表情和心酸的回忆足以看出选手面对这种"奇葩"任务时所承受的压力。

"任务真的是太有挑战性，第一站已经这么难了，以后一站一站难度往上加的话真不知道要怎么办。""好闺蜜组"的刘云在第一站比赛结束后，回想起自己完成的高空倒吊逃生项目仍然心有余悸，"都是来真的，我恐高，但任务要求这么做，我还是要从那么高的地方跳下来，后来真的好想哭"。

真实的任务设置，对选手的体力和心理都是极大的挑战，在最后几期冠军争夺赛中，节目组更是增加了跳伞、攀岩、潜水、高空速降等一系列难度系数极高的任务，这些令人望而生畏的挑战项目在保障选手安全的前提下被搬上真人秀节目的赛场，没有花拳绣腿的作秀表演，选手们你追我赶地拼抢让节目效果更加真实，更有感染力。

2. 裁判评判最真实

《极速前进》采用全球多地取景的模式展开竞技，每一赛段所在的城市都不同，因国家、城市的变化，比赛任务也随当地特色而改变，所以每个任务的裁判都是擅长该项目的当地人。这些与参赛者素不相识的裁判，不会因为前来完成任务的选手是明星而降低评判标准，相反，裁判们个个要求严格，丝毫不给选手们偷懒的机会。

在希腊圣托里尼的比赛中，钟汉良兄妹挑战花式调酒，反复练习后以为已经完成任务的钟汉良等待裁判发放线索卡，但裁判却一脸严肃地给出一个"NO"，要求钟汉良重做任务。大失所望的钟汉良对裁判颇有怨气，当镜头慢速回放之前的调酒过程时，才能看出有几滴不同颜色的酒混入酒杯中，按照任务规定确实不达标。其他各组选手都遇到过相似的情况，"好哥们组"的刘畅和金大川，在印度挑战瑜伽项目时屡屡失败，不管是动作上的小瑕疵还是完成时间上的误差，就算只差一秒钟，裁判也是铁面无私地要求其重新开始。任何细小的失误都逃脱不了裁判的法眼，这些专业级裁判的严苛评判虽然给选手们带来不小的压力，但他们认真负责的态度为节目增加了真实感，让每一环节的真实得以延续。

3. 选手表现最真实

虽然《极速前进》的嘉宾均为极具名气的明星，但在比赛中他们也只是普通的参赛者，为了获得冠军而争分夺秒地拼抢着。没有众人的呵护和他人的照顾，褪去耀眼的光环，回归现实生活的他们一样会遭遇淋雨、迷路等状况，也会在受到挫折时愤怒、沮丧。选手们真实的表现，是该节目广受好评的关键。

在第六赛段阿莱茵的比赛中，陈小春、郑伊健组第一个绕道任务选择原地旋转 30 秒再将桌上的陶杯摆成一列。烈日下两人多次转圈完成后，被裁判指责转得太慢要重新做，重复数次后依旧未得到裁判认可的陈小春恼羞成怒，将摆好的陶杯打碎在地，又抢过任务卡撕碎后气愤离开。搭档郑伊健见陈小春负气出走，耐心劝说并给予其鼓励，等陈小春调整好状态后两人选择另一绕道任务继续比赛。那一刻的愤怒、冲动是选手面对比赛高压状态下最真实的反应，无论是明星还是普通人，在面对一次次的失败和裁判的严厉评判时，他们的烦躁和怨气都是无法掩饰的。《极速前进》将这种真实展现出来，没有了影视角色的修饰和综艺作秀的美化，明星也是有喜怒哀乐的普通人，这种"不完美"的真实往往更能打动人，引起观众的强烈共鸣。

在最后一个赛段中，李安琪挑战高空速降项目，在大楼 42 层的天台几次将身体探出楼外但始终无法迈出第一步，既不愿放弃比赛又无法克服内心恐惧的李安琪坐在 208 米的楼顶失声痛哭，那一刻的痛苦挣扎真实反映了她心理和身体的双重煎熬。在楼下等候的李小鹏担心妻子安危，打电话问她要不要放弃任务选择接受惩罚，李安琪坚定地说："不放弃，给我一分钟。"丈夫李小鹏的安慰给了李安琪莫大的鼓励，她擦干眼泪，艰难地完成了任务。

让明星"接地气"是近年来综艺节目发展的方向，但在过分追逐收视率和关注度的潮流下，许多节目仍无法摆脱炒作、作秀的怪圈。相比之下，《极速前进》凭借高难度的竞技任务、严肃的评判标准以及淘汰压力下选手们的真实表现，成功跳脱了"虚情假意"的纯娱乐模式，用真诚和真情感染观众，这种去"秀"存"真"的制作理念，既是对真人秀本源的一种回归，也是对当下单一娱乐化节目的一种创新。

（二）"敢爱"精神，传递正能量

作为一档综艺节目，《极速前进》依靠真实和诚意来吸引观众，而在为观众提供娱乐体验的同时，节目中"拼搏""敢爱"的精神也给人满满的正能量，让观众在欢笑之余获得了真情的感化与精神的鼓舞。

1. 面对困难，不抛弃不放弃

在第五赛段阿联酋迪拜的绕道任务中，从小擅长滑冰的钟汉良毫不犹豫地选择了"冰雪奇缘"（选手需分别乘坐雪橇滑下滑坡并撞倒在雪坡下立着的十个雪人保龄球，一旦成功他们将获得下一条线索卡，如果失败则需返回坡顶再试一次），但到达现场他才发现事情并不是想象中那么简单。"自己连方向都控制不了，更不要说一次撞倒所有的雪人。"钟汉良在比赛后的采访中感叹道。看到其他队员纷纷选择放弃"冰雪奇缘"更换绕道任务，尝试了30多次仍未成功的钟汉良几近崩溃，在雪地中放声大喊。即便如此，他们仍然没有放弃，面对一次又一次的失败，钟家兄妹一次又一次重来，最终在改变策略后由妹妹钟秀萍完成这一任务。

钟汉良和妹妹历经各种挑战最终获得《极速前进》第一季的总冠军，靠的就是"拼搏"的"钟家精神"。面对困难两人总是勇往直前，即使体力、精力屡屡遭受打击也从不轻言放弃，一直在路上的"极速"状态让其他对手笑言"比不过"。节目中，兄妹二人因出色的表现赢得了观众的喜爱，而他们所展现出的"拼搏""不抛弃不放弃"的精神也鼓励着越来越多的人。

2. 面对搭档，鼓励、协作

勇气和毅力支撑着钟家兄妹走向冠军宝座，而仅以微弱劣势获得亚军的李小鹏夫妇则更多地让人看到爱与陪伴的力量。雅典赛段的最后一项任务是在古奥运会赛场完成3 000米跑，经历了一天激烈比拼的选手们早已筋疲力尽，此时要在烈日下完成长跑，极度考验选手的耐力和协作性。李安琪在这一环节中明显体力不支，丈夫李小鹏察觉到妻子的疲惫便教她调整呼吸，帮她拿水，并按她的步伐放慢跑步速度，李小鹏全程给妻子鼓励，最终两人携手跨过终点。是夫妻，更是搭档，面对激烈的比赛，李小鹏夫妇相互扶持、默契配合地闯过了一个又一个难关，让观众看到了爱的力量，更看到了人与人协作中的支持与包容。

爱情让人勇敢，亲情则更加温暖。在阿莱茵赛段中，父女组张铁林和月亮在挑战漂流任务时，女儿月亮的膝盖因落水严重受伤，这让张铁林内心饱受煎熬自责，为保护女儿，他毅然决定放弃挑战。"我必须对你负责，我们必须对你妈妈负责。对不起，爸爸年纪大了，不能陪你一起到终点。"那一刻，女儿眼神中虽有遗憾，但看到父亲的泪水，没有什么比父爱更让人温暖。因放弃任务而遭到一小时的延时惩罚，使张铁林和女儿最后一名到达该赛段中继站而被淘汰。在赛后采访中，张铁林并没有因被淘汰而后悔。他说："《极速前进》创造了让我们在一起相处的机会，在挑战的过程中，我们变得更亲密默契了，这远比结果更重要。"张铁林对女儿深沉宽厚的父爱和女儿对父亲的理解与陪伴，让人们看到了浓浓的父女亲情，这种爱的呵护与责任正是节目在竞技背后所表达出的人文关怀，启发更多观众关注生活中的真、善、美。

3. 面对对手，竞争中合作

搭档的耐心与扶持让人看到了满满的温情，但作为有残酷淘汰机制和真实奖励的竞技比赛，对手间的较量也从来没有停歇过。随着比赛的推进，选手间的比拼也更加激烈。"小哇（钟汉良）他们太拼了，真的很疯狂，那个气势就挺吓人的。"李小鹏夫妇在赛后采访回忆冠军争夺赛中钟汉良兄妹的"疯狂"状态时说道。

赛场上你追我赶的竞争虽然激烈，但长时间的相处让选手们越来越像一家人，"有困难大家还是会帮一下"，竞争中合作的方式让选手间的友谊更加牢固。最后一期在香港"真假美食"环节中，各组队员中一人需要在餐桌中挑选出仿造的假食物，一人在裁判处等待结果，若挑出的食物是假食物，则完成任务获得下一项信息；若挑出的是真食物即为错误答案，需要该组另一队员将食物吃光才能开始新一轮挑选。钟汉良兄妹在这一环节中屡屡失败，负责吃掉"错误答案"的哥哥钟汉良在后期明显吃不下了，此时匆匆赶来做任务的白举纲和关晓彤见"钟大哥吃得很艰难"，便主动要求帮钟汉良吃食物，"我说不用，小白就直接抢过去帮我吃，实在太感动了，他们能这样帮我"，钟汉良赛后感动地说道。

竞争中的合作，让选手们建立了深厚的友谊。每个赛段接近尾声时，先到达中继站的选手都会等待其他人的到来，当最后一组被淘汰时，其他队员也会给予安慰，依依不舍地告别。一路的艰难险阻，一路的相依相伴，每一份亲情、爱情、友情，都是对"敢爱"精神的最好诠释。正如节目主题曲《敢爱》中所唱的："有你陪我寻找心的方向，和我一起变得更坚强，有你给我敢爱的力量，和我一起为爱信仰。"这种顽强拼搏、扶持相伴、互助友爱的精神是《极速前进》一直以来的价值追求，承载着爱的关怀与力量，节目中满满的正能量也将感染更多人积极面对生活，发现世界的美好。

四、结语

作为首次引进的环球竞技类真人秀节目，《极速前进》在回归真实和传播正能量上发挥了积极作用。由于多方面因素的制约，节目仍然存在一些漏洞和缺陷。例如，有网友指出中国版《极速前进》不如美国原版真实，由于护照、明星嘉宾档期等问题，中国版各个赛段间并不是连贯录制的，选手们的状态和情绪没有一个急剧累积的过程，竞争性不及原版。而项目设置也是照搬已有模式，没有太多创新，一些高难度的危险任务把参赛者逼到痛苦边缘，是对明星个人形象的诋毁。面对各种争议，《极速前进》节目组通过多种渠道给予回应，对于第一季中出现的问题也会积极改进。

经历欧亚美洲六国十城的九万多公里行程，每天八小时的"极速"录制，十六位跨界明星的全力竞争，以及超过200名不同肤色、国籍工作人员的不懈努力，这档花费近一亿元人民币的环球竞技类真人秀节目以真诚的制作和真实的表现，在综艺节目扎堆作秀的荧幕中掀起一阵"极速"浪潮。去"秀"存"真"，还原真性情，《极速前进》让真人秀从节目荧幕走进观众的生活，并以拼搏、友爱的真情鼓舞人心，用"敢爱"精神传递正能量，相信在未来，不断发展中的中国电视媒体将会带来更多的优质节目，以积极向上的价值追求丰富大众的精神文化。

（撰稿人：吴一帆）

电视明星真人秀探讨——《奔跑吧兄弟》

整个 2014 年，明星真人秀节目几乎成为电视市场的主流。继《中国好声音》《我是歌手》《爸爸去哪儿》等引进国外版权的综艺节目大获成功之后，堪称中国版 *Running Man* 的《奔跑吧兄弟》强势登陆综艺大盘。与韩国原版节目 *Running Man* 不同，《奔跑吧兄弟》采用了"联合开发"的运营模式，其充满正能量的价值构建更是受到了社会舆论的赞扬，引爆了一场社会化的狂欢。

一、案例简介及背景阐述

真人秀，也称真人实境秀（Reality Television），是以全方位、近距离拍摄特定空间中的真实故事，再通过以人物为核心的戏剧化的后期剪辑制作而成的节目。① 它是目前风靡世界的一种全新的节目形态。在极短的时间内不仅风靡了西班牙、德国、美国等欧美国家，也在亚洲和非洲国家落地开花，可见其影响范围之广。目前在中国，真人秀节目逐渐演化为一种主流电视节目形态，引起了社会的广泛关注和讨论。

早在 1973 年，美国公共电视就播出了全球第一个真人秀节目《一个美国家庭》，从此拉开了真人秀节目的发展帷幕。随后《幸存者》《谁要嫁给百万富翁》《男才女貌》《丑小鸭变天鹅》《美国偶像》《老大哥》《与星共舞》等节目不断涌现，而明星真人秀节目《名人健身俱乐部》《超现实生活》《名人拳击》等也引发广泛关注。

在国内，虽然真正意义上的明星真人秀节目出现较晚，但是发展迅速。真人秀节目在我国出现始于广东电视台 2000 年推出的《生存大考验》，2004 年湖南卫视推出的《超级女声》将平民选秀推向了高潮，2006 年第一档真正意义上的明星真人秀节目《名声大震》带来了明星真人秀节

---

① 真人秀［EB/OL］. 百度百科，http://baike.baidu.com/item/% E7% 9C% 9F% E4% BA% BA% E7% A7% 80/258372? fromtitle = % 40% 23Protect% 40% 23.

目的新潮流，直到2013年湖南卫视《我是歌手》的播出，明星真人秀节目才开始引爆荧屏。2014年，湖南卫视先后推出了《花儿与少年》《爸爸去哪儿》《一年级》；浙江卫视则有《爸爸回来了》《十二道锋味》《奔跑吧兄弟》；东方卫视推出《花样爷爷》《两天一夜》；江苏卫视也有《花样年华》《明星到我家》；此外，湖北卫视的《如果爱》、东南卫视的《真爱在囧途》等优秀的明星真人秀节目也不断涌现。

韩国真人秀节目 Running Man 自2010年7月开播以来，在韩国及亚洲国家的收视率不断飙升。该节目"6＋1"的固定主持阵容，时长80分钟。每期通过不同情节和角色扮演，设计一些速度、力量和推理游戏，让主持人和嘉宾完成，节目带来的新鲜感与刺激，受到观众热评。而中国版 Running Man 节目正式定名为"奔跑吧兄弟"，由浙江卫视节目中心和韩国SBS团队联合拍摄制作，双方采取混编团队的方法进行，最终呈现的效果，既有 Running Man 中的特色游戏，也有中国版的独特之处。《奔跑吧兄弟》接档《中国好声音》，于2014年10月10日起每周五在浙江卫视播出，整整十五期，第一季共播出三个多月。七位固定成员是邓超、王祖蓝、王宝强、李晨、陈赫、郑恺及 Angelababy（杨颖），每集还有不同的嘉宾加盟。

二、案例过程记述

自从2014年10月10日第一期在浙江卫视播出以来，《奔跑吧兄弟》获得了越来越多观众的认可：首期节目播放时，#奔跑吧兄弟#微博话题阅读量为3.3亿次，5期之后该数字蹿升至28.5亿次，每期新增阅读量超6亿次。第5期节目的收视率更是较首期翻倍，在竞争惨烈的周五晚间档突破2.5%，超过当周央视及所有卫视综艺节目收视率，百度指数突破140万。经过一个多月的对决，星期五综艺节目大战中，《奔跑吧兄弟》收视率稳居前列。那么接下来，我们从节目视角、节目形式、节目拍摄、节目后期等方面来剖析《奔跑吧兄弟》的节目制作过程。

（一）节目视角

《奔跑吧兄弟》这档明星真人秀节目将创新视角对准运动和快乐。从2005年湖南卫视的《超级女声》开始，中国综艺节目掀起"平民秀"狂潮，湖南卫视的《快乐男声》、东方卫视的《中国达人秀》、浙江卫视的《中国好声音》等"平民秀"节目层出不穷。但是，此后各卫视推出的真人秀节目更以明星参加作为亮点，如湖南卫视的《我是歌手》、北京卫视的《最美和声》、江苏卫视的《全能星战》等。近年来，竞技类真人秀节目，特别是歌唱类真人秀节目已经让观众产生审美疲劳。而"运动"特别是"明星＋运动游戏"的真人秀节目视角新颖，在播出前就已让受众充满期待。

（二）节目形式

《奔跑吧兄弟》这档节目的定位是户外明星竞技游戏真人秀节目，即节目的拍摄地点不是在摄影棚内，也不是在电视台综艺舞台上，而是在户外，在现实的社会生活中。可以看出，这档节目的形式别出心裁，让观众能够看到综艺节目的多元化，也更"接地气"。《奔跑吧兄弟》中明星的不矫情、不造作，调侃经典的轻松态度，以及一流的韩国编剧班底，确实给节目带来了别样风采，突破了同类节目刻意煽情的怪圈，也真正向观众展示了明星在实际竞技压力下的真实表现，而不是为了显示或宣传某种个人品质而进行的无底线"秀"。

（三）节目拍摄

节目嘉宾使用全明星阵容，制作班底则更是吸纳了韩国 *Running Man* 的制作团队。《奔跑吧兄弟》的制作团队加起来超过150人，中国团队由浙江卫视操作过《人生第一次》《爸爸回来了》《爽食行天下》《中国梦想秀》等节目的三支核心团队组成，韩国团队占到总人数的三分之一，包括其总导演、总编剧、王牌 VJ 等各个工种共50人，前4期更是由韩国原版核心团队成员亲自操刀。节目摄制组启用了无缝录制模式，保证内容的真实完整，并事先到现场做好各种预案，保证任何情节都不会重新来过。节目每次拍3天，录两期节目，一次动用40多名摄像人员、上百个机位，产出300多个小时的素材，然后再通过20名剪辑师，用20天至1个月的时间剪辑成一集正片。

（四）节目后期

在后期剪辑上，《奔跑吧兄弟》不同于以往综艺节目的流水账式记录剪辑，节目穿插了正叙倒叙、慢镜头回放、线索暗埋等丰富的剪辑手法，这不仅提升了观感，同时也助力节目脚本架构的完整性。除此之外，韩国 *Running Man* 已播出4年多，剪辑字幕已经完全把握了观众的喜好，在制作和包装时将大量的动漫卡通元素融入其中，其固有的诙谐风趣、生动夸张、通俗易懂、时尚动感的品质，大大增加了节目内在的表现力，受到大众的喜爱。所以《奔跑吧兄弟》刚开播，就要求剪辑师将剪辑后的首播作品拿来与原版 *Running Man* 比较，出人意料的是《奔跑吧兄弟》的效果基本与 *Running Man* 播出半年后的效果持平。

三、分析及评价

在"虐星"真人秀节目遍地开花的媒体环境下，《奔跑吧兄弟》作为中国大陆鲜有的户外明星竞技真人秀节目，最有一枝独秀的潜力。无论从收视、话题还是周边经济方面看都跑在最前列。那么，它是如何从众多真人秀节目中脱颖而出的呢？又有哪些地方需要反思呢？

（一）《奔跑吧兄弟》节目成功之处

1. "明星效应"吸引受众的注意力

明星真人秀节目，顾名思义就是有明星参加的真人秀节目，其本质是对明星的消费。在节目中参加游戏的明星褪掉了身上的"星光环"，在演戏、唱歌之外的生活中是什么样的性格、会有怎样的表现，这是受众所好奇的。马斯洛认为，人和动物都具有积极探索环境的需要，他们对四周的环境充满好奇心，对神秘的、未知的、不可测的事物心驰神往。[①] 而明星作为公众人物，其自身就是媒介和大众追逐的焦点，他们往往在社会上有自己庞大的粉丝群。明星本身的人气和粉丝是娱乐节目得以发展的前提，同时娱乐节目也帮助明星获得更大的社会效益和经济效益。"明星效应"，是电视节目高收视率的一大保障。

《奔跑吧兄弟》明星阵容强大，由邓超、Angelababy、李晨、王宝强、王祖蓝、陈赫、郑恺七位国内人气演员组成"奔跑组合"，他们在节目中既是主持人也是嘉宾。为了完成任务，他们全身心地参与游戏，时而怪招连连，甚至不惜"自黑"，制造出不少的收视亮点。不同于以往高高在上的明星形象，他们展现出平民化的一面，满足了观众的猎奇和窥探心理。

2. 奔跑团成员定位清晰，阵容配置恰当

"'帅哥'＋'美女'是最常见的娱乐节目主持人搭配，给人以'男才女貌'的印象。"[②] 相比于专业主持人，明星化的主持人对观众具有更大

---

① 李楠楠. 明星真人秀受众心理 [J]. 东南传播，2007（8）.

② 于隽. 舞动的镜城之躯　当代电视娱乐节目身体影像研究 [M]. 北京：清华大学出版社，2014.

的吸引力。他们不仅是节目进程的控制者，更是节目亮点和笑点的制造者。主持人根据各自不同的性格特征，在磨合中逐渐找准个人定位，特点鲜明的主持人可以将综艺节目的感染力发挥到极致，体现出独特的个人魅力。在插科打诨和钩心斗角中形成喜剧效果，使观众产生亲切感和熟悉感。

《奔跑吧兄弟》虽只有一位女明星，但 Angelababy 的气场不亚于其他男明星，在第二期撕名牌环节里，她和嘉宾张蓝心在地板上扭作一团，身为节目主持人的使命感爆棚；邓超搞笑与爱心兼备，由他当队长最适合不过；郑恺，因其帅气英俊的外表常与 Angelababy 搭配饰演 cp，为节目吸引了大批女性粉丝；陈赫，《爱情公寓》里的好男人曾小贤，常以逃跑者、背叛者的身份出现，身负"卖萌""耍贱"重任；李晨，相当于韩国跑男里的金钟国，是力量的化身，被观众亲切地称为"大黑牛"；王宝强，憨厚傻气的性格和敏捷的身手使他成为跑男团中的一抹亮色；王祖蓝，站在那里不动就满身笑点，身高问题使他成为处处受"欺负"的对象。和韩版节目一样，编剧们针对每位明星主持的个性设置出不同的角色，这有利于设计出适合他们性格的游戏，"学霸"邓超、"女汉子"Angelababy、"小猎豹"郑恺、"天才"陈赫、"大黑牛"李晨、"少林"王宝强、"捡漏王"王祖蓝，每一个人的形象都生动无比，他们懂得如何在撕名牌的紧张对抗中加进诸多让人捧腹的综艺点，他们懂得如何把更多的梗抛给前来做客的嘉宾，在"互踩"和"自损"中制造"跑男伐木累"的快乐。

3. 节目设置跌宕起伏，满足受众娱乐心理

"中国电视受众对于频道和节目的选择处于极度挑剔的状态，他们平均每日调换频道的次数在 150 次以上。"① 要想使观众锁定节目，就必须设计偶然性和悬念感，制造冲突和矛盾，适当地设置比赛难度。受众怀着好奇心欲罢不能，直到节目结束方才恍然大悟。这样层层递进的节目形式，满足受众的好奇心，使高潮接连不断。

《奔跑吧兄弟》在每一期节目里都设置不同的故事主题，故事中又有一个个的关卡和悬念。如第七期，寻找象征永恒爱情的宝石"海洋之心"，节目开篇嘉宾们就上演了一幕"穿越世纪的爱恋"，接着导演宣布游戏规则，跑男队员为赢得线索而努力地奔跑。这种故事框架保证了娱乐节目的流程，观众跟随主持和嘉宾体验着紧张、担心与激动的心情。这种观众平常见不到的明星体验，拉近了受众和明星的距离，看到因游戏需要而做出

---

① 靳智伟. 电视受众市场研究 [M]. 北京：北京师范大学出版社，2010.

各种怪异动作或表现出各种奇异表情的明星，"由明星向平民的转换符合大众文化时代平民意识的复兴，给节目带来了极大的看点"。①

4. 追求人文关怀，传递正能量

如今收视率的高低是广告投放的重要标准，但光靠噱头取胜和全盘娱乐化的庸俗节目并不能长期占据市场，具有人文关怀、传递正能量的才是未来电视娱乐节目发展的王道。真人秀节目应该着力凸显主流电视媒体的社会主义核心价值观、先进文化的理念，"寓教于乐"，通过节目的内容启迪观众、教育观众、引导观众，传递正能量，践行文化自觉的责任。真人秀节目对于受众价值取向构建的塑造、影响和改变不容小觑。当然在真人秀节目价值取向构建的过程中，也要做到尊重差异、包容多样，让主流价值观充满亲和力，避免单一化，用观众共通的情感元素提升节目价值观的传播力。②

《奔跑吧兄弟》自开播以来就一直以充满欢乐、正能量的风格备受观众青睐。作为团队游戏，如何让自己的团队获胜，是嘉宾们每期奋力奔跑的核心，跑男们在比赛中互相帮忙，团队精神无处不在。此外，《奔跑吧兄弟》也不忘在公益项目上引导观众。节目组与中国青少年基金会共同合作了公益项目"让爱益起跑——公益奔跑计划"，在每期节目开播的当天，拍卖明星们在节目中所获得的奖励及个人物品，拍卖所得都将用于 15 所贫困山区学校的体育设施建设，将奔跑和运动的生活理念传达到贫困山区学生的心中。这些都让观众感受到节目本身、节目主持和嘉宾传递出的正能量。

值得一提的是，2015 年 3 月 4 日，在十二届全国人大三次会议的首场新闻发布会上，人大新闻发言人傅莹在回答有关香港的问题时，拿时下火热的综艺节目《奔跑吧兄弟》做起了比喻，用《奔跑吧兄弟》中兄弟团成员共同努力完成任务的例子来提醒大家应该齐心协力共同前进。"国报"《人民日报》都带头任性怒赞："在欢笑中传递正能量，引导人们感悟生活真谛。"

5. 本土化改造，添加中国传统文化元素

国外的经典未必能成为国内的热点，不符合国情的节目注定失败。中国文化与外国文化的巨大差异，决定了买进的电视节目模式要符合中国受众的收视习惯，不可生搬硬套，这是引进的节目在中国长远发展的决定性

---

① 于隽. 舞动的镜城之躯　当代电视娱乐节目身体影像研究［M］. 北京：清华大学出版社，2014.

② 李翔，"真人秀"节目的价值构建与创新趋势［J］. 新闻与写作，2014（11）.

因素。一些在多个国家播出时引发收视热潮的王牌节目拿到中国却遭受冷遇的现象就是很好的证明。比如2013年出现的两档明星跳水节目，尽管收视成绩不错，却引发社会问题，触及政策底线，仅仅播出一季就销声匿迹。综艺节目最根本的是植根于自己的民众基础，反映当代民众的精神文化需求，用具有发展中国传统文化特色的方式进行本土化改造，才是更有意义的表达，也是在时代的发展中不至于忘却我们民族最根本之所在。

《奔跑吧兄弟》在 Running Man 的基础上成功地进行了本土化改造，还在外景地选择、节目剧情化等方面添加了中国特色本土元素。第一期即取景于杭州西湖，以中国民间故事《白蛇传》为故事背景，让中国观众倍感亲切。第二期则选择了具有江南水乡特色的"中国六大古镇"之一的乌镇，借用了《还珠格格》《流星花园》等经典影视剧中的桥段，让观众在怀旧和回忆中融入节目。这些小的细节都是国内引进节目真正本土化的成功之处，有力地彰显了中国的传统文化和特色。

6. 借助社交新媒体宣传互动，提高收视率

在 Web2.0 带来巨大革新的年代，电视媒介的营销思维也带来巨大改变，体验（Experience）、沟通性（Communication）、差异性（Variation）、创造性（Creativity）、关联性（Relation）成为满足受众需求的五大关键词。① 随着传播技术的发展，网络正在成为电视节目的长尾播放平台。在各大视频网站以及应用 App 上观看电视节目，已经成为一种流行、前卫的休闲方式，真人秀节目利用网络带给人们更多的参与和深度的情感沟通，弥补了电视线性传播转瞬即逝的不足，拉近了网络与用户、电视与受众的距离。因此各大电视台的真人秀节目都重视微博的蝴蝶效应。

微博为普通受众和明星的接触提供了渠道，并在后期的反馈中起到了重要的作用。一方面，受众可以通过微博看到嘉宾分享的节目未播出的部分花絮，提高观看过节目的受众对节目的后续期待；另一方面，微博的转发和评论行为，作为口碑传播和人际传播的一部分也成为节目的宣传途径，并且吸引了更多的受众。有了微博的助推，节目的关注度和影响度就会完全不一样。借助微博发起人的热点话题，吸引年轻受众的关注，建构固定的网络受众群。借用社交平台营销是目前比较普遍的电视节目营销手段之一，在节目播出前、播出中和播出后，在微博上发起互动话题，大大拓展了电视节目和观众交流的平台，让受众和明星借助社交平台微博进行零距离交流。

---

① 新媒体营销 ［EB/OL］. 百度百科，http：//baike. baidu. com/view/2900736. htm.

例如，《奔跑吧兄弟》每一期都会形成几个热门的讨论话题，#跑男来了#、#舞王邓超#、#天才陈赫#、#郑恺羞羞哒#、#捡漏王祖蓝#、#大黑牛李晨#、#诸葛北鼻#、#逗比王宝强#等话题都引起网友热议和点赞，长期霸占热门话题榜，不时还会有各大娱乐头版盘点和整理这些热门话题。观众随时随地对所关注的真人秀节目进行观看和互动，实现无成本传播。2014 年 10 月 10 日《奔跑吧兄弟》首播时微博话题#奔跑吧兄弟#阅读量即为 3.3 亿次，而如今已超过 200 亿。综艺人物排行榜的前五位，其中就有 Angelababy、郑恺、邓超这三位《奔跑吧兄弟》的节目主持人。线上线下互动使得《奔跑吧兄弟》获得了越来越多观众的认可，前五期节目的 50 城收视率除首期排名第三外，其余四期均位列首位。作为明星真人秀节目，制造出了巨大的轰动效应，成为媒体和受众持续关注的焦点，为中国电视节目打造出一道绚丽夺目的风景线。

（二）《奔跑吧兄弟》的冷思考

在电视日益成为我们休闲放松的媒介工具，成为我们认知社会的窗口，甚至作为我们社会交往的方式时，《奔跑吧兄弟》掀起的是一场社会化的狂欢。《奔跑吧兄弟》的成功，给明星真人秀节目带来许多有益的启示。但是，在全民"奔跑"热潮之下，更应该有冷思考。这样才能获得观众的持久青睐，越走越好，越走越远，赢得更好的口碑。

1. 商业气息过浓，失去节目质感

收视率，作为一个静态而客观的数字，并无太大力量，而传播经济学家却视其为"真正的商品"。其含义在于它的双向意指：其一，收视率是由媒介文化消费主体所创造的，收视率真正代表的是受众群体的整体品相；其二，收视率的作用不只是透露了关于受众的各种信息，更重要的是它对媒介文化产品的生产起到监控作用，所以它是控制论意义上的商品。①商业元素与电视节目的联系日益紧密起来，影视作品巨额的制作成本也使其不得不寻求赞助商的资金支持，同时，成功的高收视率电视节目也会给赞助商带来巨大的经济效益和社会效益。电视节目需要赞助商，观众可以理解，但商业化气息太严重就失去了这档节目该有的质感。

在《奔跑吧兄弟》中，观众很容易就能看到赞助商的标识。上海大众凌渡汽车、锐澳鸡尾酒、红牛等在品牌 Logo、明星对白、场馆景点的植入上无处不在。在观看节目的过程中，往往将太多的视线集中在这些产品

---

① 董天策. 中外媒介批评·第 1 辑　［M］. 广州：暨南大学出版社，2008.

上，并且有些植入显得太过生硬勉强，商业广告和节目的互动效果差。久而久之，节目被贴上了商业的标签，而忽略了节目本身的意义。而作为更高层次的植入广告，原生广告自 2013 年问世以来受到了业界的高度关注。原生广告具有三个特点：首先，内容是有价值、有意义的信息；其次，内容植入和呈现不突兀、不破坏画面的和谐；最后，用户分享参与传播。一些已经掌控移动互联网终端的企业进行了更多的尝试，以湖南卫视为例，其手机互动客户端"呼啦"的用户数在 2014 年年初即超过了 1 000 万。湖南卫视通过电视二维码资源，彻底打通了线上和线下，帮助广告客户和用户更好地进行互动。

2. "综艺电影"过度开发，终将透支粉丝热情

提到娱乐产品，现在业内流行一个词：IP（Intellectual Property），是围绕一个品牌开发的多种项目的总称。以《奔跑吧兄弟》为例，由于节目的高关注度，一系列衍生项目取得巨大的商业效益，其 IP 链上的产品包括 2015 年 1 月 30 日上映的《奔跑吧兄弟》大电影、3D 竖版跑酷类手游《奔跑吧兄弟：跑男来了》，以及相关主题图书等。零故事的"综艺电影"《奔跑吧兄弟》上映仅八天，票房就超过 3.5 亿元，造就票房奇观，而传统的贺岁电影和儿童电影势头却不如往年，这不禁引人思考。从票房数字上看，能够与海外电影抗衡，对国产电影似乎是件好事，然而对于中国电影产业的发展未必有积极作用。好莱坞知名影评人托姆·格伊尔直言"综艺电影"是中国独创的，这种类型的电影，在电影产业成熟的好莱坞是绝对不会去触碰的。冯小刚曾两度炮轰"综艺电影"是畸形的投机项目，"六天就拍摄完成，还获得很高的票房"，"这种野蛮地挣钱是对严肃电影的挑战和冒犯"。

众所周知，就连输出《爸爸去哪儿》《奔跑吧兄弟》等综艺节目的韩国，也没有把成功的综艺节目搬上电影大银幕，这正是其市场规范性所在。"综艺电影"也好，IP 开发也好，都应遵循文艺样式的基本规律和操作手法。把艺术变为产品，短时的收益令人艳羡，但想要维持这类产品的价值，就必须保证综艺节目的关注度。然而疯狂地挖掘品牌价值，终将透支粉丝的消费热情。一旦节目失去关注，观众好奇心减退，那么这条 IP 链上的所有产品不必说成为艺术经典，就连生存都将面临危险。

四、结语

真人秀节目具有真实与虚拟相结合的特征，让明星褪下光环走进日常

生活当中，这正是真人秀节目的真正活力。随着真人秀节目的发展，中国真人秀节目的形态越来越丰富，和人们的日常生活之间的距离越来越小。尽管当前中国的真人秀节目还不完善，同国外比还有很大差距，但作为一种颇具潜力的节目形态，已经赢得了观众的认可和喜爱，真人秀节目有着广阔的前景，值得我们进一步去探索。

（撰稿人：徐立慧）

《超级演说家》第二季——原创选秀节目如何取得新突破

在引进综艺节目越来越多的当下，一档原创电视节目如何在已有成绩上取得突破，即取得良好的收视效果又保持其制作水准，怎样既在可看性上下足功夫，又承担一个媒体所应该承担的社会责任，是一个值得思考的问题。《超级演说家》第二季做到了这几点，它的成功不仅有赖于精心设置的赛程规则、精挑细选的导师和参赛选手、华丽的舞美效果等形式上的设置，还要依靠节目组对于内容的把握，以"说话"为基础的节目就必须保证选手与导师演讲和对话内容的精彩性。

一、案例及背景介绍

《超级演说家》是中国首档原创语言竞技真人秀节目，由安徽卫视联合能量传播推出。其第一季已于2013年10月25日播出完毕，第二季于2014年4月4日在安徽卫视首播，每周五晚上9点30分播出一期。2014年7月11日，《超级演说家》第二季总决赛播出，鲁豫战队的刘媛媛凭借《寒门贵子》荣获冠军，李咏战队的林义杰和陈建斌战队的李承远分别获亚军和季军。

当下，选秀类节目层出不穷，且引进国外节目形式者众多，许多原创节目由于创意的缺乏和制作、推广上的不足，导致收视结果惨淡，成功制作一档新锐的原创节目更显得难能可贵。在这种背景下，《超级演说家》的播出一开始便备受关注，第一季首播的收视率就达到了1.10%。又由于它是第一档将演讲作为竞技项目的真人秀节目，作为市场先入者而占有份额优势，并且受同一时期内优质原创综艺节目较少的影响，因此取得了不俗的成绩，不仅荣登2013年省级卫视原创节目收视冠军宝座，也是2013年第三季度非音乐类节目收视冠军，还在十四期节目中九次拿到全国同时段收视第一，五次第二的成绩。

然而经过了整整一季的试验，节目的许多不足逐渐暴露，例如辩论性不强、赛制不够有趣等，导致收视率呈缓慢下降趋势。第二季则通过修改赛制、增加环节，以及赋予选手更高的自主性等举措，使节目更有竞技的"火药味"，可看性更强。根据收视率数据走势可以看出，《超级演说家》第一季的收视率从第一期的 1.10%，下降到第六期的 0.67%，之后虽有所上浮，但最终以第十四期的 0.67%惨淡收场。到了第二季，一开始的收视率仅有 0.67%，但第二期就攀升至 0.98%，接下来每期节目的收视率都不低于 0.70%。从两季平均收视率来看，第二季以 0.88%超过第一季的 0.84%，显然略胜一筹。

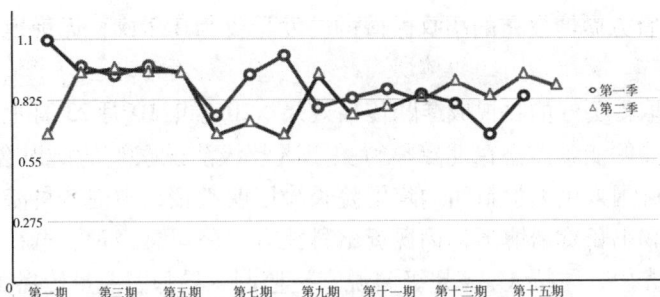

图1　两季《超级演说家》的收视率走势①

同时由于《超级演说家》第一季的传播力度仅仅集中在电视这一单一媒介上，因而并没有在社交网络中引起轰动性效果，也没有提供有亮点的话题讨论。在第二季中，这一缺点通过完善全媒体跨屏营销推广，得到了有效改善。可以看到，在国内主流视频网站上，《超级演说家》第二季的播放次数都较第一季有所提高，其中搜狐视频尤为突出，截至 2015 年 3 月 14 日，在搜狐视频中《超级演说家》第一季播放次数为 17 110 000 次，而第二季高达 80 700 000 次。在其他视频网站和搜索网站中，《超级演说家》第二季同样取得了可喜的成绩，并且单个演讲视频也获得了较高的播放次数和搜索条目，例如参赛选手刘媛媛在总决赛所作演讲《寒门贵子》，在百度搜索中以关键词"寒门贵子刘媛媛"进行搜索，能够得到 121 000 条结果。有趣的是，在第一季中，即使是收视率最高的第一期，也没有任何单个视频的搜索结果数能够赶上这一数字，多则区区 6 000 条，少则寥寥 2 000 条。因此可以认为，《超级演说家》第二季无论是从收视率，还是从其引起的关注度来看，都比第一季成功。

---

① 数据来源：百度百科，http://baike.baidu.com/view/1994970.htm.

二、案例过程记述

（一）前期准备和宣传造势

在已经取得不错战绩的基础之上，走出"首档原创"光环的《超级演说家》第二季想要获得突破并非易事，因此《超级演说家》第一季总决赛尚未播出，野心勃勃的第二季的筹备工作就已经在紧锣密鼓地进行了。2013 年 9 月 16 日，《超级演说家》第二季的选手招募正式启动，但《超级演说家》官方微博发布的招募微博的转发量仅为 722 次，评论也只有寥寥160 条。

为了取得更好的收视成绩和传播效果，2013 年 10 月 23 日上午，作为制作方之一的能量传播在北京举行关于《超级演说家》的研讨会。[①] 研讨会邀请了中国人民大学新闻学院副院长喻国明教授，中国社科院世界传媒研究中心秘书长冷淞博士，央视资讯科技有限公司总经理、电视情报研究专家惠明先生，主持人、《超级演说家》监制、导师、能量传播董事鲁豫，以及能量传播总经理郭志成，能量传播副总经理、节目总监、《超级演说家》总制片人曹志雄，共同从制作、播出、收视、影响、创新、未来等各个层面出发，针对《超级演说家》这档备受关注的语言类电视节目进行了全方位探讨。研讨会上，专家学者们在肯定这档节目的成果之余，也引用了大量跟踪收集的相关数据，对《超级演说家》第一季存在的问题以及未来的制作提供了自己的建议，例如：第一季《超级演说家》以选手演说为主，选手之间的正面交锋，比如辩论没有太多呈现，在一定程度上削弱了节目的可看性。接受了专家学者提供的专业意见后，制作方决定新的一季将在赛制、环节、导师、话题等方面有所升级，也会考虑呈现辩论的部分；同时引入国外操盘格莱美的舞美灯光团队，突出装置的引领作用。总制片人曹志雄清楚地知道，《超级演说家》距离一档成熟的节目模式来说尚需要走很远的路。"从原创到模式是很慢的过程，因为只有节目播出后才能看到它的效果，修正的部分也需要实践的检验，也许到了第三季、第四季，节目模式才可以说是真正成型。"[②] 因此《超级演说家》第二季成为

---

① 《超级演说家》研讨会　喻国明：好节目需要有吸引力 [EB/OL]. 凤凰网娱乐，http：//ent. ifeng. com/tv/news/zongyi/detail_ 2013_ 10/24/30610056_ 0. shtml.

② 年度节目《超级演说家》——有价值观　也要好看 [EB/OL]. 综艺报，http：//www. zongyi-weekly. com/new/info. asp？id =4241.

关键的一季。

2014 年 3 月 11 日，《超级演说家》第二季的启动发布会在安徽广电新中心举办；3 月 21 日，《超级演说家》第二季四位导师的定妆照发布；3 月 25 日，第二季的全新海报正式发布；3 月 30 日，第一部分节目已经录制完毕，并在上海进行紧张的后期制作与剪辑。此时距第一季总决赛仅仅过去 4 个月。3 月 30 日，安徽卫视官方微博发布消息，宣布《超级演说家》第二季全国地推活动正式启动，节目组将前往六个城市进行推广宣传活动。同时，《超级演说家》官方微博不断预热："半个月后，一场崭新的语言风暴和表达盛宴，将再次冲击观众的耳膜、神经甚至是心灵。"媒体也不断跟进报道，为了使节目更具噱头，有消息称因《来自星星的你》而于 2014 年再次走红的韩国女星全智贤有望成为第二季的助讲嘉宾；还有报道说，张艺谋将在其中一期节目中上演一段 6 分钟的演说，有望成为国内身价最高的"演说家"。① 这些新闻在当时虽然真假莫辨，但为节目播出"造势"的目的显然达到了。2014 年 4 月 1 日，离节目正式开播只剩两天，一组节目中四位导师的 Q 版漫画在网上发布了，但由于这组漫画视觉冲击力较弱，画风特点不明，也不够夸张有趣，难以造成话题效果。②

2014 年 4 月 4 日节目开播当天，搜狐、新浪、网易、凤凰四大门户网站的娱乐首页头条推介了《超级演说家》第二季。而在节目播出的整个过程中，各门户网站持续关注报道。例如：在第三期开播前，搜狐娱乐就发布题为"《超演 2》大妈惊人语速引唏嘘　林志颖频频放电"的新闻，故意省略宾语让人误以为明星林志颖对选手大妈放电，以此吸引观众。③ 此外，新闻中写道："今晚（周五）9 点 30 分，安徽卫视《超级演说家》第二季继续强势来袭，为争夺轮椅美女主播、最快语速大妈、帅气华裔金领、最清纯女大学生等选手，四位导师展开了激烈的'抢人大战'。继吐槽狗血爱情之后，今晚，鲁豫将再度讲述'该死的爱情'。疑似自爆亲身经历。"这种"疑似"明星自爆隐私的写法玄乎其玄，也博得了不少眼球。后文中更是写道："尽管一再为强加于己的'好色'形象抱屈，乐嘉的'好色'本性最终还是'暴露'出来。来自中国传媒大学的美女大学生赵宇昕刚一上场，小志就不停挑逗乐嘉，其清澈动人的外表和清纯无比的气

---

① 《超级演说家》第 2 季打造史上最强导师嘉宾阵容　张艺谋全智贤有望加盟 [EB/OL]. 安徽网络电视台，http：//www. ahtv. cn/c/2014/0327/00245988. html.

② 《超级演说家》导师 Q 版漫画曝光 [EB/OL]. 网易娱乐，http：//ent. 163. com/photoview/04C50003/525227. html#p＝9OQDMNQD04C50003.

③ 《超演 2》大妈惊人语速引唏嘘　林志颖频频放电 [EB/OL]. 搜狐娱乐，http：//yule. sohu. com/20140418/n398414477. shtml.

质瞬间'秒杀'了现场不少男观众。选手演说过程中，李咏、乐嘉先后为其拍下挡板，此后的导师争夺环节，乐嘉更是毫无顾忌地表白：'你怎么会这么纯真呢？'令女选手不知所措。即将告别舞台之时，乐嘉终于难掩激动上前紧拥并亲吻赵宇昕的额头，不知是受惊还是激动，这一举动令女选手当场失声大叫，现场也唏嘘一片。"这种故意夸张、歪曲事件的写法，为节目吸引了一部分"不明真相"的"围观群众"。

（二）传播效果延时，传播主力场向微信转移

2014年4月4日晚上9点10分，《超级演说家》第二季正式开播。不幸的是，全国收视率冠军《我是歌手》第二季总决赛在几乎同一时间段播出。根据第二天出炉的央视索福瑞全国网收视率数据，《我是歌手》第二季歌王之战的全国网收视率为3.24%，所占市场份额高达10.47%。[①] 同样是竞技节目，同样是第二季，《超级演说家》相比之下收视惨淡，仅0.67%。这也就注定了，想要扳回一局，《超级演说家》必须依靠节目内容本身取胜，而不是一味地依靠前期宣传。

但必须肯定的是，《超级演说家》第二季显然吸取了第一季的教训，在宣传上力度更大且有所创新，短短半年，紧张的节目筹备和宣传预热同时进行，其宣传团队全力发挥，前期宣传（尤其是社交网络宣传）虽然从微博转发数上看收效甚微，但密集的宣传还是起到了效果，吸引了一部分潜在受众，积累了一定程度的人气。因此即使第一期的电视收视率不高，但并不能认为收看这一期的人数少，事实上，许多错过节目首播的受众选择在视频网站上观看《超级演说家》第二季的第一期。随即，第一期中的一段名为"时间去哪了"的演讲，介绍了一种颇具实用性的自我管理方法——"34枚金币时间管理法"，迎合了现代人的自控需求，且视频时长只有4分钟，因而被单独取出，进入微信这一传播渠道，受到了广泛关注。因此，以演讲题目"时间去哪了"和演讲者名字"艾力"组成关键词，在百度中进行搜索，能够得到253 000条搜索结果。这一数据表明，这段演讲已经比第一季收视率最高的一期中任何一段单独的演讲视频都要热门，第二季在突破已有的成绩上迈出了成功的第一步；同时也表明，从一开始，《超级演说家》的传播热度就是滞后的，并非在每一期播出的当下就受到极大的关注，而是在其内容经过第一批直接受众观看后，由于节目内容受到认可而引发第二级传播。

---

① 《我是歌手2》总决赛全国网收视破3 [EB/OL]. 搜狐传媒，http://media.sohu.com/20140405/n397808093.shtml.

　　不仅单个视频的传播效果具有延时性，从《超级演说家》第二季整期节目来看，其搜索热度同样具有延时性，这一特征与第一季相比最为明显。从图 2 可以看出，《超级演说家》第一季结束后，百度搜索量急剧下跌，走势非常陡峭；但当 2014 年 7 月 11 日《超级演说家》第二季播出结束后，虽然以"超级演说家"为关键词的单日最高搜索量并没有达到第一季的高度，但其总体下降趋势更加平缓，且热度持续时间更长。这一趋势不管是在 PC 端还是在移动端的百度搜索上都同样呈现出来，并且在移动端上，第二季的单日最高搜索量跟第一季不相上下。经过上述这些比较，可以发现虽然《超级演说家》第一季的单日最高搜索量超过第二季，但由于其热度持续时间不长，人们很快就不再关注这一话题，而第二季通过传播策略的改进使得节目热度维持时间较长，因而总搜索量不一定比第一季低，其受众数量可能比第一季更多。不只是在搜索网站中，《超级演说家》第二季具有非常持久的人气，在微博搜索指数中也可以看出来。从图 3 可以看出，虽然 7 月 11 日总决赛当天的微博搜索量达到一个小高潮，但一直到 8 月末都没有明显的搜索量。在 9 月份时，微博用户对《超级演说家》的搜索量突然暴增至近 23 400 次，此后有所回落，但一直持续到 11 月才逐渐稳定在 3 900 次以下。这可能与决赛中刘媛媛的演讲《寒门贵子》在节目结束后重新火了一把有关。这一段演讲视频被从节目中单独剪出，在微博和微信等社交平台上引发了广泛关注，其百度搜索的相关结果高达121 000 条，其中视频 425 个，在视频网站爱奇艺上至少有两段相关视频，一段视频播放次数高达 140 000 次，其中移动端播放占比 68%，PC 端播放占比 32%；另一段的播放次数则有 638 000 万次，其中移动端播放占比59%，PC 端播放占比 41%。在搜狐视频上其中一段相关视频的播放次数为 35 500 次；在华数 TV 上相关视频的播放次数则为 34 194 次。在微信朋友圈，这个视频也被疯转，例如名为"全球奇闻逸事"的微信公众号发布题为"她 4 分 44 秒的演讲，却让整个世界都沉默了!! '寒门贵子'"的推送，阅读量达到 4 964 次。通过搜索发现，这一题目在微信公众号的使用量远远高过原题目"寒门贵子"，再次检索发现，题目中包含"她 4 分 44 秒的演讲，却让整个世界都沉默了"的视频的播放次数居高不下，截至 2014年 7 月 30 日在腾讯视频中这段演讲被播放了 10 020 000 次，可以肯定其中大部分点击来源于微信朋友圈。此外，以此为关键词搜索可见这一视频标题虽然早在 2014 年 7 月 30 日就开始使用，但一直到 9 月底都不断有页面以此为名出现，且内容均为刘媛媛演讲的《寒门贵子》。微信公众号"安徽卫视"在 2014 年 7 月 30 日的推送称《寒门贵子》的演讲"让鲁豫、乐嘉泪奔，转发超 200 万的演讲!" 并于 9 月 29 日推送相关文章《告诉你为什么刘媛媛的演讲能让 13 亿人沉默!》，该推送也获得了 8 584 次转发量。据上述数据可以得出以下结论：刘媛媛在《超级演说家》第二季中的演讲视频《寒门贵子》着实火了一把，火在微信朋友圈，火在总决赛播出以后并且热度持续了相当长的一段时间，本研究认为该视频在微信上达到转发高潮的时间是 2014 年 9 月中旬，即节目结束近两个月后。

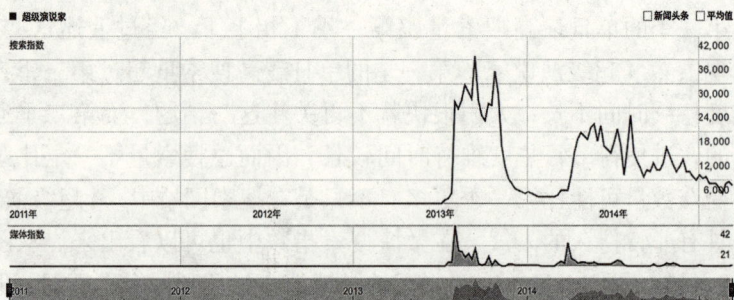

图 2　《超级演说家》百度搜索指数①

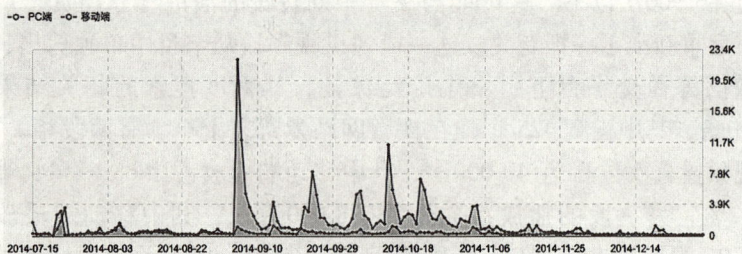

图 3　《超级演说家》微博搜索指数②

三、分析及评价

（一）传播方式多样

《超级演说家》第二季想要在第一季的基础上有所创新和突破，打破

---

① 数据来源：百度指数，http：//index. baidu. com.
② 数据来源：微指数，http：//data. weibo. com/index/

常规宣传策略是关键，在整合多平台联动传播方面，《超级演说家》第二季显然获得了成功。它不仅联系其他媒体，在每期节目播出前发布预告进行预热，而且充分利用社交网络平台，在新浪微博中开设官方微博，进行高强度信息轰炸，并且对赛事进行全面"微博直播"，同时制造话题。这些常规的媒体宣传活动取得了一定效果。

　　同时，《超级演说家》第二季开展线下活动，到各个城市进行地推活动，例如2014年3月26日，该节目前往北京举行看片会。此外安徽卫视乘势推出《超级演说家》第二季之"超级金嘴巴"全国地推活动，4月2日下午在合肥天鹅湖万达火热启动，分别前往郑州、北京、济南、合肥、石家庄、沈阳六大城市进行宣传，历时一个半月。[①] "超级金嘴巴"联合当地媒体举办，从而寻求报道和支持，例如沈阳站就由《沈阳晚报》独家主办，于5月10日在沈阳居然之家皇姑店的共享大厅上演，赢得"超级金嘴巴"称号的选手将有机会参与《超级演说家》的录制。[②] 以此将线上、线下串连成线，实现打通。

　　除此之外，借助冠名品牌之力实现线上、线下联动推广，体现了其传播方式的创新。《超级演说家》第二季由曼妥思清劲无糖口香糖和飞鹤婴幼儿奶粉冠名播出，在《超级演说家》官方微博中开展了一些有奖互动活动，例如2014年5月12日趁母亲节之际发布"【#超级演说家# 有奖互动】昨天母亲节，小编看见身边的很多朋友都以不同方式和母亲进行了庆祝。小伙伴们，昨天的你们又是以何种方式同母亲一起度过的呢？转发此微博并说出你的庆祝方式，只要你的故事够真实，就有可能获得'飞鹤+曼妥思'双重大礼包哦！小伙伴们，快快转发起来吧！"6月3日发布"【#超级演说家# 有奖互动】儿童节+端午节，三天的'双节'假期'嗖'的一声就没了，好快啊有木有！大家都是如何度过'双节'的？小伙伴们，转发此微博并说出你的过节趣事，只要你的经历够真实够欢乐，就有可能获得'飞鹤+曼妥思'双重大礼包哦！唉，小编先来吧，我是在变相加班中熬过来的。"这些有奖活动虽然未与《超级演说家》直接相关，但也能将受众吸引到这一话题上来，通过转发和互动还能够增加受众黏性，引导边缘受众向核心受众转变。

　　同时，《超级演说家》第二季化整为零，每一位选手的单个演讲视频

　　① 《超级演说家》第二季之"超级金嘴巴"全国地推即将启动［EB/OL］. 安徽网络电视台，http://www.ahtv.cn/c/2014/0328/00246948.html.

　　② 陈希.《超级演说家》地推活动　沈阳启动"超级金嘴巴"将献演讲盛宴［N］. 沈阳晚报，2014-04-28.

都可以进人更加短、平、快的社交网络平台，进行二次传播。虽然固定的节目形式不能符合每一位观众的口味，但是演说内容和演说者是多样的，总会有那么一段演说，要么吻合了当今社会热议的话题，要么迎合了主流价值观，又或者填补了人们某一方面的信息空白，而可能受到大家的追捧。就像《寒门贵子》这段演讲视频的突然走红，其中蕴含了极大的偶然性，但在某种程度上也可以视为一种必然，与《超级演说家》第二季提供的一切硬件和软件条件相关，不能够完全孤立地看待。

（二）节目内容兼顾趣味性和社会价值

《超级演说家》将"说话"这一普通大众日常生活中必不可少的行为活动作为竞技的项目，充满了创造力，"怎么说"和"说什么"就涉及节目最重要的两方面，即演讲形式和演讲内容。每人每次的演讲时长4~5分钟，演讲时全程脱稿且不会被打断，所阐述的内容和主题在盲选、决赛卡位战和决赛时是不固定的，在导师对战赛时则是同题竞技。

喻国明教授评价《超级演说家》时认为，电视节目首先要好看，要有吸引力；其次才是价值和意义。作为一档语言类节目，《超级演说家》显然在好看上做足了功夫，节目很好看，很有料，观众可以轻易在节目当中看到自己，看到自己的意见或观点透过演讲者的口中传达出来，从而获得共鸣，同时还可以在观看过程当中得到很多的启发，这是一档电视节目很难得的价值体现，在为社会提供智慧。冷淞博士同样表示，《超级演说家》开启了一个富矿，因为每个人都有嘴巴，每个人都有自己的思维方式和观点，所以每个人都有机会成为《超级演说家》的参与者，而且《超级演说家》在选手选择上注重差异化，敢于把演讲话题拓展得很深刻。① 从这些点评中可见，《超级演说家》中每位参赛选手的演讲内容，在整个节目内容中占了最重要的比重，这些内容首先担负着可看性的使命，其次还承担着电视节目所要追求的社会责任和社会价值。

在好看性上，《超级演说家》第二季可谓下足了功夫。首先在参赛选手的选择上，展现了层次更丰富的社会面相。例如：两位00后杜兆泽川、贾晓鑫作为参赛选手来到了比赛现场进行演讲；既出现了十年如一日、苦苦寻子的母亲李静芝，也有即将失明、千里寻根的年轻小伙子孙浩辰；有站在男闺蜜立场，告诉男生如何与女生相处的肖骁；亦有用理性思维和独创的"34枚金币时间管理法"教大家如何提高自控力的英语培训机构老师

---

① 年度节目《超级演说家》——有价值观　也要好看［EB/OL］. 综艺报，http：//www.zongyiweekly.com/new/info.asp？id=4241.

艾力；参赛选手可能是普通如马薇薇的家庭主妇，也可能是特别如林义杰，一个自身故事丰富且总是震撼现场观众的马拉松冠军，还可能是鬼马书生蒋佳琦。大陆、香港、台湾及海外的选手都可以在节目中看到。这些人的演讲为观众展开了一卷现代社会版的"清明上河图"，他们所演讲的内容涉及了大千世界的多个方面，不同的观点代表了不同人群的利益和感受，这些东西汇聚在同一档节目中，用语言这种最简单、原始却极有感染力的形式呈现给观众，是十分具有可看性的。限于文章的篇幅，这里不可能把每位参赛选手和演讲嘉宾的演讲内容都一一列出，所以在此只选取其中的一些片段，以飨读者。

我们都说不会撒娇的女人命苦，但我觉得不让女人撒娇的男人恶毒。当然现在的女生也不是完全无辜的，很多的男观众也会抱怨，说现在女生都有病。什么病？选择恐惧症。但我要说，这是病，但没法治。给大家举一个最简单的例子，咱们就拿吃饭来说。你问她想吃什么？随便。那咱们吃火锅呗？一身的味。吃烤肉呢？上火。吃中餐？没新意。吃西餐？没创意。吃快餐？太随意。那你到底要吃什么？随便！

——肖骁　演讲主题：《中国好闺蜜》

当这位极具个性的参赛选手说完上面这段话后，现场许多女性观众都点头表示认同，而导师鲁豫不但一直点头微笑，还接下肖骁的话茬与他进行互动。与同样热门的演讲节目《开讲啦》不同，选手肖骁所演讲的内容围绕的是一个非常小的主题，他没有什么宏大理论，也不去侃侃而谈什么家国情怀，而是将关注点放在了男女之间的相处之道上，所举出的例子都是对日常生活的呈现，让人觉得好笑、认可，并且这些朴实的言语更容易让人接受。这就是选手的个性特征对演讲内容的影响，当所有的演讲都体现出非常个性化的面貌时，呈现在舞台上的就是一台浮世绘。

今天我为我的儿子而来……他是一个自闭症的孩子，他不会说话，他甚至到今天还不知道自己是谁。我希望有一天我老了，有人能给他一口吃的；他迷路了，有人在路上看到他能够把他送回到我的身边。这是我写给儿子的第一封信，我希望有一天他能够看到、能够看懂。

——赵玉琨　演讲主题：《八斤爱壮壮》

这段演讲同样是基于十分个人的诉求而进行的，却实实在在地感动了许多现场观众。它与其他选秀节目中的故事讲述不同，故事的内容不是为了展示个人才艺做铺垫，选手所说出的每一句话才是真正的核心。同样作为竞技类选秀节目的《中国好声音》，也有许多"讲故事"的成分在，因而被网友戏谑地称为"中国好故事"。但实际上，这些故事是为了讲而讲，"讲述"和"内容"本身不是重点，重点全部落在了如何煽情，如何塑造人物形象上。这样的故事不但不能产生效果，无法激起观众的共鸣，甚至可能让观众产生逆反心理和厌恶情绪。但是在《超级演说家》的舞台上，普通人的境遇中所隐匿的悲欢离合、喜怒哀乐，才是现实世界的原貌。他们的故事或许比电视剧剧情更加跌宕，而由当事人站在台上满腔真情地去讲述，才能发挥"真实"与"语言"的巨大力量。

当我在人生中遇到很大困难的时候，我就会在北京的大街上走一走，看着人来人往，而那时候我就想："刘媛媛，你在这个城市里面真的是依无所依，你有的只是你自己，你什么都没有。你现在能做的就是单枪匹马，在这个社会上杀出一条路来。"

——刘媛媛　演讲主题：《寒门贵子》

《超级演说家》可以被视为语言类节目与竞技真人秀的结合，如果说真人秀和竞技完成了趣味性的传递，那么话语的力量让这档节目实现了社会价值的承担。《寒门贵子》算得上是《超级演说家》开播以来最受好评且传播最广、引发讨论最多的一段演讲，它能广受好评的一个原因就在于其对正能量的传播。参赛选手刘媛媛是北京大学法学院研一的学生，她出身贫寒，凭借着自己的努力考入北大，在竞争激烈的北京站稳脚跟。她的每次演讲都展现出一种积极、向上的人生态度，她甚至在题为"年轻人能为世界做什么"的演讲中大胆宣告："我不是来适应社会的，我是来改变社会的。"《寒门贵子》中，刘媛媛的精彩演讲让导师鲁豫和乐嘉都感动得红了眼眶，鲁豫评价她"对社会有一种情怀"。这段视频也感动了许多网友，一位名为"金欧莱"的网友评论道："语言的力量的确很强大，很喜欢，看了几遍！觉得人活着没有什么过不去的。"也有网友看完后留言道："听完这个演讲，泪流满面。那是不是曾经的自己？"正是因为《超级演说家》中蕴含着这样正面的力量，所以它好看的同时不再是为了单纯地追求眼球经济而流于煽情和恶俗。

就好比如果我们每个人看到有人摔倒都不去扶的话，那么当我们自己摔倒的时候也不会有一个人来扶我们，那些制造黑心食品的商家、那些破坏环境的工厂、那些为了钱可以出卖一切的人，他们不懂这个道理，但你们不能不懂。

——李承远　演讲主题：《厚德载物》

真正的文明应该分成两个部分，第一部分就是潜藏在我们内心的那种素养，不需要特别强调，自发的流露、非常的自觉，而第二种是对他人的宽容和理解。

——蒋佳琦　演讲主题：《真正的文明是什么》

以上两段演讲内容节选可以说是对社会现状的理性思考和批判，对解决社会问题的建议和呼吁。当比赛选手李承远从道德角度出发，声色俱厉地控诉无良商家和黑心工厂主时，现场观众都感受到了极大的震撼。而鬼马书生蒋佳琦则是从社会结构出发，呼吁大家从另一角度思考"文明"的真正含义。除此之外，还有关注拐卖儿童、艾滋病人、吸毒者等多种题材的演讲，正是这些演讲内容的正面意义使得《超级演说家》第二季承担起了一个电视节目应有的社会责任，从而成为一档有教育意义、社会价值的优质节目。

（三）节目形式和赛程设置的创新

俗话说，"内容为王，形式是金"。有了上述色、香、味俱全的原素材，想要烹调出一道美味佳肴还得依靠有创意的节目形式，许多原创节目不敌"外来的和尚"，而在收视率上"兵败滑铁卢"，就是因为对节目形式的雕琢不到位。《超级演说家》第二季作为一档原创节目，本身已经有一个不错的节目形式雏形，但要想在传播上超越第一季而取得新突破，就必须在吸取经验教训的基础上继续创新。

《超级演说家》第二季沿用了海选和导师分班制度，但是将导师分班制度改为"3＋X模式"，即每场有3位导师享有优先选择权，但在选择学员之前不能看到学员的样子和表现，盲选导师如选中选手即刻按下按钮放下挡板。X导师则相反，虽然一开始只能观战，但可以在其他导师放弃时决定是否选择该学员，当然，如果学员执意选择X导师，X导师也可以拒绝。演讲由观众投票决定是否通过，通过后导师才能选择，否则选手不得不中途结束演讲，失败离场。如果选手完成演讲，那么权利反转，由选手选择导师战队。第一期至第七期为导师分班赛，每位导师选择8名队员

（共 32 人）进入复赛。如果第一轮选择结束后，导师战队人数还不够，则可以复活没有通过盲选的选手。

第八期至第十一期为导师对战赛，32 人晋级 14 人。每一期同样设置一位 X 导师，第一轮和第二轮由其他导师的学员向 X 导师学员发起主题演讲挑战，现场 300 位大众评审的投票结果直接决定谁去谁留。第三轮由 X 导师派出四位学员组队 PK，两位学员为一组，最终由观众投票决定哪一组胜。胜利组一人晋级，失败组一人淘汰，剩下两名选手待定。复赛比拼结束，共产生 8 名选手，待定选手将分成两组加赛一轮（即兴演讲），从中再选取两名选手晋级，共有 14 名演说者进入下一轮挑战。

第十二期至第十四期为决赛卡位战。四位导师先分别指派一名队员担任擂主，坐镇四强，余下选手轮流攻擂，攻擂结果由导师和现场观众共同决定，胜者荣登四强擂主席，败者立刻淘汰。本阶段每位导师拥有一次复活权，可将本队淘汰选手当场复活继续攻擂，累计获胜两次或最终守擂两次成功的选手将直接晋级全国四强，而属于该选手的擂主席位也将随之关闭。当场上四位擂主席位全部关闭，余下未出战选手将进入死亡之组，由观众投票决定最终命运，得票最高者将获得最后一位晋级名额，最终产生 5 名选手进入总决赛争夺冠军头衔。

第十五期为冠军争夺战。总决赛分为两轮，第一轮 5 位选手依次演讲，由现场观众和 30 位媒体评审为他们投票，票数最高的前 3 位直接进入第二轮的三强争霸赛。第二轮由这三位选手依次发表演讲，最终由 30 位媒体评审决定三人的名次。①

这样的赛制不但加强了节目的精彩程度，让导师、选手与 X 导师之间的博弈更加突出，而且强调了辩论，让选手之间的竞争关系更戏剧化地呈现，使竞技元素凸显出来。并且五位导师的性格各异：李咏幽默风趣、乐嘉专业且语言犀利、鲁豫温柔大方、林志颖细心宽容、陈建斌成熟稳重，因而导师之间的竞争和冲突也让节目更加精彩。此外，导师对选手的专业性点评能够确保节目质量，为了噱头而"毒舌"或者恶语相向并不适用于这个舞台。同时，导师对话题的把握精准，点评到位，妙语连珠。例如鲁豫说："只要找对了人，你在那个人眼中就是女神。"又如，乐嘉告诉选手："才华可以让一个人走到一个高点，但如果只是发挥才华，这个人将无法达到制高点。"这些都是节目要素中不可或缺的。而导师和明星嘉宾的演讲，不但充分利用导师资源，使节目演讲水准维持在一定的高度，而

---

① 超级演说家［EB/OL］. 百度百科，http://baike.baidu.com/view/1994970.htm.

且能够依靠明星效应吸引更多受众观看这档节目。

另外，节目在细节设计上也花了许多心思。例如为《超级演说家》第二季设计舞美灯光的专业团队，曾参与制作过《美国偶像》等多档热门节目，也曾为格莱美颁奖礼设计灯光。该团队负责人安东·戈斯更是身兼制作设计师、艺术指导、制片人数职，曾揽获美国大大小小艺术奖项及提名十余次，堪称美国综艺界大咖。①《超级演说家》第二季的摄影棚灯光以暖黄色、金色、紫红色和蓝色为主，从视觉上使节目现场更好看。在舞美上，选手演讲时，背后的大屏幕上会有相应的画面呈现，有人物照片提供更丰富的信息，也有虚拟图像烘托现场气氛。在导师座椅设计上，转椅虽然能起到同样的效果，但美感较弱，三角形镂空大挡板的设计充满了未来感，配合灯光效果使舞台更加华美。同时，音乐紧扣选手演讲的节奏，变换过渡平缓，时而温柔，时而激昂，时而留下一段空白，能够烘托选手演讲时的气氛，增强演讲带来的情感刺激。

四、结语

就节目的推广来看，虽然已经比第一季提升了很多，但是在今后的节目中，更应该注重选手个人风格的塑造，进而将选手打造成节目品牌，形成明星效应，推动传播。具体来说，一方面可以有计划地针对选手个人进行包装宣传，制作海报、语录，从其主题演讲的内容出发制造焦点话题，将节目从"以导师为中心"向"以选手为中心"转变；另一方面，《超级演说家》应该尽快抢注官方微信公众号，有计划地推送选手相关信息，例如选手训练时的花絮等。在节目中，《超级演说家》可以更加突出"竞争"和"对抗"框架，让选手的胜利和卫冕更有仪式感，进而让节目更加激动人心。

（撰稿人：张令）

---

① 《超级演说家》第二季回归　三大悬疑两看点曝光［EB/OL］．网易娱乐，http：//ent. 163. com/14/0330/10/9OJ20K6800031GVS. html.

从人物塑造看《红高粱》的味道

"身边的那片田野啊，手边的枣花香，高粱熟来红满天，九儿我送你去远方……"2014年10月27日，根据中国首位诺贝尔文学奖得主莫言的《红高粱家族》小说改编，由著名导演郑晓龙执导，编剧赵冬苓改编，周迅、朱亚文、秦海璐、于荣光、解惠清、黄轩、宋佳伦等人联合主演的电视剧《红高粱》首播。首播当日，登陆山东卫视、北京卫视、浙江卫视、东方卫视四大卫视黄金档，其中北京、山东两家卫视收视破一，而山东卫视全国网同时破一，实现首日双网破一。然而对于这部大咖云集，大阵容、大制作的电视剧，首播当日的评论呈现了明显的两极化。有人爱周迅的泼辣、灵气，有人怀念巩俐的浓烈、憨淳。有的观众表示依稀看到了当年《橘子红了》的风采，也有一些业内人士称其为颜值极高的"鸡肋剧"。与小说和电影相比，本文将从人物性格、语言、服饰、肢体语言四个方面分析电视剧《红高粱》这壶酒到底酿得够不够味。

一、案例简介及背景介绍

电视剧《红高粱》讲述了20世纪三四十年代"我爷爷"余占鳌和"我奶奶"九儿在山东高密通红的高粱地里展开的一段爱与被爱、征服与被征服的故事。"我奶奶"九儿是一个破落地主家的女儿，贪钱的父亲把她嫁给了得麻风病的酒坊主儿子单扁郎。粗犷强壮的余占鳌喜欢上了九儿，他杀死了单扁郎父子，与九儿展开了一段不被世俗认可的爱情，并育有两个孩子。后来，在罗汉大哥的帮助下，九儿重建了家里的红高粱酒"三十里红"，自己也从一个单纯的少女变为精明干练的酒坊少奶奶。

余占鳌组建自己的队伍，周旋于土匪花脖子和县长朱豪三之间，三者形成三足鼎立的局面。"七七事变"爆发，日军侵占高密，烧杀抢掠，民不聊生。在民族大义面前，余占鳌、花脖子和朱豪三暂时放下了个人恩怨，团结一致，共同抗敌。内忧外患之际，九儿将日军引到了高粱地并点燃红高粱酒，与其同归于尽。这是一群粗犷豪放、朴实又充满野性的山东人，在那个时代，在官与匪之间，在民族大义和儿女私情之间的一段荡气回肠的故事。

电视剧改编自 2012 年诺贝尔文学奖获得者莫言的《红高粱家族》。瑞典学院终身秘书彼得·恩隆德在接受采访时表示，"他（莫言）写农民，写乡村中的生活，写那些为生存和尊严而挣扎的人民，他们偶尔能取得胜利，但大多数时间却都失败了。他写作的基础源于他儿时听到的民间故事，那些常常用于描述他的魔幻现实主义，我觉得实际上是低估他了。他的写作源泉并非全是来自马尔克斯，很大一部分是他自己的，那种从寻常生活中描写出超自然东西的风格，让他成为一个完完全全原创的叙述者"。诺贝尔文学奖颁奖结束后，在被问及会推荐自己的哪本书给全世界的大学生时莫言坦言《生死疲劳》《红高粱》《丰乳肥臀》等都值得读一读。

其实早在 1987 年，由张艺谋导演、巩俐主演的电影《红高粱》就搬上了荧屏并先后在国内和国际上获得过很多奖项。对于一部小说和电影都如此经典的作品，电视剧《红高粱》能否顶住压力，在富有创意的同时又不失原著的风采，是观众最关心的问题，也是导演郑晓龙面临的最大压力。

据央视索福瑞数据显示，《红高粱》开播当日山东卫视便双网破一，创下国内电视剧首播收视纪录。其后长达三周的播出中，更是以四家卫视（山东、北京、浙江、东方）联播收视齐齐破一的傲人成绩，持续霸占收视榜前列，山东卫视以 1.54% 的平均收视率在四家卫视中夺冠，超过《勇敢的心》，创造了山东卫视晚间黄金剧场又一收视新高，《红高粱》真正成为全民追看、举国皆谈的现象级大作。而其三周超过 25 亿的网络播放量，也一举刷新了电视剧网络播放纪录，让其成为当之无愧的电视收视、网络点击量双冠军。而制作精良、剧情跌宕起伏、人物个性鲜明、战争场面震撼的高水准制作，也为其赢得了 2014 年"国产良心剧"的美誉。

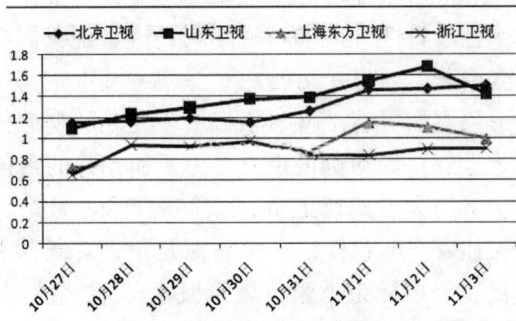

图 1　四大卫视《红高粱》的收视情况

二、案例过程记述

"八月深秋，无边无际的高粱红成汪洋的血海。高粱高密辉煌，高粱凄婉可人，高粱爱情激荡。秋风苍凉，阳光很旺，瓦蓝的天上游荡着一朵朵丰满的白云。高粱上滑动着一朵朵丰满白云的影子……"这是小说《红高粱家族》中对红高粱的描写。

2013年9月17日，电视剧《红高粱》在莫言老家——山东省高密市东北乡开机，莫言的众多老乡争当群众演员，红高粱地里还建起了单家大院，引来大量游客的参观和广泛关注。《红高粱》从内容改编到演员选定再到最后的开拍都受到了极大的关注。

1. 内容改编

2013年，作为出品方的山东卫视在3月底拿到《红高粱》的改编权，要想赶上高粱长得最好的时候，9月份该剧就必须开机。而赵冬苓5月份才刚刚接到剧本。如此重压，让曾在3个多月的时间里写了60万字的"快手"赵冬苓也感到头疼，"在进入抗日这一块停了很久，大概有七八天，反复地写，就是不希望只是一般的抗日戏"。

被业内称为"快手"的女编剧赵冬苓接替莫言之女管笑笑担任剧本创作，在故事大纲获得了莫言的肯定后，她马上投入到40集剧本的创作中。赵冬苓称："郑晓龙执导的电视剧和电影是不可比的，首先在表达形式上他们不是一个话语体系，电影的长度在100分钟，它表达了意向、自由的精神和人物的个性就好了，电视剧利用长篇幅来表达人物世界、完整的人物关系、完整的故事。"

改编中赵冬苓深切地体会到，虽然很多方面都难以完全忠实于原著，但有一点在电视剧和电影中是"相通"的，"莫言先生在原著中表达的精神——张扬人的个性、野性，追求洒脱不羁，这点是我们努力保留的，希望从精神上能符合原著"。

为了使人物形象更加丰满，赵冬苓新增了九儿的初恋男友张俊杰、单家大少奶奶淑贤等人物。她举例说道："为了和九儿的叛逆形成对照，就有了用传统美德塑造的大少奶奶淑贤（秦海璐饰）。她是代表封建传统美德的人物，为了保住家产继承权，多次陷害九儿。朱豪三（于荣光饰）为民做事、不惧强权，但是行为乖张，做事极端。"复杂的人物关系使得故事节奏更为紧凑，也迎合了观众对三角恋、钩心斗角、战争等戏剧元素的审美需求。

电视剧本中，除了有在张艺谋电影中被大家熟悉的角色，还有曾被张艺谋舍弃但在电视剧中全新亮相的人物。"像土匪、'我奶奶'、'我爷爷'，通过电影大家都熟悉，但是小说里有一个重要人物，高密的县官曹梦九将会亮相。他是 30 年代一个真实的人，给韩复榘当过警卫营长。这人的口碑流传至今，有很多故事也被传奇化。在我的小说里也对这个人物用了很多笔墨，我觉得这个人物可以和'我爷爷'、'我奶奶'发展成三足鼎立的人物。我们要塑造一个在民国时期有正义感的县长，同时又不是一本正经的儒家式县长。按照高密人的理解，这是个很难摸清的人，一阵风，一阵雨，一阵晴天，半是文，半是武，半是野蛮。他把一个县治理得井井有条。要是腐败顶多就是喝老百姓一顿酒。写这个县官我觉得非常有趣，也会产生戏剧幽默效果。"

剧本完成后，全剧的角色增加到了 58 个。赵冬苓表示，"每个人物心里都有自己的小九九，他们的闪光点不在于道德的完美，而是在家国大义面前，把个人私心退居次位，这样有血有肉、有欲望的人物更加鲜活真实"。

赵冬苓此前在接受东方卫视节目专访时，给自己打了 85 分，"全剧 60 多万字一点水都没有，故事非常紧凑、饱满"。"不敢说重新创造，莫言的原著是'巨人的肩膀'，可以说，我们在这个'肩膀'上重新制造了一个世界，这个世界的广度和跨度无疑是比原小说更丰富的。因为我们把整个地域扩大到从三十里铺到高密县，到山东省，并横跨 20 世纪 30 年代抗战这个时间段。"

2. 导演的确定

2012 年年底莫言获得诺贝尔文学奖的消息传来，在诺贝尔奖加冕的光环下，莫言的作品不仅卖到脱销，代表作改编权的归属也成为瞩目的焦点，最终电视剧《红高粱》的出品资格由山东卫视获得。在《红高粱》的座谈会上，导演郑晓龙最终与剧方签约。这位曾打造了《北京人在纽约》《编辑部的故事》《甄嬛传》等众多知名作品的导演是圈中的常青树。不过，首次与莫言谋面，他也是有压力的。有张艺谋的电影版珠玉在前，能否将《红高粱家庭》成功改编为电视剧，他心里也没底。

刚接下电视剧时，有的仅仅是剧本大纲。这对郑晓龙来说，是前所未有的，几乎没有任何准备，5 个月的时间就要写出剧本而且开机，这在他拍戏生涯中都是头一遭。"我一开始坚决不同意。"郑晓龙实话实说，"不是因为珠玉在前，而是因为时间"。精益求精的郑晓龙，每次拍戏的工作方式是开机前一点点抠剧本，优秀的剧本创造都需要过程，然而高粱不等人，2013年如果不拍的话，就得推到2014年秋天，郑晓龙没这个时间。他说："我也知道，当初电影很火，另外也担心莫言先生的小说能不能改成长篇电视剧，我心里一点底都没有，后来看了改写完成的电视剧故事大纲之后，我才觉得这事，成！莫言先生小说的基础在这儿放着，一方面是压力，另一方面又是借力。小说在这儿放着，电影在这儿放着，观众要看你到底拍得怎么样。你要做不好，自然就是挨骂。"可第一稿出来后还有很多地方要改，"逻辑上、细节上、人物语言上都要加工打磨"。说到这里，郑晓龙承认这部戏很多次让他想放弃。《红高粱》虽然拍摄得如此艰难，"好在莫言的小说基础好，赵冬苓编剧的速度快，周迅、朱亚文等演员很上心，山东卫视的领导也很支持，我也豁出去了"。郑晓龙的想法就是：一场戏一场戏地去做。设计得精彩，效果自然就出来了。他说："拍摄现场，经常是我还盯着监视器的时候，一回头，周围的人都已经眼含热泪了。这让我倍感欣慰，演员精彩的表演，给了我自信。"

3. 场景搭建

图2　花脖子山寨

山寨原先是一座废弃的砖窑，《红高粱》剧组的专业人员用了21天将它搭建起来。先用钢结构支起框架，再用木板把外围封住，并进行了做旧处理。在电视剧《红高粱》中，山寨一开始是由徐光宇饰演的土匪花脖子的老巢，后来被朱亚文饰演的男主人公余占鳌占领。里面主要由土炕、九儿的喜房、丫鬟的房间、聚义厅等组成。

图 3　单家大院

在电视剧《红高粱》中，单家大院是故事的主要发生地之一，周迅、朱亚文、秦海璐、宋佳伦等演员的许多镜头都是在这里拍摄完成的。十几座古色古香的青砖民宅，有前宅、后宅，偏房、厢屋，构建起一个小规模的建筑群。单家大院由一砖一瓦实景打造，每间房屋都由青砖建成，青瓦为顶，做旧工作结束后，斑驳的墙面，木质的门框、窗框显得古意盎然，韵味十足，让人仿佛瞬间穿越，置身于民国时期的院落当中。

图 4　井塘古村

井塘古村位于山东省潍坊市青州市区西南 15 公里处，是一座历经 500 余年沧桑风雨，依旧保存较完好的明代建筑风貌的古村落。

井塘古村拍摄了"九儿与初恋情人相恋""土匪、国军冲突""土匪火拼""办丧事"等几场大戏。在《红高粱》第一集中，头发梳成两股麻花辫的周迅与身穿中山装的黄轩在井塘古村内甜蜜依偎，两人私下举行了"拜天地"的仪式。井塘古村的古井、古桥、古树、古屋也多次出镜。

井塘古村依山而建，依托衡王府院落，形成了具有明代建筑风格又有西部山区居住特色的古建筑群，是山东省内保存较好的一处古村落。整个村落被古城墙所包围，城墙用青石砌成，每隔30多米修建一处城堡（炮楼），向人们展示着明代古村的自卫防御功能。

郑晓龙自豪地表示，虽然筹备时间紧张，但美术部门不到30天就搭出了主要场景，用的砖堆起来都有几千平方米的面积，"我觉得单家酒窖是我们这部剧最大的看点，这个场景完全是在一块平地上一点一点搭建起来的，门口的牲口房，还有门前的一棵参天大树，都是做出来的"。

不仅如此，在服装、造型和道具上，《红高粱》也延续了郑晓龙一贯的精良作风，其用心不亚于当年制作的《甄嬛传》。

4. 开拍

2013年9月17日，电视剧《红高粱》在莫言老家——山东省高密市东北乡正式开机。

早在《红高粱》开播之前，预告片中余占鳌身负重伤、九儿点燃红高粱酒与日军同归于尽的画面，就曾引发网络热议，感动众多网友。而当《红高粱》历经三周终于迎来大结局，其场面之震撼、虐心指数之爆棚，更是出乎观众预料，让网友惊呼"太虐心"。

自从男女主角演员人选公布以后，周迅饰演的九儿和朱亚文饰演的余占鳌一直备受关注也颇具争议。在电视剧《红高粱》的开机发布会上，导演郑晓龙与演员周迅、朱亚文大方回应争议。

对于男女主角人选受争议一事，导演郑晓龙有些"护犊子"。有网友认为娇小的周迅更偏向江南女子的气质，不足以演出山东大姐的泼辣与野性。郑晓龙则认为周迅就是自己心中"九儿"的最佳人选，"周迅的表演有和'九儿'特别像的地方，就是不按常理出牌。周迅身上没有山东大姐的劲，但她有很大的爆发力，'九儿'这一点和她正相似，就是身上同样具有很强的生命力，而且她是个很有灵气的演员。莫言也认为周迅是很有灵气的演员"。

对于朱亚文饰演的余占鳌，郑晓龙的回答更直接，选朱亚文，他确实曾经犹豫过，但是"最后挑中他有很多原因，在我的心里我感觉他最像、最合适，每个演员都有合适的这点或者那点，但是比较起来他最合适。而且朱亚文四肢发达，头脑也发达，拍戏肯动脑子，开拍后他演出来的效果很有爆发力，这个角色就需要这样的霸气、匪气，和姜文完全不一样"。

三、人物分析及评价

1. 充满反抗精神的代表——九儿

图5　《红高粱》海报

"天……天赐我情人，天赐我儿子，天赐我财富，天赐我三十年红高粱般充实的生活。天，你既然给了我，就不要再收回，你宽恕了我吧！天，你认为我有罪吗？你认为我跟一个麻风病人同枕交颈，生出一窝癞皮烂肉的魔鬼，使这个美丽的世界污秽不堪是对还是错？天，什么叫贞节？什么叫正道？什么是善良？什么是邪恶？你一直没有告诉我，我只有按着自己的办法去办，我爱幸福，我爱力量，我爱美，我的身体是我的，我为自己做主，我不怕罪，不怕罚，我不怕进十八层地狱。我该做的都做了，该干的都干了，我什么都不怕。但我不想死，我要活，我要多看几眼这个世界，我的天哪……"

这是小说中对"我奶奶"的描写。在这部剧中，由当时40岁的周迅饰演正处于碧玉年华的"我奶奶"九儿。周迅给人一种冷艳的感觉。她的气场与原著中"九儿"的气场并不一致，周迅是属于那种非常精致的小女人，她的果敢、她的任性、她的倔，给人的感觉更多的是小女人的聪明和小心机，而并非山东姑娘的朴实和野性。

电视剧中的九儿太理智，太聪明。虽然在容貌上，40 岁的周迅一点也不输十五六岁的少女，但人物心理层面还是有一定差距的。一个十五六岁的少女，冷静得有点吓人。九儿与青梅竹马的情人张俊杰私会，却不幸落入土匪花脖子之手。九儿为了保住自己的清白之身竟然帮助花脖子做了两笔大生意——抢劫张俊杰家和自己家。这样的剧情多少让人觉得有点狗血。一边是与自己青梅竹马十几年的爱人的家，一边是养育了自己十几年的家，是什么样的仇恨，可以让一个十五六岁的小姑娘做出这样的举动。也许是绝望到了极点，也许是失望到了最深处。她与花脖子交易时，观众眼前浮现的赫然是威风凛凛的"二大王"，而不是被绑架的无辜的小姑娘。

在"颠轿"那场戏中，虽为一介弱女子，周迅丝毫不输于那一群威武雄壮的汉子。轿子里的九儿虽然被颠得左倒右歪，但还是很霸气地说："就这点劲儿啊，颠得不够！再来点劲儿，把你们的花招都使出来！"在又一轮更激烈的"走浪步"之后依然大喊"接着来！"于是掀起一轮更加狂烈的"磕轿子"。在轿夫们充满气势的舞动中，颠轿子好像成为一种仪式、一种图腾、一种无比庄严和神圣的东西。这种场景虽然很霸气，却缺少一定的逻辑性。一个十五六岁的女孩子，面对一群比自己高大很多倍的汉子们的戏弄，她所表现出来的东西不仅不是害怕，反而是更加猛烈地回应，这似乎说不通。与之相反，电影《红高粱》里面饰演九儿的巩俐就表现得很到位。她先是委屈，脚下踩一把剪刀，然后慢慢地捡起剪刀，脸上是决绝的表情，但最终下不了手，于是转为伤心地大哭。巩俐的表现活灵活现地展示了一个十五六岁女孩子的心理，她对外面未知的世界，对那一群粗犷的汉子们的害怕，她对自己感到委屈，但不想屈从，甚至有死的打算，可年少的小女孩始终下不了决心去结束自己的生命，在之后更加激烈的颠轿中，她越害怕越委屈，越委屈又越害怕，最后终于忍不住号啕大哭。那种小女子的娇羞和柔弱，在细致的表情动作中，越发让人怜爱。而在电视剧《红高粱》中，轿子里的周迅几乎是没有什么表情的，这也更加反映不出九儿内心的情感变化，吹吹打打像是一场闹剧。也许导演想反映的是一种示威、一种歇斯底里的呐喊、一种对命运绝不低头的劲儿。两种人物性格，两种风格，两种完全不同的人物形象和心理呈现。

编剧赵冬苓一开始就表示要从女性的角度来修改莫言的剧本，从以"我爷爷"和"我奶奶"为主线到完全以"我奶奶"为主线。这一角色定位是否合适，能不能在更广大意义上呈现主题而不仅仅着眼于儿女私情尚有待商榷。在电视剧中，"我奶奶"被塑造成了一个特别坚强、特别冷静、特别理智，有时候甚至看不出七情六欲的女子。这里，周迅塑造了一个被苦难压抑到极致以后的充满反抗精神的坚强的女子。

2. 痞气有余而匪气不足——余占鳌

图6　余占鳌剧照

余占鳌是个有胆有识的抗日民族英雄。在与朱豪三的多次斗智斗勇中，余占鳌的一系列的表现一方面对朱豪三的权威提出挑战，同时另一方面也在慢慢获得县长对他的赏识。跟随镜头透过一系列事件的发生，我们可以认识到余占鳌能屈能伸、有胆有识的个性特征。

电视剧《红高粱》中由朱亚文扮演的"我爷爷"跟电影版中姜文的表演也有极大的差距。虽然为了拍这部电视剧，朱亚文增重二十斤，但还是缺少山东大汉的那份神韵。从小说《红高粱家族》来看，"我爷爷"是性格粗犷、敢做敢说的山东大汉，虽有匪气却仍然是有勇有谋之人。但电视剧中的余占鳌完完全全就是一个痞子，他的标准动作不是对着九儿傻笑就是生气的时候乱喝酒、乱发脾气。

余占鳌对九儿并不是一见钟情，早在九儿为母亲之死跑到曹二老爷家闹事的时候就是余占鳌把九儿抱出院子的。所以，从故事到剧本的改编来看，"我爷爷"和"我奶奶"的那一段浪漫的甚至疯狂的恋爱史也就大打折扣了。在电影《红高粱》中，余占鳌刚开始并不认识九儿，是九儿的一只"秀足"让余占鳌心中情愫暗生。漂亮的脚自然会是漂亮的女人。这也就是在电影《红高粱》中余占鳌从被劫的喜轿中，第一次见到摘下红盖头的九儿，他像被定住了一样直直地望着九儿，一直到九儿放下轿门，他才小心翼翼地把九儿的脚放进去。

而在电视剧《红高粱》中，九儿一身喜装甚至都没有盖红盖头，她果断地与嫂子断绝了关系，就那么直直地坐在轿子里。劫持九儿的竟然是与她青梅竹马的张俊杰。余占鳌因为看到九儿的秀足而突然动心，这似乎不太合理，因为余占鳌与九儿之前早就见过好多次，如果说动情早就该动情，而不应该仅仅对一双脚动情。电影版里"我爷爷"小心握住那双脚并把它们送回到轿子里，反映出爷爷对奶奶的疼爱与敬重，而电视剧版中的余占鳌完全是在将那双脚往外抽而不是往里送，赤裸裸的情欲的暴露大大损坏了"我爷爷"的人物形象。所以说，虽然是同样的剧情，演员的动作、神态不同可能就会产生截然相反的效果。

而另一个亮点是如何为余占鳌顺利地到九儿家做铺垫。小说和电影版中，余占鳌到九儿家的酒作坊打工。九儿本来对余占鳌也有好感，于是就那么心甘情愿地接受了余占鳌。而电视剧《红高粱》中，九儿生下孩子后就光明正大地接受了余占鳌。余占鳌每天晚上在单家大门外砸门时都会喊："你男人来和你睡觉了！"这样的余占鳌令人根本爱不起来，他浑身透露出的是一种痞气而不像匪气。痞气和匪气不一样。什么是匪？难道脖子上挂一串亮闪闪的东西，说话时满口脏话就是匪吗？不是的。男人尤其是能当上匪首的男人都是有很强的自尊心的，余占鳌每天晚上像倒插门一样到单家睡觉在逻辑上有点让人接受不了。如果说导演的这个举动是为了突出"我爷爷"和"我奶奶"对于封建礼教束缚的反抗和对于爱情的大胆追求，那么这个表现得就有一点过了。鲁智深是土匪，武松是土匪，宋江也是土匪，但是三个人完全是不同的性格。由此可以看出如果刻画好了，土匪还是可以演绎得非常出彩的。

3. 亦正亦邪的出彩者——县长朱豪三

图7　朱豪三剧照

电视剧《红高粱》里面另一个非常出彩的人物形象是被调任到高密县当县长的朱豪三。朱豪三是一个让人又爱又恨的人物，很难说清楚他到底是好人还是坏人。于荣光将这个人物角色扮演得很好。这是一个在莫言的小说中被弱化的人物形象，然而在电视剧中却将其延展开来，使得人物形象更加立体、活灵活现，甚至形成与"我爷爷"和"我奶奶"三足鼎立的地位。

（1）亦正亦邪。

如果说朱豪三是一个正义的人物恐怕不妥，朱豪三并不是那种完全正义的人物。世界上也不存在完全正义的人物。朱豪三的女儿被绑匪"撕票"，儿子也在跟自己剿匪的过程中不幸牺牲，可以说朱豪三跟土匪之间的恩怨是不能用几句话来解释的。

朱豪三是行伍出身，说话办事从不拖泥带水，他承诺要让高密县在三年之内河清海晏，天下宴然。高密县有三大土匪：黑眼、花脖子、冷麻子。在第一集中，朱豪三刚刚率兵进入高密县城就碰上了花脖子的土匪部下送来的"狗头"作为见面礼，并遭其袭击，朱豪三一枪击毙花脖子的一个兄弟，并颁布上任后的第一道政令：剿匪。

从"县衙内杀鸡断案"到"意欲焚毁龙王"，他的性格特别鲜明。他虽然有着旧的传统思想，但又是从军阀到新式官员过渡时期的一个代表。"一阵风，一阵雨，一阵晴天；半是文，半是武，半是野蛮。"于荣光如此形容朱豪三这个人物。由观众熟悉的硬汉形象转型为爱拿鞋底子抽人的霸气县长，于荣光感慨，朱豪三除了在戏中起到杠杆和平衡作用，人物魅力也很足，这也足以解释为何观众会喜爱这个满口段子的县长大人。

（2）疼爱老婆。

"人家都说，是骡子是马，拉出来遛遛。您这还没遛呢，谁知道是骡子还是马呀？""我在太太的眼里，永远都是一头骡子。""我倒看看你这个朱骡子能闹出什么动静来。"这是朱豪三上任之际，与太太的一段对话。从朱豪三的举止、神态我们也可以看出他对老婆的疼爱。而在电视剧《红高粱》中，朱豪三怕老婆似乎已经成为一种习惯，就连他自己也坦然承认。在一次跟小颜的对话中，朱豪三深情地说，怕老婆就是爱老婆，他讲老婆跟着自己受了很多罪，自己的亲生孩子都由于自己的原因先后夭折了，只剩下妻子所以更要好好疼爱。无情未必真豪杰，怜子如何不丈夫。从中我们看到的是一个有血有肉的男子汉形象。

（3）近乎偏执的固执。

朱豪三是一个固执到近乎偏执的人，为了达到目的不择手段。在电视剧中有一集朱豪三抓到一伙土匪，他把他们分为"长得周正的"和"长得歪瓜裂枣的"。"长得周正的站左边，歪瓜裂枣的站右边，左边枪毙，右边留下。你们这群歪瓜裂枣，想必在外面混饭吃都比别人困难些，那本官就饶你们一回。"这是剧中朱豪三的台词，短短几句就趣味横生，于荣光表示，朱豪三这个角色看似严肃，其实他演得颇有喜感。而面对下属对他这种行为的质疑，朱豪三则语重心长地说了一句话：乱世用重典。让人敬畏之余又不免对其有一点钦佩。

朱豪三跟余占鳌真正结下梁子是四奎和众多弟兄们的死造成的，而这跟朱豪三有着说不清、道不明的关系。朱豪三想把招安的土匪移交上一级机关进行处置，可是这些被改造的土匪还没有到目的地就被上级机关在半路上枪毙了，只有余占鳌幸免于难。然而朱豪三本意并没有想要将这些人全部杀死，所以当他听到这个消息的时候，手里的电话猛地掉到了地上，他喃喃自语："怎么还没有审就毙了……"可见他的内心对这些被枪毙的人感到深切的同情，他的内心也是有一些愧疚的，但上级的行为不容置疑，命令就是命令。

（4）以民族大义为重。

"七七事变"爆发，日军对高密县展开了激烈的进攻。在民族大义面前，朱豪三还是放弃了个人恩怨，与花脖子、余占鳌联合，在高密大地上展开了殊死的搏斗。这样的主题升华很有意义，在活灵活现的人物描写的基础上，写到他们超脱了自己私人之间的恩怨情仇，共同抗日。这是对山东高密地区人民精神的升华，也是全剧精神内核的升华。

4. 封建礼教的代表——大少奶奶淑贤

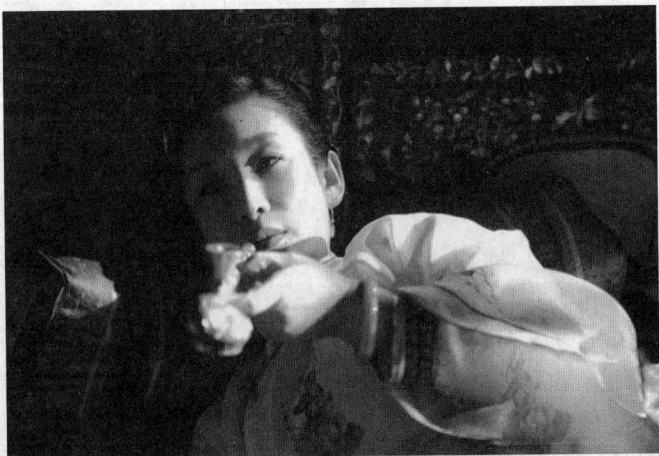

图8　大少奶奶淑贤剧照

　　大少奶奶淑贤是在电视剧《红高粱》中新增的人物形象，目的是为了烘托九儿所处环境的恶劣。但这一人物形象的加入却取得了意想不到的效果，获得一致的好评。

　　她是封建礼教的代表，抱着丈夫的牌位嫁入单家，十几年里忠心耿耿地充当着大少奶奶的角色，压抑着自己内心的情感，她把女子的贞洁看得非常重要，被县长朱豪三授予"妇女楷模"的称号。然而正值虎狼之年的她却无法欺骗自己，她的内心充满了极度的寂寞和渴望，于是，只有大烟能与她相依为伴。秦海璐饰演的淑贤活灵活现地表现了一个极度压抑自己的大少奶奶，把人本性里面的那些东西表现得非常逼真。

　　她内心极度挣扎的变化在第 30 集玉郎调戏淑贤里面表现得非常突出。九儿找来身体健壮的玉郎勾引淑贤。玉郎每天晚上在淑贤的床前洗澡，一寸寸健壮的肌肉引诱得淑贤欲罢不能。但在强大的意志力下她还是赶走了玉郎。高粱地里面对玉郎的挑逗她心痒难耐。她慌慌张张地逃跑，心神不宁地坐在菩萨面前请求菩萨的宽恕，可是那颤抖的嘴唇，那紧张得上下翻动的眼皮，将其内心波涛汹涌的变化和复杂的心理斗争表现得淋漓尽致。所以，当玉郎从背后出来轻轻抚摸她的脸颊时，她再也阻挡不了自己的欲望，反过身来，主动地扑向玉郎，呢呢喃喃地说道："我的亲，你怎么才来！"编剧这样的策划不仅不会让人感到有损淑贤的形象，反而更加接近一个活生生的人物形象，一个渴望爱，却又不敢爱，最后在封建的道德标准面前崩溃的大少奶奶形象。

　　后来，在九儿的帮助下，她终于迈过了自己心中的那道坎，与喜欢自己多年的罗汉喜结连理。这也是对封建伦理道德的一种勇敢的突破，对愚昧的妇女贞洁观念的抛弃，对美好幸福生活的追求。这也是剧中对主题的一种升华。

四、结语

　　电视剧不同于电影，电影讲求的是简单的故事结构、清晰的人物关系脉络、打动人心的主题和鲜明深刻的人物形象。而电视剧无论从故事结构还是从人物形象方面都要更加复杂，更加耐人寻味。《红高粱》是一部优秀的作品，早在张艺谋拍摄电影的时候，早在莫言获得诺贝尔文学奖的时候就有所体现。所以说电视剧《红高粱》从改编的一开始就面临着巨大的压力。本文从人物形象的角度，具体分析了九儿、余占鳌、县长朱豪三和大少奶奶淑贤四个人，通过对人物形象的具体分析，试图洞悉在山东高密的高粱地里所酿造的这壶电视剧版的"高粱酒"是不是够味。当然，就像一千个人心中会有一千个哈姆雷特一样，不同人心中对这些人物形象的看法也是不一样的，但这种基于文化内涵基础上对人物形象的推敲必将会加深观众对这片充满野性的红高粱地的印象，也会对经典原著的改编产生一定的反思。

（撰稿人：张玉）

明星自助旅行真人秀节目《花儿与少年》剖析

2014 年 4 月 25 日，湖南卫视在周五黄金时段播出了一档全新的周播节目，定位为明星自助旅行真人秀节目《花儿与少年》。央视索福瑞统计的数据显示，《花儿与少年》每集播出的收视份额均位于同时段全国第一。《花儿与少年》不仅受到观众的追捧，也开拓了综艺节目制作的新领域。本文将从节目的具体内容对其成功原因进行探索。

一、案例简介及背景介绍

"我们的背包已装满晴朗，出发去山顶晒月光"，随着湖南卫视明星自助旅行真人秀节目《花儿与少年》的热播，这首格调清新的主题曲也脍炙人口。《花儿与少年》由七位明星组成队伍，秉承"一次旅行换一场相知"的意旨，开启了为期 15 天的欧洲穷游。

美景和明星穷游作为节目的最大看点。在旅途中，明星嘉宾们没有来自经纪人和助理的帮助，并且只有有限的经费。他们卸掉了在聚光灯下的明星光环，在语言不通的陌生国度里，运用各种招数挑战一场华丽的旅行。在行程当中还穿插着让人目不暇接的风景。闻名遐迩的圣彼得大教堂和罗马斗兽场，球迷们的圣地马德里和充满小资风情的酒吧等特色景点展现在观众眼前。节目还为观众提供实用的旅游攻略，包括超市推车的使用方法，乃至大使馆护照补办流程都给予提示，给节目增添了一定的实用性。

《花儿与少年》第一季共八集，内容几乎全部在境外录制。节目播出四期后，其网络点击播放量就已过 1 亿次。据全国网收视数据显示，节目收视率达 1.14%，收视份额高达 6.61%，为周五同时段的收视冠军。在百度贴吧上，《花儿与少年》的实时讨论帖达到了 46 万条；微博上的话题量也在开播之后猛增约 10 万条。

从收视率以及关注度来看，《花儿与少年》均取得了成功。"穷游"作为节目的卖点之一，也开拓了综艺节目的新视野。相比四川卫视的《两天一夜》和贵州卫视的《完美邂逅》同类节目，旅行真人秀的定位似乎不是"万金油"。受欢迎的旅游真人秀节目还需要具备特定的内涵，这给学界留下许多研究的空间。

二、案例过程记述

旅游类节目在国内已有比较成熟的制作体系。旅游卫视的"身未动 心已远"的宣传标语撩动起多少人"出去走走"的内心渴望，揭示了多少人"出去看看"的精神诉求。而对于真人秀节目，早在 2004 年，就有电视人称其为真人秀节目的成熟年。参照欧美模式制作出的《走进香格里拉》《峡谷生存营》和《夺宝奇兵》等户外生存挑战节目并没有获得令人满意的收视。十年过后，随着社会经济的转型，观众思想意识的深化以及审美情趣的变化，随着 2013 年的亲子户外真人秀节目《爸爸去哪儿》的大热，旅游真人秀节目真正进入了主流大众视野。

2014 年央视和各大卫视引进版权的真人秀节目有 20 余档，其中大部分选择了明星加盟。这标志着自从 2011 年原广电总局下达"限娱令"之后，中国电视圈进入了一个明星真人秀时代。曾千方百计隐藏私生活的明星，如今也大方地将自我展现在荧屏上，满足观众求真的口味。一时间，《两天一夜》《人生第一次》和《完美邂逅》等为代表的户外真人秀节目争夺着大家的眼球。

在渴望旅行的社会主流心态与旅游事业蒸蒸日上的大好形势下，面对综艺节目的激烈竞争，由廖珂团队打造的《花儿与少年》应运而生。与去年横空出世的《爸爸去哪儿》相比，《花儿与少年》的欧洲自助穷游定位目标为涵盖更广泛的受众人群。之前《我是歌手》《爸爸去哪儿》《中国最强音》等真人秀节目，湖南卫视已经培养起一批高度敏感且具自我判断力的粉丝。这次湖南卫视选择将节目回归到"人"本身，正是契合了《花儿与少年》的节目核心："不设限，做最真、最好的自己。"

节目播出之后，有网友指出该节目与韩国综艺节目《花样姐姐》十分相似。如在人物设定上，两个节目中都有一位犯"公主病"的女星、一名高情商女神和一个有待成长的男星。在"穷游"和"选房"环节，两个节目在情节上都有雷同，只是具体任务和细节侧重有所不同。但回顾国内过往的真人秀节目，体验式旅游真人秀节目早已经有雏形，只是这一次披上了明星的外衣并且出国录制。另外，《花儿与少年》展现的大部分是明星与明星之间的磨合，《花样姐姐》展现的则是明星纯粹的旅游，两者在主题上有一定的区别。

而实际上韩国电视节目普遍缺乏"核心宝典"，韩国各大电视台节目互模仿的情况也屡见不鲜。尽管湖南卫视播出的明星自助旅行真人秀节目《花儿与少年》还算不上完整意义上的首创，但它的确是国内首档明星自助旅行类的电视节目，具有一定的创新性。

三、分析及评价

（一）制作理念

对比以往的一些旅游真人秀节目为嘉宾设置一些人物性格来达到戏剧化冲突的做法，《花儿与少年》勇敢地另辟蹊径。总导演廖珂认为："'不给任何人设限'，是一件我们在现实里，一直向往但鲜能做到的事。"他希望《花儿与少年》只要真人不要"作秀"，"在一个商品化的节目里，尝试没有任务的真人秀，是需要勇气的。能回归到人本身，而不是产品"。①

转型中的社会生态关系发生了急剧的变化，"如何与陌生人相处"构建了新的交往形态和内涵，不同年龄段人群之间的价值观、生活方式发生着激烈的碰撞。这给了廖珂一些灵感。假如有一档明星真人秀节目能组成"临时微型人际生态圈"，必然会引发观众的猎奇心理与共鸣。最后廖珂决定由五位性格特征各异并代表五个不同年龄段的女明星，以及两位年轻男明星参与，首创性的嘉宾组合方式，通过异国集体旅游，再现真实人性和典型性多元社会关系。

节目坚持"不给任何人设限"的理念，即不到迫不得已的时刻都不会为嘉宾提供帮助。就在这短短的旅程中，嘉宾通过自己真实情感的流露，让节目呈现出真实的质感。相反，如果节目仅仅停留在几位明星穷游的话题上，线性串联过关游戏，以窥探明星私隐作为视觉噱头，贩卖暧昧情愫，便无法深化主旨意图，无法为观众提供现实反思，难以体现"真"的特色，难以诠释"人"的核心。

综艺节目只追求娱乐效应与眼球经济，惘顾寓教于乐的诉求与社会责任的时代已经过去。著名评论人韩浩月认为《花儿与少年》之所以受欢迎，是因为它试图破解陌生人社会中人与人相处的困境。节目没有简单停留于消费明星隐私上，而在人际关系、情感交流、挫折教育等方面，进行

---

① 谈乐炎. 花儿与少年：如何玩转"真人不作秀"［J］. 小康，2014（6）.

了浅显易懂的表现，植根于本土来诠释民族情感。节目的成功，正是表明了幸福生活、公平的社会机制和人与人之间温暖的情感交流，是人们最真切的渴求。

另外，在私媒体兴起之后，许多的社会暴力呈现在人们眼前，很多人的内心充满仇恨和迷失。愤怒和冷漠是感性的，需要理性的自律和控制。生活是辛苦和艰难的，但我们应该对生活抱有希望，信任身边的人，并在生活中孜孜不倦地尝试。《花儿与少年》撰稿人吴梦知说："能坚持表达和输出真、善、美，我觉得很好。真正的勇气、善良和力量，不一定是喊打喊杀，不一定是控诉，我更倾向于，你明明知道它坏，但还愿意去相信它会好，还愿意去治愈它。"① 这也正体现出《花儿与少年》渴望表达真、善、美的情怀。

（二）对于旅游主题的塑造

随着消费社会的到来，旅游出现了各种各样的形态。部分年轻人的价值观念受到潜移默化的影响，认为消费首要考虑的是品牌和价格。节约、勤俭的优良传统急需倡导，《花儿与少年》的穷游主题正好迎合了这种需求。

另一方面，如果说穷游是节目的明线，那么节目中隐含的沟通技巧和交往能力就是暗线。旅行是窗户，也是镜子，在打开世界的同时也照见了自己。节目中性格鲜明的明星嘉宾，让不同的观众看到了熟悉的影子，得到共鸣。而节目设置性格各异的明星一起旅游，更加展现出旅行丰富的内涵。

《花儿与少年》可以说是人际交往的活教材。复杂的人际关系在节目中实现了叠加和升级。在这个现实版的微人际圈中，明星之间的矛盾与矛盾的化解成为观众关注的焦点。沟通、宽容是化解矛盾的法宝。在第一集中作为导游的张翰，只顾为自己找筷子而没有迎接团员的行为，让人联想到自己在日常生活中忽略的交际细节。而在团员不满张翰的乘车安排时，郑佩佩的一句"我们要多理解他"，对他人表达出谅解的行为让人钦佩。当细致体贴的刘涛来到中医馆就医，观众自然而然地心疼这个助人为乐的"四姐"，也被郑佩佩这位善良的长者独自陪伴"四姐"的行为打动，同时也会些许责备其他缺乏责任意识的团员。就在这些简单动人的片段中，让观众读懂为人处世。

---

① 黄佟佟. 揭秘《花儿与少年》高收视背后的总撰稿人吴梦知 [EB/OL].（2014 - 06 - 13）[2015 - 03 - 15]. http://blog. sina. com. cn/s/blog_ 476f46d50102emqn. html? tj = 1.

反观以往的一些综艺节目，为了赢得收视率和关注度，不惜哗众取宠，甚至大肆宣扬金钱至上的实用主义。一些节目趋向低级趣味，甚至成了恶俗、煽情的代名词。在这样的环境下，人们需要正能量的鼓舞和真、善、美的熏陶。《花儿与少年》塑造出的淳朴情怀和生活化主题，让整个收视环境洗去铅华而显得沉稳踏实。

另外，明星真人秀节目不仅仅具备教育功能，更可以充当国际经济文化交流的纽带。《花儿与少年》节目组在拍摄期间得到了拍摄地意大利和西班牙官方的大力支持。得知节目录制时间非常有限，两国政府的相关部门为《花儿与少年》摄制大开绿灯，他们不仅把这次节目的拍摄视为中国优秀电视机构与他们的一次有益交流，更将其视为国与国之间在文化、旅游等方面的一次重要的相互促进。然而归根结底，是他们看到了中国真人秀节目的广阔市场。节目播出后，两国官方积极筹备"走进中国与旅游推荐"活动，无疑，《花儿与少年》起到了推动中外文化交流的作用。

（三）人物设置

《花儿与少年》邀请明星作为节目的嘉宾，发挥出明星强大的号召力。通过借助明星效应来提升节目看点，是当今旅游真人秀节目提升营销效率的重要手段。另外，节目也在还原明星普通生活的一面。

真人秀节目中人物的设置至关重要。"人找对了，节目就成功了一大半"是总导演廖珂的感慨。在节目的前期准备时，节目组拟定的嘉宾甄选名单就有400人。选什么样的"花儿"与"少年"，是节目组唯一能完全主宰的事。嘉宾的真实度是节目组选择的首要标准。节目组查阅了大量明星的过往经历和朋友圈评价，以该方式初筛嘉宾，然后再与其中有档期的明星约谈。

"这不是一部电视剧或者明星的秀场，嘉宾只需要本色出镜"，"和人聊天就能很快发现这个人是否在以本色示人，有的明星面对影视剧是一种状态，面对真人秀又是一种状态，这倒不是说他们不真实，而是出现在节目中会让人感觉有隔膜"。[①] 作为导演的廖珂自有一套"识人"逻辑，但他同时也认为在真人秀节目中仅仅是真实的人还不够，同时要有"出戏"要求。

《花儿与少年》中所有的嘉宾都有自己独特的演艺形象。七位明星嘉宾年龄差距较大，而且是临时混搭聚在一起的。如何在陌生的环境下与互

---

① 谈乐炎. 花儿与少年：如何玩转"真人不作秀"[J]. 小康，2014 (6).

不熟悉的人融洽相处，如何在无助的情况下化解各种危机是节目的亮点。"这些年龄跨度大且特性凸显的角色组合，完全区别于其他同类节目的人物定位。在我们看来，这种角色的设定更能充分展现陌生人之间的相处关系，也更富有想象空间和社会意义"，廖珂说。①

在嘉宾名单敲定以后，嘉宾之前对节目的具体形态了解甚少。许晴对综艺节目并不是很感兴趣，只是节目的旅游主题吸引了她。凯丽的女儿则是湖南卫视的粉丝，在女儿的劝说下她决定参加。而作为湖南卫视选秀节目出身的华晨宇心态则更加放松。虽然嘉宾心态各异，不过廖珂仍然选择在节目中给嘉宾最大的空间和自由。但实际上"演出自己"，对于某些人来说也许比演好一个剧本角色更难。真人秀节目的参演者需要非常坚定的认同和喜欢自己，才不会被外界所左右，"角色"才能一如既往地演下去，最终成为一个完整的人物。

（四）情景设置

在人物角色设定方面，嘉宾的遴选是成功的。这几位明星自身的性格特征较为明显，在角色塑造方面较为容易。刘涛的干练沉稳、郑佩佩的成熟和张凯丽的敢爱敢恨都能充分体现。而嘉宾的性格迥异亦为后来的戏剧反转埋下伏笔。随着旅游的开展，明星开始组成小分队，与自己比较合得来的成员一同出游，这都能够引起特定的戏剧效果。

但亦有评价认为，以"真"为特色的《花儿与少年》显得冲突不足。实际上，期待与志忑是人们组成"临时大家庭"时共有的心态，每个人在对待不安时都会有不同的反应。针对观众对嘉宾之间"貌合神离"的评价，廖珂并不认同，他认为这其实是一种很真实的微型社交生态。对比韩国艺人残酷又激烈的演艺环境，我国内地艺人的演艺市场宽广，似乎是温室中的花朵。因此在某些情景中，嘉宾缺乏敏感的配合，更不会出丑卖呆和颠覆自己的荧屏形象，但这也是嘉宾真性情的表现。通过具体的情景设置，和气的局面会得到改善。

真人秀节目中要区分两种"发生"，一种是"存在式发生"，一种是"推动式发生"。对于记录性真人秀节目，"存在式发生"意味着客观存在的、无法主观控制的自然发生。"推动式发生"是指通过设置任务、规定情境而人为塑造出来的更多元化的、更富有层次感的辅助性元素，它是比情节更高一层的设置。结构的搭建是记录形态真人秀的命脉，成功的节目

---

① 谈乐炎. 花儿与少年：如何玩转"真人不作秀"[J]. 小康，2014（6）.

需要具备合理的叙事结构。

《花儿与少年》的"推动式发生"在于节目最初的规则设置：明星个人的通信设备被没收，配发只有通话功能的手机，限制明星的消费能力，禁止助理与经纪人随行。嘉宾们的行程只能通过商量后自行解决。随着旅行的展开，嘉宾们也出现一些小矛盾，直到一次争执过后，刘涛的一句话第一次引发了大家对旅行的思考。"我觉得我们走到了一个误区，旅行不能以省钱为唯一标准，我们要在有限的经费下让旅行变得有质量。"通过一系列的规则设置，节目建立起穷游的叙事逻辑，为展现人物关系、情节变化和还原"存在式发生"提供空间。结构是至关重要的，观众关心的是实现结果的过程，因为结果是可以预见的。但在前四期节目中，情节略缺乏矛盾冲突，内容差异不大。

在情景设置中，节目组反复提及明星适应规则和完成任务的情况，并制作了柱状图和地图。但节目组需要避免在节目中过多地参与。工作人员在摄制过程中难免会入镜，但在关键情节时应尽量避免明星与摄制组的直接对话。因为这样的对话一定程度上会影响观众的投入程度，也会削弱观众对"存在式发生"的期待，对节目组事先制定的规则产生质疑。

在人物关系建构上，七个人之间的关系略为单薄，内容上只能看到其中一人与其他人相处时所可能发生的问题。如果架构更加复杂的人物关系，如在每期设置一个要完成的任务，让两到三人形成随机的组合完成任务，故事将会呈现更多的变化，如组员配合的问题、组与组之间的竞争等。虽然字幕在一定程度上可以起到提示和引导观众的作用，但也不能过分依赖。如果铺设更多的矛盾对立，会使得故事情节更加丰富，但也会显得"虚假"，这需要节目组非常精确的把握。

（五）文案风格

实际上真人秀节目并不是 2014 年才兴起的节目形式，多年前湖南卫视就有着各种各样的真人秀节目。随着信息传播的多样化发展，观众越来越强烈地感受到真人秀节目的热度。而归根结底是真人秀节目本身具有的吸引性，以及题材本身的可看性。选秀、真人秀和电影、电视剧、小说有着相似的地方，关键在于构造好故事，只是在叙事方式和叙事手段上存在差异。这里，文案肩负着非常重要的责任。

《花儿与少年》的成功有一部分要归功于文案。对比影像工作者用镜头捕捉精巧恢宏的罗马古迹和瑰丽梦幻的前卫艺术，让观众置身美景之中，文案对情景的勾勒更能触发观众们的诸多感慨。在七位明星混乱的旅程中，文案都能总结出深刻的人生哲理，配上一段温暖而励志的人生感悟的旁白，抚慰观众烦乱的心。在记录欧洲繁忙的白昼与魅惑的夜晚的镜头之中，荧屏上出现的关于感悟旅途的只言片语，使得节目从戏剧化叙事暂时抽离。

但也有网友称节目文案是"心灵鸡汤"，有刻意去煽情的感觉。对于这种评价，节目撰稿人吴梦知没有太大反感，她说："一开始，我就将这个节目中的文案风格设计为'鸡杂汤'；一方面它满足节目讲述故事所需要完成的功能；另一方面，我希望这些温暖里面，是有辛辣的。""如果观众们觉得太煽情，那一定是我没写好，其励志的人，自然会给自己励志；颓靡的人也绝不会因为几句话改变自己的世界观。这些句子，更多的都只是消遣，偶尔给观众打个气罢了。"①

如果文案没有赋予情节讨探人生的内涵，节目难免会沦为一场乱哄哄的明星旅行记。用短短的文字挑动起观众的情绪，塑造出一种情怀但又不至于让人反感，需要文案掌握好旁白出现的时间和遣词造句。

（六）镜头处理

创意能为节目注入幽默的成分。其中一幕场景，张翰驾驶手动车屡屡失败，字幕组创意地将其解释为"上坡起步"的驾照考试科目。简单的镜头加工，为这个尴尬又冗长的镜头营造出引人发笑的效果。当凯丽为穿衣发愁而走到阳台眺望时，节目以"唱词"形式滚动字幕，与情形产生了反差的效果，为镜头增添了不少趣味。那些矗立百年的雕塑在后期特技的加工下，莞尔一笑，生动可爱。另外，节目还运用特写、主观镜头和蒙太奇镜头等营造出妙趣横生的远游。

在电视画面语言的表达中，色彩能够表现人物的性格，并借由色彩的合理搭配实现了画面的融合。节目经过后期处理，使用粉色或蓝色的字幕等色彩搭配方式配合画面，凸出了"姐姐"和"少年"的性格特色，通过色彩设计拉开了画面的层次。各个画面色彩的组成和构图，以及亮度、对比度、色差和应用部分等的比例关系，冷暖色、对比色及补色的运用与电视画面的运动一起构成了一组镜头的变换，配合节目内容的发展和变化。

此外，《花儿与少年》在突出人物特色的基础上，还充分把握了色彩平衡。电视画面中色块明暗、面积大小带来的不平衡感，以及色彩构图的强弱布局，做到了镜头节奏的平衡处理，形成带有美感的韵律。而在栏目

---

① 黄佟佟. 揭秘《花儿与少年》高收视背后的总撰稿人吴梦知［EB/OL］.（2014-06-13）［2015-03-15］. http：//blog. sina. com. cn/s/blog_ 476f46d50102emqn. html? tj＝1.

包装方面，《花儿与少年》运用极具活力和夸张效果的偏粉红色字体，与明亮的背景形成强烈对比，在色彩上展现栏目的风格。

（七）传播平台

《花儿与少年》并没有对视频网站销售版权，只在旗下的视频网站芒果 TV 独播。有人评价湖南卫视的做法是"伤敌一千，自损八百"。对此，湖南卫视常务副总监李浩并不否认。李浩透露，曾有多家视频网站给《花儿与少年》开出过超千万元的版权价格。如果湖南卫视收回所有综艺节目的网络版权，保守估计版权销售额将损失超 4 亿元。李浩对媒体表示："这是一个长期战略，短时间内可能会有阵痛，但相对于湖南卫视全年广告总量来说，新媒体的版权分销收入比重依然不高，在可承受范围之内。"①

除了采取独播战略以外，湖南卫视一如既往地在微博上为节目造势。一档热播的电视节目是否能在社交平台表现突出，引发网民热议，与其话题的引导、制造的能力有很大关系。作为一档周播的真人秀节目，《花儿与少年》紧凑的情节和强烈的悬念能够调动观众的热情，并能根据网友评论来调整节目，与观众形成良好的互动。

而微博的内容必须与节目的品牌定位相匹配。作为官方微博，其语言风格、内容设置、宣传口号和海报等不能像个人微博一样随心所欲，而应契合节目的品牌定位，凸显出节目自身的风格。在标志和微博主页背景设计上，《花儿与少年》的官方微博略为普通。其微博语言虽然有着观众容易接受的轻松活泼风格，但缺乏发人深省的内容，对于节目的预告也缺乏力度。倘若根据《花儿与少年》的受众量身打造微博内容，更能产生广泛的影响力。

可以理解的是，对于季播节目来说，在节目暂时结束后的时段都属于观众关注度的"低温期"。但官方微博的粉丝使用微博的习惯不会改变，官方微博可以在"低温期"集中经营，维持粉丝的关注和兴趣，沿袭前一季的人气并为下一季的节目造势。官方微博借着节目播出时的热度取得受众的关注，必然可以达到理想的传播效果。但若仅仅如此，就会沦为纯粹对观众热情的消费，而非品牌的长期培养。这种做法会使得关注度随着节目结束而消逝，并非一档长久策划的品牌节目的明智之举。

---

① 谈乐炎. 花儿与少年：如何玩转"真人不作秀"［J］. 小康, 2014（6）.

四、结语

　　旅游真人秀的定位不是"万金油"，受欢迎的旅游真人秀节目还需要具备特定的内涵。对比以往的一些旅游真人秀节目为嘉宾设置一些人物性格来达到戏剧化冲突的做法，《花儿与少年》勇敢地另辟蹊径，选择将节目回归到"人"本身，正是契合了《花儿与少年》的节目核心："不设限，做最真、最好的自己"，隐含社会中人际沟通技巧和交往能力。尽管湖南卫视播出的明星自助旅行真人秀节目《花儿与少年》还算不上完整意义上的首创，但它的确是国内首档明星自助旅行类的电视节目，具有一定的创新性。节目同时存在微博运营的不足。节目官方微博的运营是一项长期工作。长期、稳定、规划合理的微博运营是电视节目与社交媒体融合的基础，也是增强节目传播力、加强互动的根本保证。

（撰稿人：梁尔欣）

《十万个冷笑话》大电影为何能成就"票房神话"

2014 年 12 月 31 日，由万达影业发行的《十万个冷笑话》大电影上映，票房累计达 1.2 亿元，位居 2014 年国产动画电影票房排名第二位，成为院线黑马。作为年度贺岁档期里最特殊的一部高票房电影，除了电影的主角们都来自二次元（动漫）外，"40 岁以上观众请在青少年陪同下观看"的成人动画电影，第一部公映的众筹电影，大数据电影，IP（Intellectual Property）电影、吐槽电影等引人注目，《十万个冷笑话》大电影在联合出品、植入、调研、宣发上的一系列手段，为中国动画电影摸索开拓了一条新出路。本文主要利用拉斯韦尔的"5W"模式：从该电影出品方（Who）、电影的内容（Say What）、电影的宣发（In Which Channel）、受众定位（To Whom）和最终反馈效果（What Effect）这五个角度来探讨《十万个冷笑话》大电影成功的原因。

一、案例简介及背景介绍

从网络剧到大电影，《十万个冷笑话》几年来在互联网上积累的势能终于爆发了，仅仅上映十天，票房就破亿，打破了"国产动画票房六千万元封顶"的天花板，成为票房黑马。《十万个冷笑话》大电影原著是业余漫画作者寒舞发表在原创动漫网站有妖气上的连载漫画，以经典动画角色，如葫芦娃、哪吒、白雪公主、木偶匹诺曹等为原型，契合当下的网络文化进行的创作，全著诙谐搞笑。五年前《十万个冷笑话》还只是作者寒舞的练手习作，但现在已是集漫画、网络剧、舞台剧、手游和大电影等作品形态于一体的 IP。

该影片主要讲述的是没有名字的男主角在打败鸟不拉屎大魔王之后，因自身吐槽能量失控误将地球毁灭，又误入时之狭间，在时空管理者福禄小金刚的助理——时光鸡的帮助下，获得重返时空拯救地球的机会。在错乱的时空里，和白雪公主、匹诺曹、李靖、哪吒、时光鸡共同对抗鸟不拉屎大魔王，一起踏上恢复时空秩序之路。该片中遍布后现代主义风格、无厘头喜剧式桥段台词，诸如白雪公主和匹诺曹的爱情，哪吒的萌脸肌肉身，时光鸡吐槽当下学生和上班族的生活现状等。全剧天马行空，但情节间并不脱节，夸张的人物形象、简单粗线条的漫画风格、网络经典的吐槽式语言，颠覆了既定范式，用"冷笑话"博得满堂彩。当然，除《十万个冷笑话》大电影内容本身的"冷笑话"魅力之外，其所开创的新的电影模式也是值得探讨的。

二、案例过程记叙

2010 年 6 月 28 日起，《十万个冷笑话》原创搞笑漫画在有妖气上独家连载。是作者寒舞的练手习作，已连载的篇章有《福禄娃篇》《世界末日篇》《哪吒篇》《光之国篇》，以及一系列杂篇：《见鬼篇》《亚基篇》《柯哗篇》等，总主角是福禄小金刚。该作被很多动漫爱好者称为"中国版日和"。从 2010 年到 2012 年 7 月，不到两年的时间，漫画达到了每日 100 万人次的点击率。

2012 年 7 月 11 日，《十万个冷笑话》动画第一集正式公开上线。动画版本每月一更新，每集六分钟，平均单集点击量 9 000 万，截至 2015 年 9 月已更新两季 25 集。主要包括以下几个方面的内容：《哪吒篇》主要人物哪吒父子，《匹诺曹篇》之匹诺曹与白雪公主的无节操爱情，《福禄娃篇》之金刚福禄娃故事开端，《世界末日篇》之男主角日常活动，《一代宗师篇》之黄飞鸿与霍元甲比武搞基。第一集在新浪微博发布之后，3 小时转发破万，转发热度在当天排名第一，并且荣登百度搜索风云榜七月榜单第二名，热度指数曾一度高达 27 万。

鉴于网友反映"每集六分钟"太短的情况，2013 年 8 月，《十万个冷笑话》通过网络集资、粉丝贡献荷包的方式筹得百万人民币，启动电影版项目。

2014 年 12 月 16 日，耗资 500 万元的首部原创动漫舞台剧《十万个冷笑话》在上海首演。首轮共计 6 场演出，座无虚席。舞台剧主要形象是：福禄娃、福禄小金刚、蛇精、哪吒、鸟不拉屎大魔王等，并对这些形象进行再创作，制作全程引入大数据分析、现场弹幕吐槽互动、多媒体虚拟互动技术等互联网技术和手段。

2014 年 12 月 31 日，《十万个冷笑话》大电影上映，票房过亿元，位居 2014 年国产动画电影票房第二位，成为 2015 年开年第一部现象级的国产电影。

三、《十万个冷笑话》大电影成功原因分析

（一）电影出品方（Who）：彻底互联网化＋大品牌联合出品

《十万个冷笑话》大电影由爱奇艺、有妖气原创动漫网、万达影视倾情提供，由新浪娱乐、小米、苏宁易购、格瓦拉生活网、蓝港互动联合提供，组建了中国电影史上最多的联合出品阵容，这就保证了该电影的原创影响力和宣传造势的能力。《十万个冷笑话》大电影本身是由互联网生发出来的，极具"互联网基因"，而联合出品方基本都是互联网大品牌，从两者的互联网特质，能在一定程度上增强合作的亲切感，深谙互联网运作规律，每个品牌都能利用自己的平台实现最大传播力。

首先，在原创影响力方面，有妖气原创动漫网和中国最大的网络视频平台爱奇艺这一组合，确保了《十万个冷笑话》大电影的内容质量和观众数量。有妖气原创动漫网即"有妖气原创漫画梦工厂"，简称"有妖气漫画"，是目前国内最专注扶持中国原创漫画的互联网平台，也是中国唯一且最大的纯原创漫画网站。打开有妖气网站，原创类漫画，同人、耽美、少年、少女等二次元题材比比皆是，"吐槽、弹幕"是网友、作者和网站运营商进行互动沟通的方式，在"你来我往、七嘴八舌"过程中，有妖气成功把握了二次元受众风向标，将二次元文化做透、做熟，形成了一种二次元文化形态。此外，有妖气的发布门槛较低，信手涂鸦抑或精心杰作都可以发布在网站上面，通过网友的喜好来决定漫画的成功与否。《十万个冷笑话》最初在有妖气网站上连载就已经积累了众多粉丝，再者从漫画、到网络动画片、到舞台剧再到最后的大电影的展现过程中，出品方和制作方全程引入大数据分析、互动多媒体技术、现场弹幕吐槽、网游植入、巡演点映等互联网技术和思维，将原创影响力进一步巩固并扩大。而爱奇艺的大力扶持对于《十万个冷笑话》来说，更是锦上添花，爱奇艺公司倚靠百度这一搜索大 boss，之后又与 PPS 合并，合并后的爱奇艺公司同时拥有 iQIYI 和 PPS 两大品牌，成为中国最大的网络视频平台。另外，爱奇艺作为 BAT 旗下的视频网站，在动漫产品线上投入颇多，储备了海量的动漫资源和精准的受众定位技术。充分运用大数据技术实现"个性化推荐"，通过对用户全网行为的深度挖掘，让许多不知名的动漫 IP、处于长尾末端的动漫可以精准推送至网络受众，"众口难调"的网络受众纷纷找到了各自"专属"的动漫，进一步扩大了原创动漫的生存空间。它的加盟，无疑可

以为《十万个冷笑话》大电影拓宽受众市场。

其次，在宣传造势能力方面，新浪以新浪微博作为推广《十万个冷笑话》大电影的主阵地，利用新浪微博已有的用户数量，以#十万个冷笑话#的微博热点话题设置议程，打造知名度。《十万个冷笑话》具有的幽默气质，加上社交网络本身是情感宣泄地，两者的有机结合，能让受众在一种轻松的氛围中接受此类"软广告"，而不会产生厌恶感。此外，《十万个冷笑话》大电影的高票房还与万达影视的高市场占有率分不开，电影制作再精良，再契合受众口味，若没有实力强大的院线作为支撑，早早下线，高票房从何而来。自 2012 年 5 月万达集团收购美国 AMC 影院公司以来，万达影视就此成为全球最大的院线运营商，占有全球近 10% 的市场份额，是国内院线的龙头老大，即使其他运营商走资，光凭万达院线的资源优势就可以保证《十万个冷笑话》大电影得到良好的宣传并最终成功上映。而与国内第一家融合信息资讯、用户社区和商家互动的生活网络平台——格瓦拉生活网的合作，则将上海这个经济发达地区的观众收入囊中。此外，作为广告赞助商的苏宁易购和小米，在为该片带来资金投入的同时，作为新一代 B2C 网上购物平台和智能产品研发的互联网公司，他们深知互联网的宣传规律和网民的消费习惯，苏宁易购更是将电影主题广告覆盖到了全国 30 多个城市的分众屏幕，在这两个平台上进行宣传，将更贴近网民心理，使网民对该片产生亲切感，更易于接受。以手游见长的游戏公司蓝港互动和恶搞无极限的动漫作品《十万个冷笑话》的结合，除了要依托于蓝港互动强大的资源，还与其背后主要的群体——90 后有关，而蓝港互动对于该 IP 电影的手游改编权的买断，则将该片以衍生产品的形式再次延长产值链，传播影响力更加深远。

（二）电影的内容（Say What）：吐槽文化 +90 后

"40 岁以上观众请在青少年陪同下观看"是《十万个冷笑话》大电影宣传海报上的一句提示语，充分揭示了该片的两个主要特性：成人动画电影和 90 后。《十万个冷笑话》最初是以漫画形式连载在有妖气原创动漫网上，受众群体相对年轻，对二次元文化（动漫）相对较为了解；而其内容创作深受互联网求虐文化、吐槽文化、恶搞文化的影响，若非经常混迹于网络的人可能不太会知道"笑点"所在。

影片中的角色网络气息浓厚，主要角色都是主体受众童年时期主要观看的动画片，形成强烈的群体熟悉感和接近心理，进而又将网络流行文化植入经典的动画角色中，给予受众新趣味。从该影片中的主要角色来看，主要形象包括：吐槽能量超人、白雪公主、匹诺曹、福禄小金刚、哪吒和李靖父子、时光鸡、巫后和鸟不拉屎大魔王，这些人物形象几乎都来自经典的动画片角色，在对过去经典进行缅怀的基础上，加入了新的网络审美特质。哪吒的萌脸肌肉身则主要是契合了"萌萌哒""贱贱哒"的网络新审美观念；影片中的对白，网络气息更是可见一斑，如"不是所有的鸡都是时光鸡"是对特仑苏牛奶广告词的改写，还有"你吐出来的是什么？羞耻心吗？""不是说好要当我的伙伴吗？"等。最无厘头的莫过于匹诺曹和白雪公主跨时空的人偶之恋，福禄小金刚和蛇精结婚生子；在时空恢复后，白雪公主在森林看到的骑白马的唐僧，则是将网络用语"骑白马的不一定都是王子，还有可能是唐僧"画面化。

在此影片中，网络吐槽文化被发挥到极致，"吐槽"在网上多表示"抬扛""掀老底""拆台"，也可以说是从对方的行为或者话语中找一个有趣的切入点，即我们所说的"槽点"，发出感慨或疑问。影片中男主角通过吐槽来实现能量收集则主要是契合这一特性。在该影片中，吐槽情节贯穿始终，例如时光鸡作为上班族吐槽工作，学生吐槽四六级，年轻人吐槽单身，匹诺曹和白雪公主的对白更是对"秀恩爱死得快""矫情的琼瑶剧"的吐槽等，这些槽点与观众的现实生活高度接近，引起受众的共鸣。

这并不是单纯的搞笑喜剧。影片中白雪公主与匹诺曹之间的人偶之恋，李靖对哪吒不轻易言说的父爱，时光鸡和主人公的友情，在吐槽和搞笑中诠释人间真情。此外，"邪不胜正"的传统观念贯穿情节始终，还有守护地球、拯救人类的正义感；再者，时光鸡的那句"时间这个东西，只要修改一点点，就会带来意想不到的结局"，则是有劝导珍惜时间的意思；影片最后，男主角感叹时间微妙，说就像一颗种子可以慢慢长成一片森林，没有人知道森林里会长出什么样的花，升华了影片主题：梦想还是要有的，没准哪天就实现了呢？

（三）电影的宣发（In Which Channel）：USP 制作 + IP 运营

1. USP 制作和彻底互联网化，实现话题量的首轮引爆

USP 即 Unique Selling Proposition，指独特的销售主张或独特的销售卖点，USP 理论主要包括：每一则广告必须向消费者说一个主张，通过这个主张告知消费者，若购买广告中的产品可以获得什么利益。而这个主张必须是人无我有的，是竞争对手做不到或无法提供的。《十万个冷笑话》大电影作为第一部公映的众筹电影，本身就已经形成了一个成功的 USP 营销。利用众筹来获得制作资金，造成一定的话题效应，进而吸引更多的投

资商；而在电影放映的那一天，这些投资商必将会去验收成果，带来新一轮的"隐性投资"消费。此外，彻底互联网化的史上最强联合出品和互联网式"内测"量身打造，利用互联网大佬的"名人效应"成功吸引媒体注意力，报道量堪比大明星电影。

众筹（Crowd-Funding），即大众筹资或群众筹资，由发起人、跟投人、平台构成。具有低门槛、多样性、依靠大众力量、注重创意的特征，是指一种向群众募资，以支持发起的个人或组织的行为，通常是通过网络上的平台联结起赞助者与提案者①。一般来说，从动漫改编成动画，吸引足够多的注意力和人气后再出剧场版是常规意义上的生产模式，在这个生产过程中，最重要的还是资金问题。但目前国产动画投资机制还不够完善，资金问题也是《十万个冷笑话》大电影首要解决的问题，对于这部发源于网络，靠人气上位的漫画来说，制作方再次踏上了"从群众中来，到群众中去"的国内首部众筹电影之路，让喜欢和支持《十万个冷笑话》的观众心甘情愿自掏腰包，从图1中我们可以看到，"全中国有3 000万观众不满意《十万个冷笑话》一集六分钟的设定""就算是做电影也要和大家一起玩啊"，这样的话语让这样的众筹不同于捐款或是借贷，而是一种朋友间的帮助。你来我往，有妖气对于不同级别的微投资商，都提供了最大化的"享用"资源。作为植根于网络吐槽文化的创作

图1　《十万个冷笑话》大电影众
筹项目开始②

---

① 橘子打造创业团队强力后盾，推出募资平台［EB/OL］．番薯藤，http://money.yam.com/news/cnyes/fn_ news/201409/20140930587100. html.

② 《十万个冷笑话》大电影众筹项目开始［EB/OL］．媒介360，http：//www.chinamedia360.com/newspage/23/A33D10E07679671E. html.

者来说，最不怕的就是"金主"对于制作过程的干预，三万元就可以干预所有剧情，不同于以往的将创作者与投资者相分离，两者之间的相互信任增进了《十万个冷笑话》大电影观众的黏附性，这样一批忠诚的粉丝自然是扩大宣传的有力后盾之一。同样地，这种打破传统电影制作模式的创新，本身也就成为媒体主动报道该事件的缘由。

《十万个冷笑话》大电影的第一次媒体发布会选在了高大上的柏悦酒店，记者、众筹投资人、许多的互联网大佬都出席了此次发布会，声势浩大，就好像新闻报道所说的"从未有发布会邀请 300 多位投资人同时参加"，而出席发布会的互联网大佬本身的名人效应更是引爆了大量话题，提高了此次发布会的曝光率，接地气与高大上二者同时兼顾。

2. IP 完整产业链形成，实现 IP 产值最大化

近几年，腾讯、阿里巴巴、小米等互联网巨头开始高调构建互动娱乐，新的行业趋势开始发展。所谓的互动娱乐，就是将业务贯穿游戏、动漫、文学、影视等。娱乐产业促进用户的重复消费，其链条枢纽就是 IP（知识产权）。在 IP 的商业运作上，动漫行业比较有代表性的是美国的漫威、迪士尼，日本的集英社。《十万个冷笑话》大电影的"十冷搞笑战队"像极了漫威的"电影宇宙""复仇者联盟"，它的研发过程也能看到漫威 IP 运营的诸多影子，漫威很注重树立角色的 IP 形象，剧情围绕人物角色展开，《十万个冷笑话》大电影的角色虽然都是经典动画角色，但是被赋予了时代新特性，只是借用了经典角色的外观。另外，《十万个冷笑话》大电影的研发过程与漫威开发 IP 市场的过程具有相似性，从"动漫故事—动画片—电影—游戏—出版物—纪念品—版权合作"等，从一个阶段到另一个阶段的演变，都扩大了目标人群，突出了变现主体，实现了 IP 产值的最大化。

事实上，IP 并不局限于知识产权层面，它是一套完善的商业系统和商业生态，内容只是它的一部分，"平台＋内容＋终端＋应用"才是 IP 的完整模式。从平台上说，《十万个冷笑话》的连载网站有妖气原创动漫网功不可没，有妖气最初是为动漫迷这一群体搭建的一个互动平台，门槛较低，使得《十万个冷笑话》有可能进入公众视野；有妖气上的作者大都是业余的，涉及各行各业，所创作出来的作品就是"世间众生相"，为网民所喜闻乐见，是国内原创动漫的风向标。此外，彻底互联网化的联合出品媒体，结合《十万个冷笑话》大电影这部成人动漫电影，其宣传触及了视频、游戏、购物、影院、社交媒体，通过这些媒体还将线上的粉丝转变成了线下的消费者，实现了 IP 的变现。从内容上看，《十万个冷笑话》大电

影本身就是一部 IP 衍生品和网络视频的热门产品，将耳熟能详的动画角色与现今网络流行的吐槽文化相结合，受众共鸣程度高。而蓝港互动买断《十万个冷笑话》IP 手游，开发"十万个冷笑话"的游戏 App，游戏情节与《十万个冷笑话》的动漫剧情和电影剧情无缝衔接，游戏过程中设置了"弹幕吐槽"功能，将《十万个冷笑话》打造的吐槽文化进一步蔓延至手游，营造了一种对《十万个冷笑话》吐槽文化的价值认同。

前漫威主画师，现 Black Dragon 创始人，Walter McDaniel 说："一个轻喜剧为什么要花费巨大力气去设定背后的整个世界观、宇宙观？因为只有这样，里面的哲学和价值观才能永远活下去，而不会因为时代变化、大家兴趣爱好的变化和呈现形式的变化就会死掉。"① IP 商业化，最重要的就是通过"价值认同"实现"文化认同"，最终实现"产品认同"，只有这样才能将 IP 在不同的媒介中自由流通而不至于短暂存活。在这一点上，《十万个冷笑话》大电影起底于网络，并扎根于网络，以吐槽文化作为贯穿全片的关键因素，前面说到"吐槽"在网上多表示"抬扛""掀老底""拆台"，从对方的话语中寻找一个有趣的切入点表示疑问，轻松幽默，容易形成对吐槽文化的认同。据相关报道介绍，《十万个冷笑话》大电影的观众有 60% 是原始粉丝——即接触过《十万个冷笑话》在线漫画及动画的人群，其他的则是接触过经互联网发酵传播的某些剧情桥段的。该片走的是网络自制剧的线路，并且直接接入合作方爱奇艺的庞大流量，全网输出内容，最大限度地探测到了受众边界，进一步扩大了"吐槽文化圈"。

（四）受众定位（To Whom）

导演拍什么，观众就看什么。在传统的制影中，观众和导演之间的沟通相对匮乏，消费者的地位明显低于电影出品方，《十万个冷笑话》大电影以消费者需求为导向，对受众市场进行细分并进行再定位是其成功的关键因素之一。而受众的重新定位，就是要打破事物在消费者心目中的原有位置与结构，使事物按照新的观念在消费者心目中重新排位，调理关系，以创造出一个有利于卖家自己的新的秩序。中国动漫产业长期将受众定位为少儿，动漫作品低龄化，受众年龄层集中在 5 岁左右，现如今，作为将文化艺术、科学技术、产业经济有机组合的动漫产业，随着视觉影像文化的成熟，早已超越了儿童的世界，成为许多成人的娱乐生活方式。作为中国电影史上第一部二次元成人动画电影，《十万个冷笑话》大电影具有颠

---

① 马丁. IP 本土化落地：底层土壤建设是基础，文化是 IP 商业的钥匙［EB/OL］. 钛媒体，http://www.tmtpost.com/188629.html.

覆性的意义。

　　首先，《十万个冷笑话》大电影是一部针对网络原始粉丝的电影。作为新兴的艺术形式，动漫作品及衍生品有着丰富的文化内涵，通过作品传播可以使其承载的文化深入人心，受众在感知体验视觉盛宴的同时，不知不觉中会产生文化认同。该影片以经典的甚至有些过时的动画角色，诸如福禄小金刚、哪吒、白雪公主、匹诺曹等为主要代表唤起一种对"怀旧文化"的认同，并且这些角色的选定都是通过网友投票，以及对《十万个冷笑话》粉丝行为的大数据分析最终确定的。此外，影片的核心成分"吐槽""弹幕"，兴盛于网络，幕后推行都是网民根据自身的"使用与满足"自发进行的，这种网络亚文化自然更容易形成认同感和归属感。再者，该影片反映的并不是纯粹的虚拟世界，而是充满了许多的社会现实的隐喻性渗透，吐槽"上班族加班多没工资""学生英语四六级""跟丈母娘在一起压力可大了""骑白马的不一定是王子，还有可能是唐僧"，在诙谐的话语中宣泄自己的情绪，契合网民的心理。

　　其次，《十万个冷笑话》大电影不是一部儿童电影，而是一部成人电影。一说到动画电影，我们首先想到的是动画是给小朋友看的，而《十万个冷笑话》无论是漫画、动画还是电影，都主要针对青年观众。这样的重新定位，意味着必须先把旧的"动画是小朋友看的"的观念搬出消费者的记忆，才能把另一个新的定位装进去，而装入新的定位时，首先得明白目标受众怎么看待新的定位。在这方面，《十万个冷笑话》团队使用的策略是找90后，像互联网一样做内测。电影筹备初期，出品方就通过调研的方式分析市场，并且找来90后聊生活、爱好，分析出具有代表性的90后的兴趣点；通过比对大量的二次元文化资料，将二次元受众的喜好形成感性认识，了解90后和二次元受众的文化和需求后，运用这个人群的语言来制作这部电影；选用90后普遍喜欢的社交平台新浪微博进行推广，进行精准营销。在片子即将完成时，制作方找专业的电影调研机构凡影做了一次内测场，内测的观众是正常受众匹配的样本，修改成正片后，又在北师大做了一次点映。整个市场调查过程都将观众的情绪和观影体验放在了第一位，而不只是专注于自我表达。

　　《十万个冷笑话》大电影是一部动画形式的喜剧电影。正如该影片的导演卢恒宇所说："不管是什么表现形式，它本质还是电影。《十万个冷笑话》大电影只是用动画的形式来产生效果而已。"此外，《十万个冷笑话》大电影的编剧方式是：编剧先写一段很正常的剧本大纲，之后再往里加入破坏性的笑话，不同于常规的编剧方式。该影片基调随性轻松，画面以二次元风格为主，诸如"你吐出来的是什么，羞耻心吗？""我的扫把啊、LV 的啊""集齐七个就可以召唤神龙，你以为你是龙珠啊"之类的搞笑语言，则将喜剧该有的情绪渲染开来。

（五）最终反馈效果（What Effect）

《十万个冷笑话》大电影自 2014 年 12 月 31 日上映以来，票房累计达 1.2 亿元，位居 2014 年国产动画电影票房排名第二位。200 多万元的制作成本，一亿多元的票房收入，《十万个冷笑话》大电影的成功，是网生代国产动画电影的一次大胆尝试：第一部公映的众筹电影，第一部票房过亿的成人动画电影，第一部采用 IP 入股的投入和分成方式及全套 IP 运营的电影。《十万个冷笑话》大电影的成功，让国产动画看到了新的希望，从它所收获的最终效益和受众反馈上来看，主要有以下三个方面值得借鉴。

广告效益高，植入广告与电影情节相契合，为观众所接受，"滚雪球般"吸引众多互联网大品牌广告商。电影植入广告是指将产品或服务，浓缩成具有代表性的视听符号融入电影，让观众对所植入的品牌留下深刻印象，实现营销的目的。因为诉求的隐蔽性、对象的广泛性和心理上的易接近性，为众多广告商和电影制作方所青睐。道具植入、情节植入、对白植入、文化植入、场景植入、题材植入和音效植入等，是广告植入电影中比较常见的方式。《十万个冷笑话》大电影中，如图 2 所示，小米手机和招商银行的信用卡作为解开封印的道具植入。作为一部本身恶搞性较强的、电影基调幽默搞笑的电影，以如此强势的手法进行广告植入，不但不会引发观众的反感还能增加全片的喜剧感；再配上男主角"小金刚就用小米，就用个两千块钱不到的手机"，作为时空管理者的福禄小金刚用小米手机，意在说明小米手机的性价比较高，有点"低调奢华有内涵"的韵味在里面，这也就保证了广告效果，不会出现黄渤在《疯狂的石头》中饰演小毛贼时说的"牌子啊，班尼路啊"，影响班尼路的时尚定位的类似事件。此外，作为该影片的重要出品方之一的新浪更是在主角时光鸡一出现时就进行了画面植入，时光鸡电脑屏幕的显示页面就是新浪微博的首页，品牌标志清晰地出现在主画面中，以中性的基调进行呈现，这与电影本身针对 90 后的受众定位相吻合，用 90 后熟悉的社交媒体进行广告植入，唤起熟悉感，增强认知。电影在 2014 年 12 月 31 日上映，苏宁易购在影片中植入了"跨年狂欢"的广告短片，两者在时间上面的配合默契。

图 2　《十万个冷笑话》大电影视频截图①

作为"广告"和"公关"综合体的植入广告，同时拥有这两者的推广优势。广告负责"曝光"，但是通常直接体现品牌标志，目的性太强，信誉度和可接受性受损；公关负责"影响"，借助中介平台软性传播，易于被接受，但是信息的呈现方式较难控制，辨识度相对较差。而植入广告作为两者的聚合体，以一种相对内敛的方式在第三方平台上搭载传播，又能够允许广告投资商提前策划信息的呈现，确保在不破坏电影节奏的前提下，实现制作方、广告投资商和观众的共赢。由于电影时间的限制，《十万个冷笑话》大电影中的植入广告每次出现的时间基本都在 5 秒以内，针对商家的辨识度高低的不同，采用不同的植入方式，作为电商的小米、招商银行和苏宁易购，分别采用的是强势的道具植入、对白植入和情节植入，直接将品牌 Logo、系列产品和广告语内置于情节中，新浪微博则采用大约 2 秒的画面植入。在一部喜剧动画电影中，这样不但不会引起反感，还会增加趣味性；随着观影的增加，突破时间限制反复曝光，广告商的销量和用户黏性都会得到提升。

票房效益高，细分市场发展"粉丝经济"，且兼顾"路人"。《十万个冷笑话》在有妖气原创动漫网站进行连载时就已经积累了大量的粉丝，在《十万个冷笑话》的视频版阶段，这部动画就具有了完整的粉丝文化圈，并建立了关于《十万个冷笑话》的百度贴吧。通常我们所认为的粉丝电影是"粉丝＋明星＋电影"，消费的是名人效应，作品本身的内涵可能不太会被重视，它所关注的受众主要是这些名人的粉丝，而忽略了电影本身的

---

① 细数《十万个冷笑话大电影》里的梗儿［EB/OL］. Mtime 时光网，http：//group. mtime. com/crazyfilmfan/discussion/3552574/.

吸引力。在这一点上，《十万个冷笑话》走的是"粉丝经济"的路线，借助众筹、大数据分析、互联网联合出品和两次内测成功将线上观众转为线下观众，提高了粉丝的转换率。但它不是粉丝电影，虽说主打受众是90后和经常混迹于网络的网民，但是影片中的角色，诸如金刚福禄娃、白雪公主、哪吒父子和匹诺曹等，都是大家所熟知的，动漫版本、动画视频和电影版本之间的剧情并无太大的衔接性，之前没看过的也可以看懂，用"路人电影"来形容不为过。"粉丝经济"实际上是将受众的"情绪资本"变现，并且配合粉丝文化圈，以及粉丝自发的人际传播来不断增值"情绪资本"，打的是一张"温情牌"。

商业模式效益高，互联网背景下的优质漫画 IP 带来的大爆发。在被巨头垄断的影视行业，中小公司如何与资源实力雄厚的大公司相抗衡，不在于具体的电影项目，而是不同的商业模式，大公司相对完备的商业模式和庞大的机构，同时也是制约其在短时间内实现商业模式转变的因素，中小公司的灵活性以及管理相对简单，这要求它们必须建立与巨头不一样的商业模式来进行抗衡。在这一点上，《十万个冷笑话》大电影的成功的关键就是这种网络化 IP 模式，以及对垄断格局下的市场进行细分。无论是直接接入爱奇艺的流量，还是将"米粉"转为"十冷粉"，都是将用户转换为粉丝，从传统的"注意力经济"的间接商业模式，转变为"粉丝经济"的直接商业模式。《十万个冷笑话》大电影具有彻底互联网化的史上最强大的联合出品、植根于互联网的吐槽文化和契合网民心理的内容、相关手游App 及衍生品开发，证明了"平台＋内容＋终端＋应用"才是 IP 商业运营的完整模式。

四、结论

有人认为《十万个冷笑话》大电影是一部秀下限、无节操、无厘头的低俗电影，认为这是"娱乐至死"的胜利。但是笔者想说的是，对于一部喜剧动画电影而言，笑声是检验它的标准，观众肯为它埋单，而它又不涉及黄、赌、毒，煽动社会不良情绪，那它就具有存在的合理性和合法性。并且，《十万个冷笑话》大电影的情节中调侃的也是现实生活中切切实实存在的现象。此外，《十万个冷笑话》大电影将成人纳入动画电影的目标消费群，这样的尝试或许将为国产动画电影带来新的发展契机。互联网背景下，优质动漫 IP 带来的大爆发，以及 IP 商业模式的运营实践，都是值得我们深思的。

（撰稿人：宋思）

《爸爸去哪儿》大电影

——综艺电影试水市场，获口碑、市场双丰收

2014年1月31日，综艺节目《爸爸去哪儿》同名电影版在中国大陆上映。作为2013年最热的综艺节目，《爸爸去哪儿》曾在电视屏幕上掀起了一阵"星爸萌娃"的热潮，而电影版延续了以往节目的风格和模式，更加突出了5对父子/女的个人特色。自上映开始，便迅速成为春节人们走亲串户讨论的热点话题，并且一连打破中国2D电影票房的多项纪录。在网络上引起了关于父爱缺席、子女教育问题的大讨论，而且关于这部电影本身的争议——综艺电影是不是电影，也一直伴随着电影的放映。综艺电影究竟是"短期的圈钱行为"，还是"有意义的电视节目跨界尝试"①？综艺电影如何用诚意创作和不断的出新获得口碑和市场的双重认可？

不同于传统电影的制作方式，现在上映的综艺电影基本上都是无剧本、无故事、无表演、无华丽电影技术、成本低、时间短、"连拍摄流程都遵照了电视节目的规律"的特殊电影形式。但制作团队就用这看起来一系列不具有优势的因素拍出了口碑和市场双丰收的《爸爸去哪儿》大电影，这值得我们进行深入的分析、思考和借鉴。

一、案例简介及背景阐述

（一）《爸爸去哪儿》大电影简介

《爸爸去哪儿》大电影是根据湖南卫视季播综艺节目《爸爸去哪儿》2013年原班人马进行创作、录制的，自从拍摄电影的消息传出后，便在传统媒体和网络媒体上掀起持续的讨论热潮。

电影在2014年1月31日（农历大年初一）上映当天就取得了9 329万元的票房，打破了2D电影首日票房纪录，仅次于豪华制作的3D电影《西

---

① 茅木木. 综艺"大电影"扰乱市场了吗？［N］. 中国文化报，2014 – 02 – 15.

游记之大闹天宫》的 1.28 亿元，而首周就将 2.6 亿元收入囊中。此后，《爸爸去哪儿》大电影一路高歌猛进，连续创下了 2D 电影首周末票房第一、首周末观影人次第一、最快突破 5 亿元、单日最高回报率等十多项纪录。

到电影下线时，总共收获票房近 7 亿元，成为 2014 年贺岁档的一匹超级黑马，而且其超越《让子弹飞》，位列华语片票房第八位。有资深记者根据拍摄时间和票房做了回报率的分析，称 5 天的录制时间平均每天转化了 1.4 亿元收益，堪称"史上投资回报率最高的电影"。在获得高票房震惊电影圈的同时，这部影片也收获了良好的口碑。

《爸爸去哪儿》大电影是由天娱传媒、蓝色火焰和光线影业联合出品，由光线影业独家发行的真人秀电影。导演由节目总导演谢涤葵和《裸婚时代》的执行导演林妍共同担任，该片于 2013 年 12 月 9 日至 12 月 13 日在广州长隆野生动物园进行拍摄，沿用了综艺节目中的 5 对父子/女——林志颖和 Kimi、郭涛和石头、王岳伦和 Angela、田亮和 Cindy、张亮和天天，记录了 5 天时间里他们在执行任务的过程中与各种动物的互动历险，透露出浓浓的亲情和相互间的爱，在一个充满自然味道的环境中共同成长。

而《爸爸去哪儿》大电影被很多观众评价是"加长版的综艺节目"，因为其内容的构建、后期的剪辑、演员（表演者）等都与综艺节目相同。

从内容来说，采用了综艺节目中的父子/女执行任务的模式。在电影开始时，五对父子/女乘同一班飞机来到广州并分别乘坐轿车抵达广州长隆野生动物园，与村长李锐见面，并在石头的指挥下上交手机、玩具等，此时就让综艺节目的资深粉感受到孩子们在节目中的成长：第一期不愿上交玩具的天天、Kimi，现在却洒脱地将其扔在箱子里。电影设置了一个完成任务的终极奖励：参加森林化装舞会。5 位家长和孩子通过共同执行或分开执行完成任务，完成任务的可获得星星奖励，最终拥有 3 颗星星的家庭能参加化装舞会。所以，从内容上来说，和综艺节目没有任何差别，只是拍摄的地点从美丽的小城镇转移到了广州长隆野生动物园，执行的任务基本和动物有关。

从后期剪辑来说，由于该片的拍摄总共使用了 23 台摄像机，影片的制作团队近 500 人。由于电影采用综艺节目的录制方式，将 5 天里"星爸萌娃"的一言一行都记录下来，在后期剪辑时选择了最精彩和最打动人心的镜头，因此电影中并没有特别先进和华丽的电影技术，运用较多的也只是字幕、音响和音乐，而这些都是现在综艺节目中常用的技术。例如几位爸爸在进入蟒蛇屋取食材时，为其配上的匆忙脚步声，凸显环境的恐怖和任务的艰难，使观众身临其境。

从演员（表演者）来说，在《爸爸去哪儿》大电影中，并没有演员的存在，几位爸爸只是根据场景和宝贝的反应来作出行为，只能说是将日常的活动呈现在公众面前，这就不同于传统电影中演员自我和所塑造的角色间存在差异的常规。

（二）背景阐述

《爸爸去哪儿》大电影在收获高票房后，也获得了多数的好评，可谓市场和口碑的双丰收。但是也有部分业内人士和观众认为，电影仅用 5 天的时间进行拍摄，完全延续综艺节目的模式，只是将播出平台从电视转移到了电影院，它"带坏了观众，惯坏了制片人"①，会使电影市场的资金偏离正常的轨道，形成"烂艺术"的恶性循环。

《爸爸去哪儿》大电影的热映引发了强烈质疑，如该片"能否算电影""为快速圈钱粗制滥造""扰乱市场秩序"等。但是它的出现也造就了诸多的现象和话题：之前电影和电视泾渭分明，而现在却形成无缝对接态势；以 5 天的时间拍摄一部票房 7 亿元的电影，为中国电影增加了新的形式，开启综艺节目大银幕化的趋势；电影并非只是故事片，不能用旧有的标准来评定现有的形式等。而且更深入地讨论了：什么是综艺电影？综艺电影与电影、综艺节目的异同是什么？电视节目的叙事方法在遇到电影时应做何调整，电影媒介对综艺电影叙事方法的影响又在哪里？综艺电影的题材、故事、风格、情节甚至视听节奏、画面和声音元素、蒙太奇手法又怎样区别于传统电影？

电影，是由活动照相技术和幻灯片放映技术结合发展起来的一种连续的视频画面，是集声音和画面为一体的，结合文学戏剧、摄影、绘画、音乐等多种艺术形式的综合体。电影和电视节目具有的相同之处是，两者都需借助摄像机进行拍摄，都需要运用画面语言、声音语言来完成作品，都需要借用蒙太奇手法来表达作品的特殊含义。但电影的观影成本、传播介质属性、收益分账、拍摄和播出节奏等又使其明显区别于电视节目，不能用电视节目的拍摄手法来拍摄电影，也不能用电影的节奏来要求电视节目。而且，由于前几部综艺电影并没有取得预想的成绩，甚至口碑极差，在之前看来，电影和电视节目只能在各自的领域中独领风骚，但《爸爸去哪儿》大电影的成功使得电影和电视节目的跨界融合有了现实的动力。

---

① 茅木木. 综艺"大电影"扰乱市场了吗？［N］. 中国文化报，2014 – 02 – 15.

《爸爸去哪儿》是由湖南卫视从韩国 MBC 电视台引进的亲子户外真人秀节目，第一季嘉宾由林志颖和 Kimi、张亮和天天、郭涛和石头、田亮和 Cindy、王岳伦和 Angela 共同出演，让日常很少陪孩子的星爸在节目组的安排下，在一个陌生的地方陪孩子度过三天两夜。节目组主创人员宣称，这个节目不是单纯为了展示"星爸萌娃"的生活八卦，而是为了给 80 后父母展示出一部生活教育百科全书。2013 年 10 月 11 日晚上 10 点播出了第一季的第一期节目，全国网收视率达到了 1.11%，收视份额占到了 7.6%。第一季的最高收视率在最后一期，全国网收视率为 3.64%，收视份额为 22.45%。第十二期的全国网平均收视率为 2.85%，平均收视份额为 18.52%，为 2013 年度收视率最高的综艺节目，这为电影版的成形奠定了良好的群众基础，并且在节目拍摄过程中形成了默契的制作团队。

Bagella（1999）利用计量回归分析意大利的票房时，引入了非线性项来代表演员和导演间的互动关系，通过精确的计算得出了人力资源的投入具有非线性效应的结论，并且强调了导演和演员间的合作对电影的成功具有非常重要的影响。[①]《爸爸去哪儿》大电影的导演为谢涤葵和林妍，后者曾是多部热播电视剧（如《裸婚时代》）的执行导演，而前者为《爸爸去哪儿》节目的总导演，与第一季的嘉宾（《爸爸去哪儿》大电影的主演）形成了好的合作关系，长期的合作形成了良好的沟通和配合，会缩减电影录制时间，比较符合 Bagella 的结论。

而关于《爸爸去哪儿》大电影被称为"电影"也一直备受争议。著名导演冯小刚炮轰综艺电影，认为它们对中国电影的发展产生比较恶劣的影响，是"电影的自杀"。影评人"暗夜骑士"称，电影市场居然要靠一个电视节目来喂饱，这说明中国电影产业本身已经差到无法满足市场需求了。备受诟病的还有拍摄时间短、投资有限、没有华丽的电影技巧等。《爸爸去哪儿》大电影的主创也承认，这部电影没有剧本、没有故事、没有表演，连拍摄流程都遵照了电视的规律，力求保持节目的原汁原味。而秦俊香教授认为，艺术表现的过程是由形之于心到形之于手或形之具体可感的视听影像的过程，[②] 本片的"心"是在导演统一风格下每个主人公自己掌握的，并没有预定的剧本，从这个角度说，该片属于纪录片性质。从演员角度说，之前的观点认为演员的自我与所要塑造的角色之间不可能完全一致，但《爸爸去哪儿》大电影又颠覆了这一观点，5 对父子/女在影片

---

① M. Bagella, L Becchetti. The Determinants of Motion Picture Box Office Performance：Evidence from Movies Produced in Italy [J]. *Journal of Cultural Economics*, Vol. 23, 1999：pp. 237-256.

② 秦俊香. 影视创作心理 [M]. 北京：中国广播电视出版社，2004.

中的角色就是自己本身，即使在摄像机的记录下，会存在一定的美化，但是相比之前的拍摄经历，已经是自己本身的最大还原。就从以上来说，《爸爸去哪儿》大电影并不是完全普遍认识的"电影"。况且，在大众的常识中，电影就代表着故事。

但是，就如当第一部具有照相功能的手机问世后，人们并没有重新定义照相机和照片，数码相机的边缘化也正是因为人们用照相机的标准来要求手机，而手机生产商也采纳了用户意见，重视手机像素的改进。今日以《爸爸去哪儿》大电影为代表的综艺电影与传统电影也可用此来缓和关系。较为普遍的观点是，不能用旧有的标准来判定现在的形式。因为电影在百年发展的历程中，也历经了不同的表现形式。在电影的发源地——欧美来说，电影一开始只是一些纪录片形式，如《火车进站》《园丁浇花》都不是如今普遍认可的故事片。这样看，《爸爸去哪儿》大电影更符合最开始对电影的定义。

而且，综艺电影的出现并非我国首创。日本 NHK 电视台的综艺节目《上班族 NEO》曾推出过剧场版，但是因为和节目重合太多，票房成绩并不理想。美国好莱坞拍摄的真人秀电影《现实生活》也未能掀起商业效应。在那之后，风靡全球的选秀节目《美国偶像》也拍摄成电影《追星族》，展示选秀节目中参赛者的辛酸血泪，但也未能获得好口碑。在我国，在《爸爸去哪儿》大电影面世之前，也有几部综艺节目试水电影，分别是2013 年的《中国好声音之为你转身》，2013 年为"快乐男声"打造的《我就是我》，虽有综艺节目积累的大量粉丝，却不像《爸爸去哪儿》大电影一样同时收获经济效益和社会效益。

天娱有关负责人对外称，当时决定将《爸爸去哪儿》改编成电影时，主要考虑到观影人群正在发生变化，认为随着新媒体的出现和院线的扩大，综艺节目大银幕化是一种趋势。但在娱乐评论人兰恩看来，综艺节目大银幕化在国内来说，条件尚未成熟，"术业有专攻，好歌手未必是好演员，演技也未必靠短期苦练可以获得，将节目的品牌效应最大化是冒险的商业行为，弄不好会毁了品牌"。①

综上所述，本文以《爸爸去哪儿》大电影为案例，在市场和口碑双赢的情况下，探讨综艺电影出现的必然性和对传统电影造成冲击的优势所在。

---

① 于帆. 综艺节目拍成电影，观众会买账吗 [N]. 中国文化报，2014 - 01 - 20.

图 1   《爸爸去哪儿》大电影海报

二、案例过程记述

在湖南卫视播出的综艺节目《爸爸去哪儿》引自于韩国 MBC 电视台的《爸爸我们去哪儿》，而《爸爸去哪儿》大电影则是根据我国的版本进行创作的，从导演到制作团队，再到演员都是综艺节目的原班人马，最大限度地保证了由电视屏幕到大银幕的无缝对接，用父子/女的亲情和孩子的童真延续了欢声笑语和感动，而且由于无广告而使得编排更为自由，"星爸萌娃"的个性也被交叉剪辑展现得淋漓尽致。

（一）"闪电速度"——《爸爸去哪儿》大电影制作、发行过程

《爸爸去哪儿》大电影于 2013 年 12 月 9 日至 12 月 13 日在广州长隆野生动物园进行录制，2014 年 1 月 31 日在大陆地区正式放映，而同一天上映的，最终票房过 10 亿元的《西游记之大闹天宫》，前期策划、拍摄、剪辑到最后的上映共耗时 3 年，总投资为 5 亿元人民币，其中特效和特技花费近一半。《爸爸去哪儿》大电影制作团队虽然没有拍摄电影的经历，但是也用坚定的信念和对纪实手法的娴熟运用，让这部电影在春节期间带给了大家诸多的欢乐和感动。

在 2013 年 12 月到 2014 年 1 月间，这部电影的关注程度一直处于极低

的水平，但是随着电影的上映，在 2013 年 12 月 31 日搜索指数猛升至 12 933。而且，在这段时间里，电影的主创人员（包括导演、工作人员、演员等）、《爸爸去哪儿》官方微博、《爸爸去哪儿》大电影官方微博、湖南卫视旗下主持人和节目官方微博等进行撒网式宣传，使得关于电影的信息最大限度地推送到各自粉丝眼前。而且，利用主创机构的自由媒体进行全方位、多形式的宣传，如在湖南卫视的跨年演唱会、小年夜春晚、元宵晚会上邀请《爸爸去哪儿》大电影里的 5 对嘉宾，既宣传了电影又提高了晚会的收视率，利用湖南文广集团下属的金鹰卡通频道和呼啦 App 进行预告片的投放。有业内人士称，如果按正常广告价格，这些投放将会是一个天价。

除了上述宣传，《爸爸去哪儿》大电影的发行方还利用网络视频网站，如微博视频、腾讯视频、搜狐视频、优酷网、优酷土豆网，轮番播放预告片。截至放映前夕，预告片和动物园特辑花絮的播放量各破 500 万。到位的宣传使得电影更有赢得票房的可能。

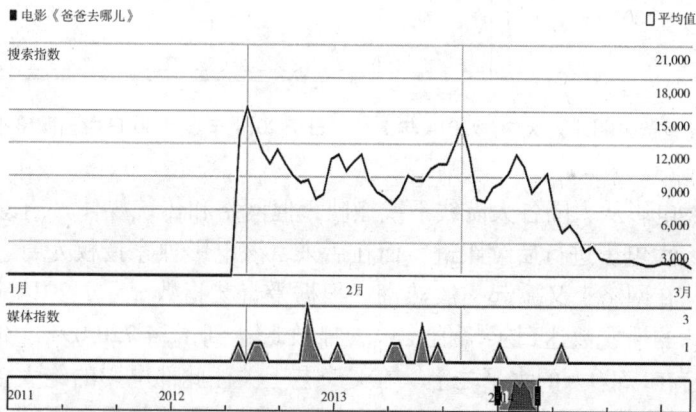

图 2　《爸爸去哪儿》大电影 2011 年 1 月 1 日至 2015 年 3 月 1 日百度搜索指数

（二）火爆上映——《爸爸去哪儿》大电影放映过程

2014 年 1 月 31 日，《爸爸去哪儿》大电影正式登陆全国院线，首日票房高达9 000万元，刷新了《私人定制》首日票房8 000万元的 2D 国产影片首日纪录，单日观影人次约为 260 万次，场均超过 110 人，这两项指标都创下了国产片首日票房纪录。而第一天上座率达到了近九成，超过了《让子弹飞》单日最高上座率81.19%。

　　《爸爸去哪儿》大电影首日的疯狂表现让院线经理看到了其市场潜力，第二日各地纷纷临时对《爸爸去哪儿》大电影加场，比第一日的排片率同比增长近十个百分点，超过 36%，排在同档期电影的第一位，超过了大制作、大班底、超级明星的《西游记之大闹天宫》。

　　随着院线的热播，其在网络上的搜索量也呈逐渐上升的趋势，如在中国网络视频指数上显示的，在 2013 年 1 月 30 日，《爸爸去哪儿》大电影的搜索指数仅为 38，而在上映当日，搜索指数攀升到 411，在上映的第七天，随着电影好评的传播，搜索指数达到峰值 1 004。

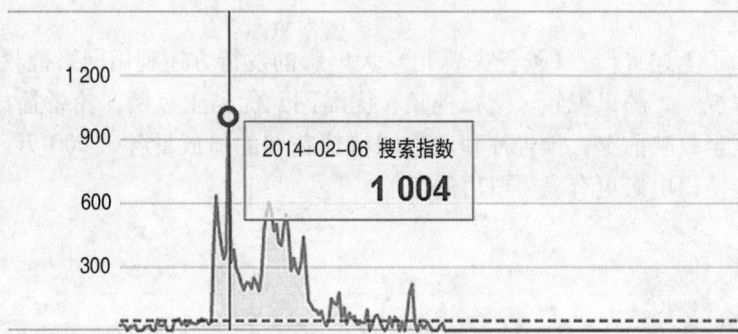

2014-02-06 搜索指数 1 004

图 3　《爸爸去哪儿》大电影 2014 年 1 月 1 日至 2014 年 6 月 30 日中国网络视频指数

　　虽然电影从大陆各大院线下线撤映，但网络和传统媒体一直对《爸爸去哪儿》大电影进行后续跟进，而在后来，该电影独家授权爱奇艺进行网络播放，在网络上又掀起一股热潮。根据爱奇艺指数显示，2014 年 5 月 1日，该片的播放数达到了峰值，单天播放量达到了 24 720 091，并且长时间地维持在 1 500 万的水平之上。在爱奇艺上关注此部电影的绝大多数观众为 24 岁以下的年轻人，占比 62.3%，而 35 岁以下的收看电影的观众占到了全部人数的 91.7%。这个年龄层次符合电影拍摄前营销团队所做的目标群体调查。而在收看人数中，女性观众略多于男性观众，这表明了女性观众对于父子/女亲情的关注。《爸爸去哪儿》大电影中孩子间的童真、孩子和爸爸间的爱、爸爸和爸爸间的搞怪和男人间的沟通，都符合这类人群的观影需要，在观看时容易产生共鸣。电影与观众之间产生共鸣是建立在对同一经历、同一感情的共同认识、理解的基础上，任何东西都不能成为沟通、感知、认可的障碍。

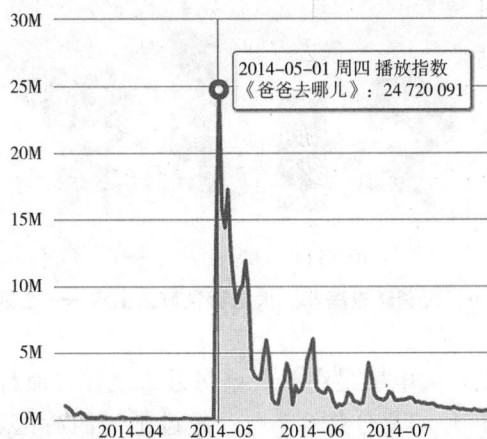

图 4　《爸爸去哪儿》大电影 2014 年 4 月 1 日至 2014 年 8 月 31 日爱奇艺指数

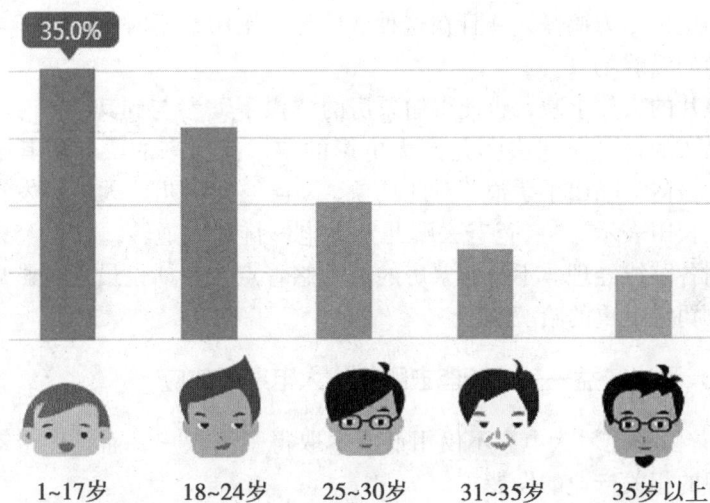

图 5　《爸爸去哪儿》大电影爱奇艺指数——年龄分布

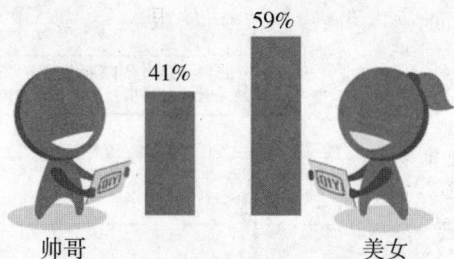

图6　《爸爸去哪儿》大电影爱奇艺指数——性别比

　　《爸爸去哪儿》大电影最终收获票房近7亿元，而且观众口碑也并不差。在豆瓣上，该片的评分是6.7分，超过了《西游记之大闹天宫》，甚至也超越了同样以喜剧为卖点的《私人定制》。实际上，延续了综艺节目风格的《爸爸去哪儿》大电影极具可看性，可被称作89分钟无尿点，一个笑点接着一个笑点，"熊孩子们"依旧奉献出了各种爆笑的童言童语，而爸爸们也是尽力搞怪，并且在这种欢欣的氛围中，不时有父爱、宝贝对爸爸的爱的温馨场景。

　　而该片的火热上映，也使得偷票房的"黑手"参与到其中。有网友举报，自己买的是《爸爸去哪儿》大电影的票，但出来的票却是其他电影的，还在微博上晒出了票根。对此现象，《爸爸去哪儿》大电影发行方光线影业王长田表示："《爸爸去哪儿》大电影排片大逆转，以33.5%居第一，感谢各院线经理。不过偷票房的那个悠着点儿，话说最近电影局正在抓典型，罚得挺重的哈。"

（三）周边效益——《爸爸去哪儿》大电影后效应

　　《爸爸去哪儿》大电影不仅用低成本取得了高票房，而且还带动了电影中出现的相关产业的发展。

　　首先就拍摄地点——广州长隆野生动物园来说，在2013年的百度搜索指数一直维持在1 000上下，但是在电影播出后，其搜索热度一直持续不下，高峰时期单天搜索指数达到了4 258，搜索带来了关注，也必定会带动门票收入的增多，刺激了旅游业的发展。

　　其次，如资深评论人韩浩日所说，《爸爸去哪儿》的电影化是醉翁之意不在酒，想要的不是观众的一次消费，而是在综艺节目和电影的基础上继续扩大自己的知名度和影响力。综艺节目现在主要是收视率之争，而提高收视率的最好办法就是用尽方法来提高自己的曝光率，"电影院是一个一向与综艺节目无缘的角落，占领大银幕，其终结目的还是想把观众往电视荧幕上转移"①，毕竟，在电视上夺得的眼球和关注才具有长久性和持续性。很快，在电影余温即将消失的时候，《爸爸去哪儿》第二季的嘉宾人选在微博上热传，将"星爸萌娃"热持续下去。

三、案例分析及评价

（一）"正经电影"失势下的现象级影片

在《爸爸去哪儿》大电影出现之前，人们普遍认为电影是故事片，只有完整表达故事的影片才是"正经电影"，但是，在外国电影的猛烈冲击下，国产电影陷入"大而空"的怪圈继续呈现疲软态势。由于电视和电影的观看成本不同，"正经电影"不能满足大众的需求，因此人们多数时候都愿意在老生常谈的电视节目中消磨时光，也在不知不觉中塑造了观众的常态：人们的叙事经验越来越简单，美学体验越来越表层，空间意识越来越衰退，超日常理想越来越淡漠。②就是因为"正经电影"的缺席导致了视听审美的下降和对叙事方法要求的不严谨。此时，电影就应该跟着市场进行预测和调整，而非故步自封，毕竟电影是"兼具艺术性、传媒工具性和商品性"③的产品，而《爸爸去哪儿》大电影恰好在此时与大众见面。以大多数观众的心理需求作为策划的出发点，观众喜欢什么、关心什么、渴望什么就演什么，用综艺节目《爸爸去哪儿》中平实的场景、浓郁的父爱、温馨的画面和日常性的事件，将观众对节目的狂热延续到了电影中，形成了广受认可的现象级电影。

（二）"粉丝电影"造就可能

布洛认为，美感的产生是由于人与对象保持了距离，这个距离不是时间上的距离，也不是空间上的距离，而是心理上的距离。但由于处在特定的审美距离上，接受者就能对变现对象进行反思。④由于之前综艺节目建立起来的主人公和观众的距离感和亲近感，吸引了观众再次投入金钱来观看大电影。

《爸爸去哪儿》于2013年10月11日在湖南卫视进行首播，在播阶段

① 于帆. 综艺节目拍成电影，观众会买账吗 [N]. 中国文化报，2014-01-20.
② 尹鸿. 电视化的电影与电影化的电视 [J]. 电影艺术，2001 (5).
③ 沈浩. 国产电影营销策略研究 [D]. 广东省社会科学院硕士学位论文，2007.
④ 秦俊香. 影视接受心理 [M]. 北京：中国传媒大学出版社，2006.

城市网平均收视率为 4.671%，平均收视份额为 20.98%，位列 2013 全国综艺节目的第一位，在国内掀起了"星爸萌娃"的热潮，实属为现象级的节目，拥有庞大而坚实的群众基础。

重要的是，《爸爸去哪儿》在进行投资拍摄前，首先对综艺节目的收视观众进行了大样本的调查，发现收视的观众群体主要为 20~30 岁的年轻人、小朋友和老年人，且 80% 为女性观众，这就形成了"年龄跨度大、群体分布广泛"的目标群体，可谓十足的"粉丝电影"，有利于票房的成功。

（三）合适档期助力《爸爸去哪儿》

Krider 和 Weinberg（1998）曾假定电影的季节性高峰期是内生的，电影的生命周期十分短暂，在这个基础上，他们建立了博弈模型分析电影的发行时间，得出具有高营销力和高市场力的电影应该在高峰时间推出的结论，而相对较差的电影产品应该根据博弈的情况来安排合适的时间进行公映[①]。

"电影建构的是一种更为私人化的注意力投射与几何化的仪式混杂的双重体验"[②]，所以电影更注重的是与至亲好友的共同分享。

综艺节目《爸爸去哪儿》的观众分析中，年龄跨度从小朋友到老人，可谓老少皆宜，是适合全家进行观看的节目，因此就把这部电影预想为"一家人一起看"[③] 的电影版真人秀，而选择大年初一上映的决定无疑也是正确的，因为此时是上班族的放假期间，全家都处于过节的欢乐气氛中，摸准了普罗大众合家欢乐的观影需求，看"星爸萌娃"的欢声笑语是再合适不过的了。

而且就其电影上映和综艺节目播出时间来看，其间隔也是较为合适的。综艺节目在 2013 年 10 月 11 日播出了第一期，在 12 月 27 日播出了第一季的最后一期，而电影的拍摄时间为 12 月 9 日至 13 日，意味着在节目即将落幕的时候进行了拍摄，同时也有电影录制的消息在节目的播出期间传出，综艺节目和电影在信息上形成了交互和相互的宣传，所形成的合力远大于单个节目的宣传。

---

① Robert E. Krider, Charles B. Weinberg. Competitive Dynamics and the Introduction of New Products: The Motion Picture Timing Game [J]. *Journal of Marketing Research*, Vol. 35, 1998.

② 王腾飞，刘怡君. 电视到电影的跨界思考：以《爸爸去哪儿大电影》为例 [J]. 西部广播电视，2014（15）.

③ 何竞平. 新媒体时代的电影营销策略：以电影《爸爸去哪儿》为例 [J]. 中国电影市场，2014（9）.

（四）充分尊重和满足观众、粉丝的需求

电影的接受和电影的创造都一样，都是完全主观性的行为，无论观众是否明确意识到或者是毫无察觉的，每次所做出的观看或不看、评价好与坏都是由一定的动机引发和推动的。而对于观众的各种动机、需求，"影视创作者不可视而不见，而应积极主动地去满足、去顺应"①。

《爸爸去哪儿》大电影在确定演员阵容前，通过微博讨论加以验证。营销团队分析了之前几部由热门电视剧改编的电影的票房成绩，初步认定原班人马出演对于此类型电影的票房成功是加分的因素。于是又在微博上发起了关于"原班人马出演"的相关讨论，两天的时间讨论量达到了 2 万左右，其中 43.38% 的人支持"原班人马就会看"，47.06% 的人持"希望原班人马出演"的观点，9.56% 的人坚定地认为"不是原班人马不会看"，因此，《爸爸去哪儿》大电影中的主角完全由综艺节目中的 5 对父子/女出演。

（五）与综艺节目形成良好的衔接

在《爸爸去哪儿》大电影之前，国内也有其他综艺电影，但是并没有收到很好的效果，如《乐火男孩》《中国好声音之为你转身》，其原因之一就是，电影的内容和综艺节目并没有很大的关系，观众对电影中的人物、故事等都需要重新认识、了解和建构，和传统电影没有任何区别。再加上观看电影和电视的成本不同，因此在进入电影院之前，观众会对电影的内容、感官体验等有预先的标准，并在观影结束后对电影有一个十分明确的评价和打分。如果再遇上综艺电影本身制作不精良，那就根本没有任何的竞争优势。而《爸爸去哪儿》大电影却很好地解决了这个问题。熟悉的主演、熟悉的模式、熟悉的字幕、熟悉的音效，甚至是熟悉的幕后人员，都勾起了观众在观看综艺节目时的情感，并且再次投入到电影中。

四、结语

《爸爸去哪儿》大电影的出品人赵晖说："如果电影的类型一成不变，那对电影圈也不是好事。"由综艺节目衍生的电影，本身就是一种正常的市场行为，是一个"文化项目进行跨界开发和多元发展，提升项目的影响

---

① 秦俊香. 影视创作心理 [M]. 北京：中国广播电视出版社，2004.

力和竞争力"① 的有效措施。

综艺电影的出现并不会改变整个电影市场的格局，也许会在短时间内出现盲目的、习惯性的跟风和复制，但是想复制成功却越来越难。

正如吴宇森导演说的，中国电影市场现在这么好，最缺的就是实验精神。希望不久的将来，综艺电影不再仅仅是节目的简单复制，而是在节目的基础上进行艺术性的再创造。我们不怕失败，怕的是一成不变。

（撰稿人：徐精繁）

---

① 茅木木. 综艺"大电影"扰乱市场了吗？［N］. 中国文化报，2014 - 02 - 15.

中国电影文艺大片的回归之路

——以电影《归来》为例

2014 年，华语电影市场上文艺片创作开始爆发，无论大牌导演还是新生代电影人，纷纷加入或回归文艺片创作。张艺谋执导的电影《归来》是中国首部 IMAX 文艺电影。电影浓墨重彩地表现了"文革"时期冯婉瑜和陆焉识的个人命运和对爱情、家庭的执着坚守，影片聚焦人性层面，以陆焉识和冯婉瑜刻骨铭心的爱情反映一个时代的悲欢离合，而对"文革"时期知识分子遭受的残害则一笔带过，这无疑是对特殊年代的理性表达。张艺谋执导的《归来》可谓是在艺术造诣、思想深度、文化内涵、商业票房方面兼得的典型代表，是文艺片发展至今的又一佳作。《归来》的上映宣告了张艺谋个人创作从视觉冲击到简约叙事、从商业诉求到思想诉求的"归去来兮"，也预示着中国文艺电影的回归与复兴。

一、案例简介及背景阐述

（一）电影简介

《归来》于 2014 年上映，影片改编自严歌苓的长篇小说《陆犯焉识》，由张艺谋执导。影片的演员阵容十分强大，由陈道明饰演男主角陆焉识，女主角冯婉瑜则由巩俐担任，此外另一主要人物陆焉识之女丹丹则由新一代谋女郎张慧雯饰演，其他的配角也是知名演员，如闫妮、郭涛等。从演员阵容上看，《归来》堪称豪华。而演员成熟精湛的演技，加上剧情推进过程中内在的张力，使电影不仅赢得了很高的票房，也获得了观众良好的口碑。从内容上看，《归来》内容平实而引人入胜。它虽然改变自长篇小说《陆犯焉识》，但仅仅截取这部小说的最后一部分，并且电影中的人物背景被简化，故事情节也变得简单，原书中体现深刻的时代内涵与思想内涵也相对弱化。张艺谋在做减法后，创造出了一种独特的美和深刻，此为影片的吸引力所在。

《归来》是一部浓情的爱情挽歌，它讲述了男主人公陆焉识与妻子冯婉瑜错失多年爱恋时光，因命运而失之交臂的故事。时光荏苒，陆焉识渐渐老去，再次归来与发妻相遇时，患病的冯婉瑜却已经认不出他。繁华落尽，他们怀着各自强烈而执着的爱，在永远的等待中一起慢慢变老。

《归来》自 2014 年 5 月 16 日上映后，迅速成为中国影坛的热门之作，50 后、60 后的影迷试图从片中寻找自己的青春记忆，70 后、80 后、90 后的影迷希望通过《归来》理解父辈的爱情哲学。影片也成为国内文艺片中票房最快破亿的代表作，除此之外，影片引发的关于时代、爱情、亲情的讨论也成为网络热点话题，包括与原著不符等诸多争议。

2014 年 5 月 16 日，《归来》正式登陆内地院线，公映当天即打破国产文艺片首日票房纪录，随后一路高歌猛进以短短四天的时间打破国产文艺片票房最快破亿的纪录。《归来》总票房逼近 3 亿元大关，这一成绩远超近年来国产文艺片票房典范的《南京！南京！》（1.72 亿元）、《色戒》（1.38 亿元）、《白鹿原》（1.33 亿元）、《梅兰芳》（1.14 亿元）、《白日焰火》（1.03 亿元）等作品，更打破了由《山楂树之恋》（1.6 亿元）创下的张艺谋个人艺术片票房总纪录。至此，《归来》打破中国国产文艺片公映日票房、破亿速度、上映总天数、总票房数纪录。

随着《归来》戛纳展映活动的展开，来自外国媒体和专业人士的评价也纷至沓来。法国权威电影杂志《综艺》公开评价称"能拍出这样传统和经典的大师作品，张艺谋之外再无别人"。《首秀》在满分 10 分的前提下给影片《归来》打出 8.5 分的高分，并评价"这不是一部会改变你一生的电影，但是会是那种让你重新审视生活的电影，爱总是永恒的"。而法国知名电影期刊《每日银幕》则对片中巩俐和陈道明的表演给出了极高的赞扬并称其为"情感丰满，极具代表性和层次感的高超演技"。

除此之外，片方还公布了一部名为"张艺谋归来背后"的纪录短片，涵盖了《归来》从前期剧本、选角，到制作期拍摄及后期音效、视效合成的全部工作过程，用最真实、最直接的方式展现《归来》拍摄过程中的点点滴滴，并首次公开了影片中陈道明弹钢琴这一段重点戏份的拍摄过程。原本弹钢琴的镜头需要分几次拍摄，但开拍后主演陈道明、巩俐迅速进入状态，张艺谋并没有叫停，而是任由两位主演自由发挥，整个场面浓情深邃、厚积薄发，引得工作人员无不流泪动容。

（二）背景阐述

文艺片是指具有较高文学艺术性的电影，相较于一般电影而言更注重内容和情感的表达。判断一部电影是文艺片还是商业片，不能单纯以票房论高下，在许多学者看来，文艺片和商业片有交集也有不同，最明显的区别就是文艺片试图通过画面、人物为载体讲述人类情感，用人物之间的交流、动作推动故事的发展。当然文艺片的发展多多少少也会带上商业气息，艺术与商业的平衡同样适用于文艺片。导演在演员的选择方面会比较倾向于选择较有名气的一线演员，这些演员除了能精准把握角色内心和情感的变化之外，还能带来商业号召力。张艺谋执导的《归来》可谓艺术造诣、思想深度、文化内涵、商业票房方面兼得的典型代表，是文艺片发展至今的又一佳作。

在文艺片发展道路上，精英文化始终主导着电影的轨迹，即便在特别困难的时期，精英文化阶层对文艺片也是情有独钟，没有试图通过市场将文艺片推向大众。《归来》却在这点上有所突破，文艺片已经从精英文化向大众文化转变。纵观近几年在内地市场取得不俗票房成绩的文艺片，以《归来》领军到《白日焰火》《桃姐》《观音山》等作品，均做到了"高品质、大明星、全年龄"三个重点。《归来》上映后，一系列围绕家庭、亲情、爱情的观影活动纷至沓来，使观影群体下到在校学生上到已年过半百的父母长辈纷纷进入影院。据业内分析人士称，《归来》不是一窝蜂的观影模式，是凭口碑不断累积人气，从而实现"长线"局面。

电影的市场化，使得回归中的文艺片面向市场，面向大众，加之中国电影发展的迅速，中国电影的观影人群从一线城市扩展到二三线城市，电影业迎来了全民狂欢的时代。艺恩咨询数据表明，虽然在近五年里我国一线城市依然为城市票房之龙头，北京、上海、广州、深圳四个城市在2008年至2012年占全国票房的份额分别是32.8%、34.3%、30.7%、27.4%，但呈现逐年下降的趋势，而且由于市场饱和，一线城市的市场不会再有所扩大，来自二三线城市的市场开始越来越有重量，单靠一线城市市场决定影片票房已经不现实了，电影已经从精英文化转变为大众文化、全民文化。

二、案例过程叙述

（一）《归来》的商业化炒作

《归来》是一部文艺片，却有着商业大片的火爆。除了本身的"文革"题材引人关注，它的成功离不开巧妙的炒作。不需要电影界专业人士指点迷津，任何一个普通人通过《归来》的百度指数就可以一窥它的炒作技巧。

《归来》于 2014 年 5 月 16 日上映，但分析百度指数发现，在 2014 年 4 月 9 日就出现了一次小高潮。其原因是这一天曝出了一个消息，"斯皮尔伯格被张艺谋《归来》感动：我哭了快 1 小时"，紧接着又有消息出来辟谣，"《归来》看哭斯皮尔伯格？陈道明不信张艺谋说的是真的"。借用名人抓住观众眼球，《归来》做了一次成功的预热。

《归来》的百度指数峰值，也并非 5 月 16 日首映这一天，而是在 5 月 18 日。我们来看看这一天发生了什么事。这天出了两大新闻，"张艺谋新片《归来》看哭莫言，原作者严歌苓打 99 分"，"莫言对话张艺谋：《归来》故事陈旧但直指人心"，莫言、严歌苓都是名人，又是一次名人效应。

相反，查找 5 月 16 日这天的新闻，除了与《归来》首映相关，并没有多少爆点，反而还有泼冷水的文章，以致首映当天的百度指数低于两天后的百度指数。从百度指数走向可以看出，《归来》擅长用文化界名人炒作，这与影片风格也是一致的。

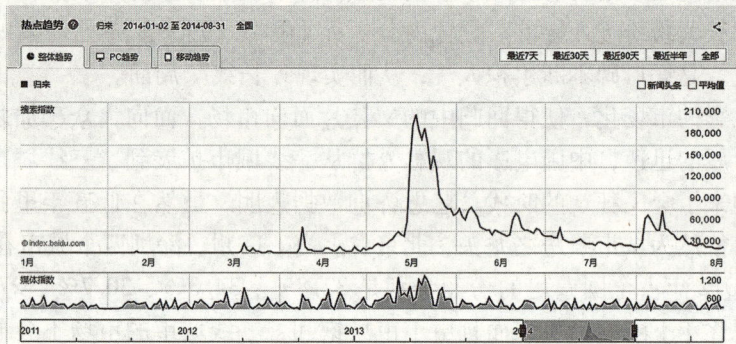

图 1 《归来》百度指数

（二）《归来》的文学改编

"我当时买版权的时候就知道，我是冲着后 20 页买的。你回到家中，物是人非，这个故事开始了，这是我的重点。"张艺谋在接受媒体采访时表示，原著《陆犯焉识》是非常厚重的一本书，历史跨度也非常大（从民国到改革开放），而他只选取了小说的最后二三十页进行改编。

改编后的基本剧情是：陆焉识平反回到家中，却发现冯婉瑜得了失忆症，竟不认得他了。于是，陆焉识就想方设法让她恢复记忆，但总是无功而返。通过冯婉瑜失忆来产生戏剧性矛盾，让陆焉识唤醒她，除了这条主线与小说相同之外，影片中的其他成分都做了重大调整。重大调整的内容大致可以概括为三部分：第一，小说主要篇幅描写的是陆焉识和其他"劳改犯"服刑时的残酷生活。但影片舍弃了这部分，着重讲述释放归来的陆焉识和失忆妻子之间的相处。第二，小说中陆焉识和冯婉瑜是包办婚姻，他有过两次婚外情。但他在劳改时逐渐领悟到自己其实是爱着妻子的，迫切地想回家，向她忏悔。而影片中并没有展现这些情节，我们看到的只是一位完美的丈夫。同时，原著中的"冯婉喻"在电影中变成了"冯婉瑜"。查资料可知，"喻"有讽喻之意；而"瑜"代表苦情痣，暗指爱得辛苦。第三，原著中陆焉识有两女一子和四个孙子，而影片删繁就简只剩一个孩子，并且将她变成了一位样板戏演员。因为父亲在劳改服刑期间逃跑，使其未能在《红色娘子军》中上演主角而对父亲极为憎恨。张艺谋在接受采访时曾表示，把剧中的女儿定位为样板戏演员源于严歌苓的想法。

然而，《归来》在赚足了观众大把眼泪的同时，也被不少媒体诟病。称其没有大喜大悲的侧面渲染和直面时代写实的讽喻，有的只是对时代小心翼翼、谨慎、蜻蜓点水似的一笔带过。"如果我们删除影片中的'文革'元素，去掉彰显国师喜好的舞蹈演员们的大白腿、陆焉识的罪名和一帮演技派明星的客串，影片故事可以简化为：一个老头因为'文革'被批斗而离家数载，归家后，发现爱妻已患失忆症，仍然不离不弃，与爱妻相伴终老的感人故事。"对此，张艺谋有自己的解释，他说自己要走反。"我要对自己擅长的东西进行适当的压制。比如说视觉化，比如说节奏，比如说一种情感的饱满，声嘶力竭、大悲大喜等。"但是在有些镜头的处理上，他却从未走反。

（三）"科技＋文化"的双重路线

影片《归来》，除了从表演到制作的强大阵容外，"具有 4K 清晰度及 IMAX 版本的文艺大片"的概念也颇为吸引眼球。业内人士解读，4K 是指数字电影领域的分辨率指标，意味着超高清。IMAX 则是更高和更大影像度的电影放映系统。

4K 对于国内观众来说是一个新名词，它指的是物理分辨率达到 3 840×2 160，这个数据是全高清的 4 倍，高清的 9 倍。在此分辨率下，观众将可以看清画面中的每一个细节，每一个特写，画面更加锐利，层次更加分明。4K 意味着超高清时代的到来。对于观众来说，是一种全新的影像感觉和影像体验。谈到用 4K 摄影机拍摄《归来》的原因时，摄影指导赵小丁说："拍摄时，我和张导达成共识，我们要往前看，让观众真正享受到全新的高质量画面。这种观看的愉悦性是今后发展的一个大趋势。很多同行觉得 4K 时代还很遥远，但我个人认为，这个发展过程会比胶片的消失来得更快。《归来》是一部时代感很强的电影，它需要细节的完美展现，不光是演员，还有场景、道具、氛围等，正是这些属于画面质感的东西可以将观众带入到情境中去，完全融入故事里。所以，我们坚持用超高清来拍摄，就是要做一个精美的艺术品。"

乐视影业 CEO 张昭表示："《归来》这次的拍摄采用了很多特写镜头，演员的表情会被尽可能放大，就算是很细微的变化也会被捕捉到。《归来》是一部用表演推进剧情的电影，IMAX/4K 版本观看的效果更令人动容。在我看来，技术先行一定是为了更好地表达内容。"《归来》用"科技 + 文化"的方式打造观影品质的创新做法又进一步拓宽了文艺片的呈现路径。

三、案例分析及评价

（一）《归来》票房获得成功的原因探析

1. 依靠乐视平台的独特营销策略

对于《归来》铺天盖地的营销方式，《每日经济新闻》指出，"一些影院甚至感到乐视影业用力过猛，营销有点过度"。该报道援引一位乐视影业内部人士的观点。"前期口碑、推广力度确实动用了巨大的资源，也可能导致观众逆反。"不过在这位内部人士看来，即便是过度营销也是话题点，"长线的戏，就靠前期铺垫来做发酵"。

身为资深人士的张文伯谈到了《归来》票房成功的几点原因，"一是张艺谋的分量在这，他可以和斯皮尔伯格、李安等国际大导演对话；二是乐视影业用互联网思维在做营销，他们无所不用其极，制造各种话题，吸引观众的眼球，比如赴戛纳展映，他们把张艺谋的品牌价值做到了最大化"。

现代社会既是信息泛滥的社会，亦是注意力时代。在这样的时代背景下，文艺电影的宣传策略与一般商业电影一样要注意两点：吸引受众的注意力以及互动。而在乐视精心策划下的《归来》电影营销策略则非常好地完成了这两个方面。

首先，《归来》擅于吸引受众注意力。所谓注意力是对于某条信息的精神集中，现代社会的经济正从"信息时代"进入"注意力时代"。而注意力的过程要经过三个阶段：知觉、注意力、行动。在知觉阶段中，电影筹划、确定演员、高调宣布开机，将《归来》拉入受众的知觉范围。而在注意力阶段，乐视影业囊括了一条龙服务：《归来》于2013年9月16日宣布开机，在这之后的拍摄过程中，乐视网不间断推出了80天拍摄日志的视频，此为电影营销的一个创新点，不仅为受众提供了丰富的电影资料，吸引受众的注意力，同时也逐渐引起受众对该电影的好奇心，为日后电影的票房埋下了伏笔。电影拍摄完成之后的宣传活动又包括：预告片、海报、广告等，除此之外，乐视还为受众献上好莱坞斯皮尔伯格导演观看《归来》的现场直击视频，其感动落泪的画面深深激发了受众的好奇心，迫不及待想看一下是什么样的巨作让其落泪。另外，乐视影业更是借助斯皮尔伯格的品牌效应为电影做了无形的宣传。在行动阶段中，《归来》最终以逼近3亿元的票房完美收官，标志着行动的成功。

其次，《归来》的营销过程注重与客户进行积极、深层的互动。就媒体现状来看，互动可以分为两种，一种是线上互动，一种是线下互动。线上互动大多是指自媒体与受众之间的互动，而线下活动则指媒体通过举办活动并邀请受众参与，形成互动。在这一方面，乐视影业的电影宣传做得也比较到位，从线上来看，乐视影业有自己的视频网站乐视网，此外线下也有众多院线资源。其中，乐视网为客户提供了丰富的关于电影的视频资料，除此之外还有商业互动，为受众提供了众多优惠：2014年4月21日，结合《归来》全阵容媒体见面会，携手旗下网酒网推出《归来》定制版全球限量3 000支沃利正牌干红葡萄酒。4月22日，携手乐视商城现货抢购活动，1.8万台乐视超级电视X50 Air张艺谋《归来》艺术版售罄；5月11日，母亲节《归来》超前点映活动，携手天猫上的乐视生态官方旗舰店实现O2O影票销售和用户运营。一方面为电影做了宣传，而另一方面也与受众进行了商业互动，为受众提供更多的优惠。此外，乐视的宣传有一个独特之处就是每场电影的宣传都不会让观众空手而归。由于电影受众以老年人、妇女为主，乐视影业为他们准备了印有《归来》宣传海报图片的购物袋，实用、便携。

最后，《归来》借用乐视平台，打造品牌效应。在电影的宣传中，乐视影业以5月11日母亲节为契机，在天猫上的乐视生态官方旗舰店首次组织电影超前点映活动，一部分受众提前5天与父母来到影院观看《归来》。此次乐视的创新试水，很好地借助天猫的海量用户，让电影在上映前得到用户的认知，同时，也能借助天猫平台大数据了解各地用户对于影片的评价，因此片方能够利用数据准确把握市场，及时调整推广战略。《归来》

上线当天，乐视影业打造《为你归来·全屏实力》的品牌宣传片也同期上线，这不仅仅为《归来》上映造势，同时也从一个独特的视角诠释着乐视影业以用户运营为核心的品牌定位。无论是从技术、传播途径、内容与终端联动等各个环节，乐视影业都利用产业链优势，在高品质内容的基础上做整个垂直产业链的整合，并与合作伙伴延展乐视生态的服务，将用户资源加以高效整合，反哺电影《归来》的宣传并造势。

《归来》的票房成功离不开乐视影业的全流程营销宣传，"平台＋品牌＋内容＋应用＋终端"的生态链条展示出电影营销的全新模式，渗透用户生活的每一节点。

2. 《归来》独特的叙事美学

张艺谋执着于对美的追求，注重画面色彩的运用，在充满张力的叙述中，呈现出一种人性和温情。作为一部文艺电影，《归来》的电影故事情节很简洁，但内蓄之力却很雄厚，这也是影片如此具有艺术表现力的关键所在。影片的艺术表现力是通过细节的描摹而缓缓铺陈开来的，如陆焉识逃回的那一夜就给观众留下了深刻的印象，当时外面下着小雨，除了雨声什么声音也没有，作为逃犯的陆焉识第一次归来，他想敲门，却抬手欲止好几次。而屋里面的冯婉瑜似乎感觉到陆焉识回来了，凝神屏气静静地站立在房间里，神态既紧张又不安，犹豫着是否开门。刹那间她内心所有的矛盾都在这个静谧的环境中凝聚起来，直至她决定与丈夫见面。"天桥相会"是影片里的重要桥段，冯婉瑜见到红卫兵抓陆焉识时大喊："焉识，跑！"这时一个妻子的浓烈感情瞬间喷涌而出，一切的挂念、患难真情都凝聚在短短的三个字之中。

张艺谋在《归来》中的色彩应用达到了炉火纯青的境界，淡寡的色彩，简洁干净的背景，与整部电影的感情氛围有机地结合起来，让观众产生无限的惆怅。尤其是电影开始，陆焉识为了与妻子冯婉瑜见面，在一次农场转迁中逃跑一节，张艺谋大量使用黑白相结合的色彩，蓬头垢面的陆焉识穿着黑色的雨衣，警觉地穿梭在白色的雨中，他翻越楼梯，爬到楼顶，四处观望。然后再次跳入黑暗的楼道，推开那扇黑色的门，门一开一合之间无疑扣动了无数观众的心弦，让观众为之动容。这一段落，张艺谋充分展示了自信，除了背景雨声之外，人物对话也简洁，更多时候是通过人物的行动和表情来推动故事的发展，有一股安东尼奥尼默片的味道。

影片中对陆焉识第二次归来的处理，也充满了美学张力。陆焉识为了唤起冯婉瑜的记忆，想尽各种办法，弹钢琴一段是情感张力的集中爆发。陆焉识掐好时间点坐在略暗的屋子里弹钢琴，昏暗房间里的阳光，还有两人斑白的头发，在低沉的钢琴声里两人达到了前所未有的精神契合，终于拥抱在一起。这一个爱情的爆发点，感动了很多观众。但是，美好的感情只有那么一刹那，冯婉瑜两秒后立马推开了他，依然不认识他，事情又回到起点。对陆焉识而言，爱情成了默默地守候。每个月的 5 号，陆焉识载着冯婉瑜，举着写有"陆焉识"的牌子，等着冯婉瑜口中的"陆焉识"的归来。电影就是这样一个轮回又一个轮回地积蓄感情爆发点，细水长流，却是暗流汹涌。这是叙述一段简单平凡爱情的至臻至美的表达。

著名导演李安在谈到《归来》时说："结尾的时候有几个画面，让我印象非常深刻。我觉得不光是那个时代的人，我们每一个人都有那种压抑跟无可奈何，还有对于我们自我存在的质疑，我觉得这可以是一部很好的存在主义电影。记忆到底是什么？人一直在变，社会在变，我们的印象，我们的记忆到底是什么东西？我觉得片子后几个画面，那个劲道出来了，我非常感动。"正如李安所说，《归来》最精彩的地方就是影片结尾，陆焉识一次次陪着失忆的妻子出现在火车站前，因此，反复的等待构成了影片最核心的情节，而与等待无关的内容，都被张艺谋用"叙事减法"一一删除。所谓"叙事减法"，指的是在叙事中将所有无关紧要的叙事元素如时间、空间、人物、情节等都删除，只保留与叙事主题相关联的基本叙事元素，从而突出叙事主题的核心性，这种叙事方式往往在神话、民间故事、传奇和商业电影中运用。张艺谋采用的正是这种手法，他跳过现实时间所具有的情感连贯性，用重复出现的等待场景强化自己所要表现的爱的执着与坚持。这种方式使电影《归来》完全不同于严歌苓的小说《陆犯焉识》，有很鲜明的张艺谋印记。尽管这种改编受到了普遍诟病，但就其作为一种经典的叙事手法而言，无疑是成功的。

尽管张艺谋在电影《归来》中较好地运用叙事减法将历史的苦难与沉重转移到爱的执着与坚持这一主题上，但从影片的叙事结构来看，影片仍存在着一定不足。电影分为两个部分，前半段是陆焉识逃跑归家，然后被抓，后半段是陆焉识归来后，陪同妻子反复地等待，两部分看似前后呼应，但无论是从人物还是主题角度来看，都发生了叙事断裂。前半段的主角是女儿丹丹，主题是亲人背叛，后半段的主角是妻子冯婉瑜，主题则成了等待，背叛和等待之间没有必然的联系，过渡突兀而勉强，无疑从某种程度上削弱了电影主题的力量。

（二）中国文艺片的反思与展望

有专家分析中国文艺片电影，发现其市场萎靡不振的原因主要有两个：一是中国文艺片的导演们在艺术创作上形成了狭隘的模式，在他们的影片中，无一例外都是描写底层人民的真实生活，具有时代气息，受众范围相对狭隘，很难获得主流观众的支持；二是国内缺少艺术院线。因为多数国产文艺片有"出得了电影局，挤得进电影节，却走不进电影院"的境遇。院线在选择电影时，出于自身的利益，对文艺片的宣传也较少。

2014 年，对于文艺片来说是极为特殊的一年。先是 3 月份上映的《白日焰火》，经过 20 天的放映票房过亿，被认为打破了多年来国产获奖文艺片叫好不叫座的"魔咒"。《归来》是张艺谋执导的第 20 部电影长片，也是他回归创作初心的作品，在上映首日，据不完全统计票房就已经突破3 000万元大关。在探析《归来》成功秘诀的同时，也应从中反思与展望中国文艺片的发展之路：

1. 扩展院线

文艺片要想真正实现复兴就必须真正获得生存空间，这个生存空间的获得需要仰仗艺术院线的支持。对比国外对艺术院线的高度支持和优惠政策，国内电影艺术院线基本属于空白，艺术影片放映一直举步维艰。2001年北京就推出过艺术院线，那时，多厅影院刚刚出现，院线利用其中一个影厅放映艺术电影，然而，艺术院线第一部公映片《月蚀》就遭遇票房惨败，在运作 3、4 部电影后，艺术院线沦陷。在这种情况下，设置专门的为文艺片服务的艺术院线显得迫在眉睫。

2. 明星效应

明星效应几乎是近年文艺片大获成功的一个共同点，张艺谋让小成本的《山楂树之恋》有了大片的气场；巩俐和陈道明的精湛演技为《归来》增添了受众基础；《观音山》抓住了范冰冰斩获影后的新闻点，为影片的宣传推波助澜；顾长卫的《最爱》首次与一线的章子怡、郭富城合作，带动了媒体的注意与影评人的关注，从而形成了微博的口碑传播；《桃姐》的项目因为有了刘德华的投资与参演成为发行方的重点项目；《二次曝光》则索性成为范冰冰的个人演技秀。因此，在往后的一段时间内，与一线明星合作仍是文艺片获得成功的主要方法。

3. 电影营销

对于电影营销来说，最重要的是找到电影跟市场结合的元素，然后不断放大，吸引观众走进影院。在制定科学的文艺电影营销策划时，应以电影市场的社会效益与经济效益为中心，以电影市场中现实和潜在的受众为对象，在进行科学的市场预测、分析、定位和决策的前提下，对电影的制片、发行、宣传、放映活动进行综合的全程策划和科学运作，从而实现电影最大的市场效益。文艺片票房要打破"宿命论"，关键还是在于口碑的塑造。相对于商业大片，文艺片的观众始终是少数的、特定的群体，这也意味着文艺片的宣传推广其实比商业大片更难，更需要资金的推动。"挑选具备市场潜力的优质项目，注重艺术性的同时兼顾商业运作，多角度、多层次地展开宣传推广，不失为文艺电影赢取高票房的生存法则。"

4. 题材与受众定位

在中国市场，如何选择一个具有关注度的题材，但又不至于越过审查的敏感点始终是众多文艺片导演难以参透的难题。纵观近几年在内地市场取得不俗票房成绩的文艺片，以《归来》领军到《白日焰火》《桃姐》《观音山》等作品，均做到了"高品质、大明星、全年龄"三个重点。《归来》票房大好的原因便是选择了一个受众关注的"文革"题材，却又打了一招情感牌，覆盖了各个年龄段的受众。

四、结语

在《归来》《白日焰火》创下不俗的票房成绩后，许多人将 2014 年视为中国文艺片的"春天"。虽然存在文艺片"魔咒"，但从总体上看，国产文艺片其实正在从"票房毒药"慢慢向"叫好又叫座"转变。以往的文艺片给人的印象是小众的、小成本、无明星、导演个人色彩浓、看不懂，如今这种现象得以改观，许多明星大腕开始加盟文艺片，也有更多观众愿意走进影院欣赏国产文艺片。且不论《归来》是否带来了真正的"春天"，但其至少为日渐衰微的中国文艺片打了一剂强心针，也在冥冥中指出了一条发展之路。

（撰稿人：郑荣）

《后会无期》
——韩式公路电影的社会营销解读

2014 年 7 月 24 日，由韩寒执导，冯绍峰、陈柏霖、钟汉良、王珞丹、袁泉、陈乔恩等众多明星加盟的《后会无期》正式在国内各大院线上映。该片是韩寒首次担任编剧和导演的作品，总体基调为公路电影。据剧组投资方之一的方励透露，《后会无期》的最终票房为 6.5 亿元，成为中国票房最高的文艺片。韩寒的公路电影处女秀在票房销量上大获成功，影片口碑也秒杀同期上映的《小时代3：刺金时代》，可谓票房、口碑双丰收。从客观角度考虑，《后会无期》的成功不仅源于影片本身质量高，其营销宣传手法也可见一斑。

一、案例简介及背景介绍

（一）《后会无期》电影简介

《后会无期》自开机拍摄起，到正式上映仅仅经历了半年时间，其后期制作也只用了短短一个多月的时间，但丝毫不妨碍该影片获得各方影迷的认可。

《后会无期》是一部典型的公路电影：影片中三位生活在中国最东边的年轻人因故开启了一段横穿中国的旅程，路过了都市，穿过了小镇，爬过了高山，越过了荒漠。在一路颠簸中，电影主角马浩汉和江河遇见了不同的人和事，感受到了丢失同伴的惶恐、审视梦想的沉默、直面现实的揪心、走投无路的绝望。一段看似平淡却跌宕起伏的故事在旅途中就此展开。

影片中的每一个角色在韩寒的手中都代表着不同的人群，由冯绍峰主演的马浩汉外表桀骜不驯，有鲜明的价值观和高尚的追求，但残酷的现实却淹没了他的理想，他代表的是生活中那群有本事、心气高的失败者。由陈柏霖主演的江河是一名老师，外表颓废，善良纯真，活在当下，对任何事都充满希望，代表了生活中那群勤恳工作而又不失纯真的人群。在旅途中出现的阿吕、苏米、周沫、刘莺莺用各自的故事冲击着两位主演的人生，每段相逢的故事点到为止，韩式黑色幽默和批判意味深藏于剧中的每时每刻，向影迷传输着沧桑而笃定的反鸡汤式人生概念。

（二）背景阐述

1. 公路电影在中国

公路电影，是一类以路途反映人生的电影，时代背景设定在 20 世纪及其后，片中车辆成为冒险探索的工具。公路电影里的旅程多半是主角为了寻找自我所作的逃离，旅途本身即是目的，而通常发生的结果是这条路把他们带到空无一物之处，他们的自我也在寻找的过程中逐渐丧失，注重反映人的内心情感。[①]

最早的公路电影诞生于 1969 年的美国，在美国的该类电影中常常包含着嬉皮、摇滚、毒品等当代美国青年最感兴趣的元素。传统公路电影常常采取犯罪题材，如美国电影《末路狂花》《天生杀人狂》等，创作者对影片中通常作为反面角色的主人公充满理解和同情，甚至将其誉为英雄。这种剧情模式也与美国当时社会呈现的状况挂钩，创作者通过电影来表达对时代的批判和对社会体制的不满。

在改革开放后的这二三十年间，带有公路色彩的电影逐渐出现在中国电影圈。中国第一部公路电影是 2001 年施润玖导演的《走到底》，该片融合了黑帮、爱情、公路、黑色幽默等诸多元素，有明显的模仿经典公路电影的痕迹。[②] 但中国社会是一个讲究道德伦理的中庸社会，美国经典公路电影的基本格调与中国文化有所冲突，这也注定了公路电影在中国的转型。2006 年由张扬导演的第二部公路电影《落叶归根》弱化了批判和叛逆元素，创作人通过描述底层人民的生活状态向人们展现出一部饱含深情的公路电影，该片也获得了第 57 届柏林影展中独立影评人（全景单元）最佳电影奖。其后，中国也产生了一些优质公路电影，公路电影在中国存在一定的发展空间。

我国当下处于社会发展的黄金时期，社会竞争日益激烈，出现了大量待业或是对当前工作不满意的知识分子，这类人在思想上出现了困惑和迷惘，不愿屈就，但又自知无法改变社会，产生了不安并追逐的漂泊精神，而这种精神的出现为公路电影在中国的成长带来了目标群体。

---

① 公路电影 [EB/OL]. 百度百科, http://baike.baidu.com/view/670374.htm.
② 赵砚杰. 中国公路电影初探 [D]. 上海戏剧学院硕士学位论文, 2009.

另外，随着人们生活质量的提高，娱乐需求被放大，更多人对旅游产生了浓厚兴趣，出现了大量自助游爱好者、背包客、驴友等。公路电影除了故事情节之外，由于电影的"行走"性质，会拍摄出大量不同的风景，而这些出现在电影中的风景也会成为人们旅行的选择之一。

2. 韩寒：80 后作家及导演

1982 年出生的韩寒是一位集多种身份于一身的典型 80 后。1999 年，就读于高一的韩寒凭借《杯中窥人》获得全国首届新概念作文比赛一等奖，次年发表首部长篇小说《三重门》，并选择退学，可谓不按常规出牌。退学前，在老师们面前，韩寒被问起退学后要拿什么来养活自己，"稿费啊"，韩寒说，引来一片笑声。但韩寒凭借其犀利的文笔在写作生涯里硕果累累，并于 2010 年被评为中国作家富豪榜的第八位。除去作家的身份之外，韩寒也是一名职业赛车手，曾获得过多项汽车锦标赛的冠军。

韩寒的小说具有明显的韩式标签：作品毫无保留地对社会现状进行批判，透露出对某些现象的愤慨与讥讽，文字风格时而狂野、时而调侃，充斥着黑色幽默，颓废而有力量，桀骜不驯而又反映现实。

《后会无期》是韩寒导演的第一部电影，如其文字作品一样，《后会无期》的人物选择和场景设定也颇具韩式标签：颓废、不羁，但又不失信仰。影片中不乏大量经典黑色幽默台词，如"小孩子才分对错，成年人只看利弊""你连世界都没观过，哪来的世界观""喜欢就会放肆，但爱是克制"。

二、案例过程记述

《后会无期》的雏形诞生于 2010 年 5 月。在韩寒与女友金丽华奉子成婚的同一时间，韩寒初次和朋友讲述《后会无期》的故事轮廓。不久后韩寒与友人郑重称影片将于 2011 年 3 月 1 日开拍，并在其著名小说《1988 我想和这个世界谈谈》的扉页写下"明年 3.1 见"。

2012 年 1 月 18 日，方舟子与韩寒的"代笔门"事件爆发，该事件对韩寒造成了不小的影响，影片拍摄计划不得不往后拖延。

2013 年 5 月，韩寒与路金波、方励确定《后会无期》项目事宜。

2014 年 1 月 6 日，韩寒于微博上宣告影片即将开机的消息，《后会无期》官方微博对此进行了转发，这也是《后会无期》官方微博发布的首条信息，引起网民广泛讨论，获得 12.6 万转发量。

2014 年 1 月 31 日，韩寒在微博上发布其女小野的照片，"国民岳父"的称号开始走红。

2014 年 2 月 14 日，韩寒在微博公开宣布《后会无期》正式开机，并于其后几日——公布影片阵容名单：2 月 17 日公布主演陈柏霖，2 月 18 日公布主演陈乔恩，2 月 19 日公布主演冯绍峰，引起网民持续关注。

2 月 20 日韩寒再次发布小野的照片，强化"国民岳父"的话题，转发量超过 10 亿。同时，冯绍峰等主演也竞相在微博中称韩寒为"岳父"，将该话题与《后会无期》影片信息无缝连接。

3 月 19 日公布主演钟汉良，3 月 20 日宣布由小林武史担任《后会无期》配乐，4 月 18 日公布主演王珞丹。

5 月 26 日杀青，开始后期制作。5 月 28 日发布第一款概念海报，海报图案为一颗卫星接收器坠入海中。韩寒在网上透露："这是《后会无期》的 1 号海报。明天大家就会知道画面里的物体是什么。电影是彩色的。从这张海报中直上云霄的一道粉色开始，我们告别黑白。定档预告片，明天上午 9 点见。保佑我不要上传错视频。"次日发布先导预告片。

图 1　《后会无期》首款概念海报

6 月 19 日发布《东极岛之歌》及三位男主演小解海报，同日片中阿拉斯加幼犬以"@后会无期马达加斯加"之名开通微博，萌态万千，几天内粉丝即突破 20 万。

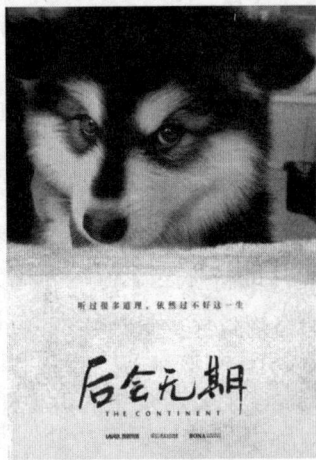

图 2　《后会无期》三位主演小解海报　　图 3　《后会无期》中的阿拉斯加幼犬

7月4日发布电影口号"听过很多道理，依然过不好这一生"。7月10日发布邓紫棋演唱的同名主题曲《后会无期》，7月16日发布朴树演唱的原创主题曲《平凡之路》，《平凡之路》也获得第51届台湾电影金马奖最佳原创歌曲的奖项。

7月24日电影公映，首映当天票房为7650万元。其后，《后会无期》剧组开始在上海、深圳、成都等14个城市展开路演活动。电影公映期正值七夕佳节，宣传工作人员为此制作爱情MV《女儿情》以及两张海

图4　《后会无期》主题曲《平凡之路》海报

报，并于微博发布"把根留住"话题，号召影迷留住票根，微博兴起晒《后会无期》票根活动，推动票房走势。

三、案例社会营销解读

（一）目标受众定位

不同年龄段和不同社会环境的人群的观影态度都有所差异，在如今的电影市场中，要想生产一部老少皆宜、雅俗共赏的电影，难度非常大。故在生产电影时，正确选择目标受众十分重要，要合理进行垂直、细分市场。

《后会无期》的导演韩寒能够准确抓住影片的目标受众群体。作为80后的代表人物，韩寒将处女秀的目标受众大致定位在80后及90后之间，同时也通过其关于现实和梦想的诉说抓住了都市白领阶层。

《后会无期》的制片人方励表示，

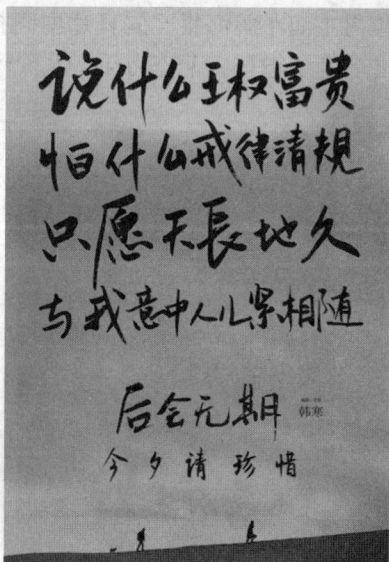

图5　《后会无期》七夕特别海报

在与韩寒、路金波的沟通中，"比较一致的看法是电影的成功在于它没有迎合观众，观众是最聪明的，时代是变化的，你永远不知道明天的观众喜欢什么，所以你只能拍最打动自己的故事"。虽然方励表示该影片并未迎合观众，但实质上这种自我、不跟风的制作态度恰恰符合有想法、追求自由的80后、90后观众的口味。《后会无期》的宣传统筹总负责人张冠仁表示，该影片的"反鸡汤内核、反权威，包裹在女性温柔语式里的温柔抵抗，是韩寒个人形象 Logo 的柔和版"①，这也是最能够契合80后、90后性格的风格。

韩寒在《后会无期》的编导中，将韩式风格从一而终贯穿至影片，大量冷幽默的经典段子既博人一笑，又发人深省。粉丝正是因为其狂妄不羁、个性鲜明的特点而支持韩寒，他也深谙其道，巧妙通过坚持韩式标签而赢得了粉丝及众多热爱自由的年轻人对电影的支持。

当下，很多都市白领和在校学生纷纷感受到社会现实巨大的压力，有关梦想的追求往往被现实的重锤打碎，这类人群心怀理想，向往自由，潜藏着叛逆和不服的心态。《后会无期》讲述的是几位青年有关梦想和现实的走在路上的故事，单凭故事内容即锁定了他们的心。而影片中主演们随意甚至有些颓废的装束，以及萧条、苍茫的场景充满了文艺气息，吸引了一群热爱摄影、热爱旅游、热爱自由的文艺青年。

综上，韩寒编导的《后会无期》从风格定位、剧本创作到影片格调都准确而牢固地将目标受众窄化到上班或上学的青年。

（二）韩寒"粉丝营销"

韩寒作为新一代年轻作家，其粉丝数量庞大，有关韩寒的报道在近年来也不绝于耳，其鲜明的性格和笔法使得"韩寒"二字已成为80后、90后思想独立、不跟风、个性化的标签。

截至2015年2月16日，韩寒在新浪微博的粉丝数量已超过4 148万人，其博客关注量达168万人。自筹拍《后会无期》起，韩寒于微博中先后发布相关资讯，粉丝数量众多使得影片宣传能够达到预设效果。此外，韩寒并未将微博的话题局限在《后会无期》上，而是更多地通过调侃与互动增强个人魅力，在发布其女韩小野萌照后，"国民岳父"也成为韩寒的另一个代名词，韩寒也因此获得了更大的关注度，收获了更多粉丝。据统计，在《后会无期》2014年1月6日筹拍至7月9日影片上映前15天，

① 唐超. 成就《后会无期》的，除了韩寒，还有营销：揭密电影《后会无期》的社会化营销思路［J］. 中国广告，2014（11）：57.

韩寒共发布 85 条相关微博，其中发布影片进展与事项预告的有 6 条，发布与女儿相关的有 5 条，与网友互动的有 17 条，片场流水与调侃的有 11 条，片场纪实的有 10 条，选用公布的有 9 条，物料发布的有 9 条，与演员互动的有 7 条，媒体报道的有 6 条，其他微博有 4 条，如图 6 所示。

图6　《后会无期》筹拍至宣传期间韩寒发布微博明细

2014 年 6 月期间，《后会无期》剧组的宣传主打韩寒的个人影响力，在不到两个月的宣传期间完成了近 40 家媒体的采访拍摄，包括《时尚先生》《人物》等，将人们的关注点集中在韩寒身上，以此增强其对粉丝的凝聚力。

图7　《时尚先生》杂志封面人物韩寒

影视业研究人士、乐正传媒研发与咨询总监彭侃表示:"中国的电影业在发生一种结构性转变,以往的电影只是局限在电影业内部,但是最近我们看到一种越来越明显的跨界整合潮流,出现了很多的跨界明星,他们导演的电影似乎轻而易举地取得了成功,这是因为基于娱乐产业而言,存在着一种共生效应,不同领域里的不同受众群体容易相互转化,这也就是我们所谓的粉丝经济。"①

而韩寒粉丝在《后会无期》上映后贡献票房的力量也是巨大的。"对于《后会无期》之前的宣传我没有太多的关注,也并不太了解这部电影究竟是什么类型的主题,但因为是韩寒导的,所以我会选择去看。"一位韩寒的粉丝说,这样的粉丝不在少数。

另外不得不提到的是与韩寒同平台竞争的同为80后青年作家的代表性人物郭敬明。多年来,两人的粉丝针锋相对,各自追捧自己的偶像。两位青年作家在个性和写作风格上截然不同,常常被放在一起作比较。此次在电影界,两者首次正面交锋,吸引了看客们和粉丝们的大量眼球。郭敬明导演的电影《小时代3:刺金时代》选择于7月17日上映,而《后会无期》则选择在其上映一周后公映,并且票房反超前者。这种公映时间的选择,也正是充分利用了粉丝经济。

郭敬明的《小时代》系列虽然在前两部中已经积累了不少人气,但是一直以来针对《小时代》系列奢华浮夸、重点反映年轻男女之间爱恨情仇和钩心斗角的戏份的质疑和反对声不绝于耳。本就习惯将韩寒与郭敬明作比较的观众们在此情形之下选择观看《后会无期》的热潮可以说是一种对于《小时代》系列的"报复性消费",这类人群可能并非韩寒的粉丝,也有可能对《后会无期》并无太大兴趣,但由于反感郭式标签电影而以期通过选择韩式标签电影来表明自己的品位和观影态度。

(三)团队社会营销

《后会无期》的成功不仅是凭借韩寒的个人魅力,团队社会营销也功不可没。该营销手法可从传统媒体传播和网络传播两方面分析。

1. 传统媒体传播

传统媒体的宣传开始于《后会无期》上映之后。

(1)《后会无期》剧组的路演活动。

自2014年7月24日影片上映起,韩寒在其后的14天内携主创人员开

---

① 张汉澍.《后会无期》PK《小时代》:一人造的"粉丝电影"[N]. 21世纪经济报道, 2014 - 08 - 08.

始了北京、深圳、上海等 14 个城市的路演活动。通过大数据分析，对于《后会无期》讨论最多的地区依次是北京、广东、海外、江苏、浙江，而剧组选取的 14 个城市多数包含在这五个地区中，可谓目标准确。

（2）传统电视台宣传。

2014 年 7 月 26 日，韩寒偕剧组主创参加湖南卫视《快乐大本营》节目。了解韩寒的人便知道，韩寒鲜少参加电视综艺节目，此次选择于《快乐大本营》宣传电影《后会无期》，正是试图通过《快乐大本营》年轻化的收视群体为《后会无期》进行宣传，进而达到良好的宣传效果。

（3）传统报业宣传。

2014 年 7 月 24 日，在《后会无期》首映当天，《新京报》投放整版广告宣传该片，并打出"韩寒电影卖得好，小野嫁妆少不了。7 月 24 日，欢乐放纵。全国女婿祝电影《后会无期》票房横扫"的广告语，以调侃的语气为该电影进行宣传。此外，其他报纸于电影上映期间相继发布多篇《后会无期》相关新闻，亦褒亦贬，都起到了提高该影片关注度的效果。

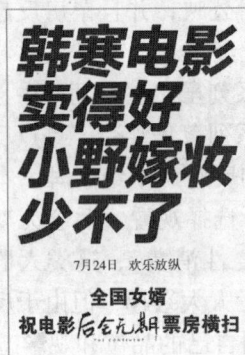

图 9　《新京报》2014 年 7 月 24 日的宣传广告

2. 网络传播

从电影立项至整个宣传发布期间，韩寒共发布了 105 条相关微博，转发数超过 700 万次，评论数超过 240 万条，点赞超过 660 万次，基本上韩寒每条微博都会登上热门微博，其中有八成以上高居热门微博第一的位置。①

---

① 胡媛. 向《后会无期》学营销［EB/OL］. 商业福布斯中文网，http://www.forbeschina.com/news/news.php? id =37613.

除去导演韩寒、各位主创人员的微博之外，《后会无期》制作团队在微博中共通过两个公众账号对影片进行宣传："@后会无期马达加斯加"以及"@后会无期"。

（1）"@后会无期马达加斯加"。

该公众微博自2014年6月启用以来，一直以影片中随主角旅行的阿拉斯加幼犬"小马达"的视角发布微博，其可爱的外表以及呆萌的"自白"获得了110余万人的喜爱，图10为"@后会无期马达加斯加"在2014年6月20日发布的微博，获得3 547次转发，2 616次点赞。若谈及粉丝营销，甚至有一部分人群是因小马达而来的，而这种成功的粉丝营销则是通过《后会无期》团队策划实现的。

很感谢导演这次万里挑一的选中我，我对自己的表演很满意，也想对导演说：生是你的男主角，死是你的小精灵。很多人在讨论我到底是哈士奇还是阿拉斯加。其实都不是，我是马达加斯加，来自后会无期。

2014-6-20 22:11 来自 iPhone 5s

收藏　｜　转发 3547　｜　评论 2004　｜　👍2616

图10　"@后会无期马达加斯加"2014年6月20日发布的微博

（2）"@后会无期"。

自韩寒宣布正式开机起，《后会无期》的官方微博便开始了紧密的微博直播及宣传活动，在宣传之余，该账号也时常推送优质经典电影，以此来增加粉丝黏性。从案例过程记述中看出，《后会无期》的正式宣传期始于电影上映前半年。2014年2月初，公路图、韩寒卖萌图以及工作人员工作图等低信息量的图片开始发布，2月至5月期间，官方微博陆续发布主演加盟信息，同时发布贾樟柯、白客、孔连顺参演的消息。

7月，《后会无期》团队与微博合作进行电影票销售活动，包括上映前的预售和七夕特价票，通过微博支付，联合淘宝、格瓦拉等应用推出39元两张票的促销活动，直接带动了影片的票房提升。与此同时，宣传团队也发起"把根留住"的微博话题，鼓励观众晒票根秀恩爱，该举措在无形中达到将影片宣传信息成倍提升的效果。

影片上映前，《后会无期》制作团队适时透露韩式经典台词，如"听过很多道理，依然过不好这一生"。引起热爱韩寒文字的网民地疯狂转发，微博造势成功。电影上映期间，更多观众被电影台词打动，将观影感受自发上传至网络，截至2015年2月16日，"@后会无期"的粉丝量达527 981人，豆瓣电影中《后会无期》相关影评达302 077篇。在《后会无期》影片受到大众普遍关注时，各大商家也借助《后会无期》中的经典台词作为广告口号宣传自身产品，这也进一步扩大了《后会无期》的影响力。

四、结语

自《后会无期》正式上映起，在短短15天的时间里，票房已达到5.34亿元，上映25天后，累计票房突破6.2亿元，韩寒正式成为一位处女作票房突破6亿元的青年导演。《后会无期》热潮如今已过，但推动《后会无期》成功的营销手法不妨为业界借鉴学习。

（撰稿人：晋晓慧）

生活原型改编类电影《亲爱的》之符号解析

　　小孩被拐、少女失踪、老人走丢等信息刷新微博界面，我们每天看到无数类似的事情在发生，一开始这样的事情会引起人们的关注和转发。但久而久之，随着同样性质的事件大量的发生和曝光，公众对于类似事件产生了视觉疲劳，注意力转移到其他领域。这样的事件依然频繁发生，但痛不及己，冰冷的现实只是化为微博、报纸、广播、电视上一条一条失去时效性的寻人消息。这些人是否寻到了？有多少这样的家庭？时隔多年的人再找回来后又如何了？一切的东西在我们这些旁观者眼中是一个二元对立的悲喜剧：走散或者被拐走了的孩子与其家庭——悲剧；孩子找回来了——皆大欢喜。但我们很少去关注这背后更深层次的问题，这些不见了孩子的家庭会变成什么样？他们是如何寻找孩子的？在这个过程中经历过一些什么？孩子所幸找回来了，这些经历了久别重逢的家庭还会按照以往那样生活下去吗？还能像从前一样吗？孩子在这过程中受到怎样的心灵创伤，父母呢？

一、案例简介及背景介绍

图1　《亲爱的》海报

　　于2014年十一黄金档上映的《亲爱的》是香港导演陈可辛的又一关注社会现实、还原灰色地带的力作。这一部"打拐题材"电影也是导演陈可辛和编剧张冀继《中国合伙人》之后再度联手。影片由赵薇、黄渤、佟大为、郝蕾、张译主演，可谓巨星云集，票房号召力十足。片子主要讲述了以田文军为首的一群失去孩子的父母寻找孩子以及养育被拐孩子的农村妇女李红琴如何为夺取孩子做抗争的故事。

该片是根据央视早年的一则"打拐"新闻《襁褓里的秘密》改编而成，该电影聚集了收买被拐卖儿童的人、被拐卖儿童的父母、很想收买儿童的女士、法学专家、心理学专家等人，讲述了 11 户收买人各花 4 万元收买了男婴，当养至两三年后突遇公安部打拐解救后，而无法找到孩子亲生父母的情况下，所引发的一系列社会问题。

陈可辛导演在电影上映后的座谈中谈到自己拍摄影片的动机时称自己这次会选择拍摄《亲爱的》这部片，是因为在拍《海阔天空》时，刚好看到了《亲爱的》这段故事的纪录片，这个真实的故事让其非常感动，也觉得这个题材可以发展。他自己也声称《亲爱的》算是一个不讨喜的沉重题材。

这一以亲情叙事的写实派纪录片式的家庭类型片在国庆档与众多影片的角逐中并未败下阵来，反倒以其独有的关注点引起了社会热议。截至 2014 年 10 月 31 日，2014 年年度中国内地票房前十的国产影片为《心花路放》《西游记之大闹天宫》《爸爸去哪儿》《分手大师》《后会无期》《澳门风云》《小时代 3：刺金时代》《同桌的你》《京城 81 号》《北京爱情故事》，《亲爱的》以 3.43 亿元票房位列第十一名。[①] 女主角赵薇凭借该片入围第 51 届台湾电影金马奖最佳女主角奖。

在这些市场反应较好的影片里，《亲爱的》明显区别于其他喜剧、爱情、奇幻、惊悚等电影类型，以强烈的现实色彩和情感纠葛打动观众。甚至有观众戏称"家里有孩子的人不能看"，这正说明电影内容立足生活，情感真实，引起了观众的共鸣。另外，影片对热点新闻话题的选择，对公务人员和规章制度点到为止的讽刺，以及个别场景中对底层人物形象的刻画都反映了导演在创作中有意识的社会关照。

随着近年来中国电影市场古装大片表现低迷，中低成本的喜剧片、爱情片等注重情感体验的类型样式崛起。建立在姻亲关系上的家庭伦理片与之一脉相承，同样拥有丰富的情感元素，而《亲爱的》的成功也证明了该类型具备一定的市场潜力。家庭话题与每个人的生活体验都密切相关，尤其是重视伦理关系的中国社会，好故事很容易吸引观众注意。同时，时代

---

① 王冕. 《亲爱的》：对现实题材的回归和家庭类型的商业实践 [J]. 戏剧之家，2014（24）.

和社会的变革给中国人的家庭关系也带来了巨大变化，现代的生活方式冲击着传统家庭观念。

二、案例过程记述

《亲爱的》并不仅仅是一部催泪亲情片，它在某种程度上有着对社会现实、不合理制度和冰冷法律条文的控诉，所关注的人物也大多是社会中下层的劳动人民。

陈可辛导演在经过《如果爱》《投名状》《十月围城》《武侠》《中国合伙人》等一系列尝试之后，突然推出《亲爱的》这样一部以中国底层老百姓为主角的、风格粗粝写实的、很土气的社会问题电影，这部电影搁在十一黄金档，甚至是整个中国电影市场上看，都有些奇特另类。[1]

影片的叙事有明显的分水岭，在李红琴这个人物出现之前，影片讲述的是已经离异了的田文军夫妇如何丢失了孩子以及与同病相怜的"万里寻子会"成员们一同寻找孩子所经历的各种艰难苦楚，所怀抱着的点滴希望与现实袭来后痛彻心扉的失望。而在田鹏失而复得后，影片开始以李红琴为轴线开始讲述另一段"失去与寻找"的故事——作为人贩子老婆的李红琴应在道义上备受谴责，但作为不知情的养母，她对两个孩子倾注了全部的母爱，经历了骨肉分离、信任崩塌、现实残酷之痛的李红琴毅然留在深圳，为继续争取孩子的抚养权而斗争。

现实的题材、讲述的故事、法理的背离与情感的归依，这一切最原始而本真的现实冲撞在影片中得到更具有戏剧性和艺术感的呈现，同样也引起了社会的争议。

这种争议主要来源于悲情的女主人公李红琴的人物形象，陈可辛导演对这个人物的感情处理非常细致：尽一己之力苦追被抱走的孩子时的坚韧，在派出所直面惨淡现实而做出妨害公务行为后被警察制服时的绝望吼叫，不顾福利院长阻拦深夜爬楼只为见女儿吉芳时的情感爆发，还有被失去孩子的家长们发泄痛打时的无力下跪……不少人质疑影片中这种对人贩子模棱两可的态度，是在同情犯罪。尤其是影片中几次对李红琴的丈夫"人贩子"形象的提及，除了抱走田鹏的监视录像画面之外，其正面形象仅一次出现在李红琴家里的墙上，表明他的过世，再就是李红琴在派出所的口述形象"不可能的，我家男人很老实的"，与影片后面高律师问及她

---

① 何亮.《亲爱的》：苦情戏的叙事传统与现代写实主义［J］. 电影艺术，2014（6）.

是否真的对拐孩子不知情时她所交代的"我家男人临死前让我这辈子都不要去深圳"。不少观众在网上发起讨论，质疑李红琴的丈夫是否能被称为"人贩子"，因其并非将抱走的孩子转卖他人而是自己抚养。无论从法律意义上这个问题的解释应是如何的，这个问题的提出本身就寓意着"人贩子"这个以往在人们认知观念中绝对属"恶"的形象产生了变化。

影片开头部分男主角田文军发现儿子丢失立即打电话到警局报案时，对方以"不到 24 小时不能立案"为由拒绝了他，从而错失了寻回孩子的最佳时机。这一场景无疑使观影的人们内心对这样的硬性规定发出一声叹息，片子不止一次讽刺了这种不合理的无奈，似有意控诉这种不合理，以得到官方有效的回应。果不其然，片子一上映，此桥段的质疑声就不绝。发现孩子丢失后多久才可报案？真的要等 24 小时吗？这究竟是派出所的一面之词，还是确实有相关法律支持？人们可以从影片中引申的解释有两个，一是嫌麻烦而不作为的派出所，二是本身法律规定上就有不可容忍的缺陷，但究竟是哪种，影片并未交代，普通民众对此产生歧义在所难免。若民众理解成后者，那影片则有误导公众之嫌——根据最高人民法院、最高人民检察院、公安部、司法部《关于依法惩治拐卖妇女儿童犯罪的意见》中关于立案的规定，接到儿童或已满 14 周岁不满 18 周岁的少女失踪报案时，不论案件是否属于自己管辖，都应当首先采取紧急措施。民间流传的"孩子失踪过了 24 小时才能立案"的规定并不存在，我国从没有关于孩子失踪需过了 24 小时才能立案的相关规定。

电影的最后公布了片中李红琴的生活原型——农妇高永侠，电影中女主人公李红琴的命运在医院的长镜头中引人遐思，但生活中的高永侠面对一系列的苦情却依然在失眠、抑郁和哭泣中度过。2015 年 3 月，《亲爱的》女主人公原型高永侠站出来说自己看了以她的故事为模板拍摄的电影《亲爱的》，感到很难受，要告制片方侵权，希望制片方能公开说明电影中哪些情节是虚构的，哪些是真实的。①

随后该片导演陈可辛在台湾的电影发布会上也承认影片基于艺术考量对女主人公后来的故事进行了改变，也就是说女主人公下跪、赔罪等情节并非真实，但影片对高永侠造成了伤害已成既定事实，愿意代表自己和剧组向高永侠道歉。②

① 胡涵."亲爱的"高永侠的命运断点 [N]. 新京报，2014 - 10 - 15.
② 刘清香.《亲爱的》女主角原型要告制片方侵权 [N]. 现代快报，2015 - 03 - 07.

三、分析与评价

（一）符号修辞在电影《亲爱的》中的运用

一般我们所理解的修辞学是"加强言辞或文句说服能力或艺术效果的手法"，其在语言学中一直占有一定的地位，早期主要应用于古籍的整理和研究，而 20 世纪的符号学运动则推动了修辞学从语言学转向符号学。符号修辞学把修辞推到各种媒介中，如今的广告、游戏、旅游、影视、设计、艺术等当代文化重要领域都纳入到了讨论符号修辞的范围。

电影《亲爱的》采用的纪录片式的写实拍摄手法，以凸显深圳底层老百姓生活的真实环境，无论是在色彩还是美学上都处理得俚俗而露骨，并非像普通商业片那样具有较多雅致的、美观的东西。影片中的明喻暗喻和象征手法大多都是通过画面的穿插、语言和音乐的重复、物品的特写来凸显的。

1. 错综复杂的电线

在影片一开头，就是一大扎电线的特写，镜头随着错综复杂、纠缠在一起的电线行进，落在男主角田文军身上。从他与周围人的对话得知，他在寻找一条红色的电线但找不着，折腾了好一会儿总算找着了，他把嚼着的口香糖粘在电线上做标记以防下次又找不着了。这看似不经意的一幕却意味深长，男主角寻找红色电线是为了什么并没有交代，但这隐喻着后面田文军在茫茫人海中寻子的命运，而他找到红色电线后用口香糖黏在上面以做标记，也预示着他凭借某种标记最终找回了孩子。

2. 陕西方言与安徽土话

影片中好几次出现陕西的秦腔"他大舅他二舅都是他舅，高桌子矮板凳都是木头"，第一次出现是在田文军的前妻鲁晓娟把孩子带回到他的小杂货铺时他们就"孩子学普通话还是陕西方言"所发生的争执，那时候还是两三岁的田鹏说着一口跟父亲学来的陕西方言，也对得出秦腔的调子。这样的田鹏留在离异夫妇田文军与鲁晓娟的记忆中，直到他们三年后再找回失踪的田鹏，一切都不一样了。

田文军与鲁晓娟抱着失踪三年的田鹏在村间田野一路狂奔，李红琴在后面锲而不舍地追打是整部戏最精彩也是最高潮的地方，两人抱回了田鹏，田文军发现田鹏对自己毫无记忆，悲痛之余一直重复着这首陕西秦腔，期待着这样熟悉的调子会在田鹏的记忆中一息尚存，但田鹏只是一脸茫然地看着夫妇俩，嘴里用安徽土语哭喊着叫着"妈妈"——他口中的妈妈是李红琴而不是鲁晓娟。

三年的时间，田鹏曾经的关于亲生父母的记忆已经不在场，换言之，陕西方言的秦腔就是一个符号的存在，但随着时间的推移，失踪前与找回孩子后符号的发出者田文军对这个符号的编码没有变，但其期待接受者田鹏像失踪前那样的解码已经不存在了。也就是说，符号传递过程中断了，看似找回了孩子，但也失去了孩子。

3. 麻袋里装的是猴子还是孩子

张译所饰演的韩德忠是整部影片非常突出刻画的一个人物，也是影片中唯一属于社会上层阶级的人，"万里寻子会"是由他组织起来的，可以从细枝末节看出其领导地位和话语权，但外表冷静的韩德忠每每在喝酒过后都是人物表现力最强之时。影片中第一次出现《隐形的翅膀》插曲是在"万里寻子会"的成员们听闻外地抓获拐卖犯，便扮成旅游团去寻找线索的路上，一车人怀抱着希望出发，每个人脸上都洋溢着笑容，仿佛第二天就有可能见到自己失散的孩子一般。而在当晚进餐后，喝了点酒的韩德忠开始讲述自己过去在印尼做生意时吃了脑花最嫩的最聪明的猴子之事，并由这件事扯到他孩子的失踪，两件事听上去毫无关系，但在其丢失孩子后吃斋戒肉的做法可以看出，他觉得这隐约是一种报应。这是影片第一次提到猴子。

接着是第二天在监狱中与拐卖犯的交谈，监狱里的犯人语气平淡、神情自若，与外边站着的一群情绪激动的寻子家长形成鲜明对比。其中一个犯人提到自己曾听人说过有个孩子因为太吵闹被装进麻袋里憋死了。看似没有联系的两个片段决定了返程时一车人疯狂追逐偷运猴子货车的桥段。整车人的希望被狠狠打碎，而货车里会动的麻袋让他们不自觉地联想到里面是否会有孩子，从而展开追逐。影片的戏剧性和动作性很强，节奏上的处理也非常到位——一行人手忙脚乱地拆开麻袋，还有人喊着"小心点，别伤着孩子"，在麻袋被拆开之前，整个画面动感十足，观众们屏住呼吸充满期待，而在麻袋被拆开之后，整个画面由动转静，从远景镜头上看到人们愣然不动地望着麻袋里的东西，与之前的手忙脚乱反差极大。这是第二次出现猴子，韩德忠看到后迈步向前，走出镜头，这时的天空乌云密布，一幅即将下雨的景象。不禁给观众留下这样的联想：这只猴子是要被运往何处？没有被救下来的猴子命运是否就如韩德忠曾经讲述的一般？

在这里，猴子作为一个符号，前者代表的是韩德忠口中那只被他们吃掉的猴子。而在丢失孩子后韩德忠夫妻改吃素，因为他们主观上把两件事情联系在了一起，认为孩子丢了是吃猴子的报应。而当他们所追逐的麻袋里的猴子出现时，韩德忠似乎更加肯定了这种给自己的心理暗示，这也同样铺垫了为什么在田文军夫妇找到孩子后，韩德忠终究还是放弃了继续寻找孩子。

4. 特产枣子与五千元律师费

高律师在影片中并不是以一个一开始就慷慨助人、大公无私的好律师形象出现的，恰恰相反，其刚出场是这样的一个镜头：高律师打电话给他的当事人称自己是深圳市福田区人民法院执行庭的法官，要求执行款另加百分之三十。高律师身为执业律师，不具备国家机关工作人员的身份。但其假冒深圳市福田区人民法院的法官要求当事人额外增加百分之三十的执行款的行为是违反了有关规定的。[①] 高律师对李红琴态度的转变从侧面烘托了李红琴母爱的执着，这种转变在李红琴带来的家乡大枣上有所体现。在第一次李红琴去往律师所寻求援助时带了一包大枣给原本要求助的同乡律师，但最终是高律师接待了她，此时的高律师对李红琴带来的大枣不屑一顾，也不肯接受。而在高律师被开除出律师所后，李红琴再次找上门寻求他的帮助并答应先给予他五千元人民币，此时的高律师一并接受了枣子与钱也代表他对事件的正式介入。而在目睹李红琴被失去孩子的家长们集体痛斥痛苦不堪的模样后，高律师可谓从感情上不再将其视为自己的委托人，而是从心底里敬佩这个饱受挫折、痛苦不堪的农妇，并归还其五千元委托费。从这一系列的动作中，我们看到了该角色的成长。

（二）伴随文本的作用

任何一个符号文本，都携带了大量的社会约定和联系，这些约定和联系往往不显现于文本之中，而只是被文本顺便携带着。但在解释中，不仅文本本身有意义，其所携带的大量附加因素也是有意义的，甚至可能比文本本身更有意义。

电影本身作为一个完整的符号文本，其发送者（制片方、导演等）通过各种形式的编码将他们的意义赋予这个作品，这时候作品本身承载的符号信息我们称为文本意义，最终在影院上映，观众们根据自身的经历和理解能力对文本意义进行自己的理解则是所谓的解释意义。这三种意义往往都存在某种程度上的不一致，所有的符号文本也都是文本与伴随文本的结合体，这种结合使文本不仅是符号的组合，也是一个浸透了社会文化因素

---

① 《亲爱的》七大法律疑问 需过 24 小时报案是误导 [EB/OL]. 网易娱乐，http：//ent.163.com/14/1003/21/A7LM4QM000034R73.html.

的复杂构造。观众可能不仅是去观看了《亲爱的》这部影片，有的观众在日常生活中也许关注了电影的前期信息、拍摄过程、导演及演员的组合、预告片等，即便是坐在电影院里观看影片的正片，所出现的字幕介绍、片头文字、片尾花絮等都是我们所说的伴随文本，这些成分伴随着符号文本，隐藏于文本之后、文本之外或文本边缘，却积极参与文本意义的构成，也严重影响意义的解释。

1. 电影《亲爱的》之副文本与型文本的解读

副文本是完全显露在文本表现层上的伴随因素，也可以把其称作文本的框架因素，如书籍的标题、题词、序言、插图等，电影则是片头、片尾，关于导演、演员的字幕等。型文本也是文本显性框架因素的一部分，其指明文本的集群，即文化背景规定的文本归类方式，如与其他文本同一个创作者、演出者、时代、派别、题材等。

在电影《亲爱的》上映之前，我们知道的信息是：其由香港导演陈可辛与编剧张冀继《中国合伙人》之后再度联手，黄渤、赵薇等演员突破以往荧幕形象出演。

那么在得知这些基础信息后，有相关了解的观众在未观影前就会对影片的内容与风格有所猜测，在观影完毕后也会结合导演的拍片风格、思想以及演员的出演水准对影片进行解读。由于身份与视角的差异性，导演对题材的选择与伦理价值的取向呈现不同的状态。作为一个 21 岁回国，具有移民经历的香港导演，陈可辛独特的成长经历使得他在题材的选择与影片价值的探讨方面与他人拉开了距离。从《亲爱的》这部影片的题材选择上来看，有新闻性与社会价值，也是投观众所好。

结合其成长经历分析，可以看出香港对陈可辛的影响是巨大的，陈可辛对安全感的缺失也正是香港对安全感的缺失。《亲爱的》这部影片明显可以看出前后两部分导演视角的切换：从一开始以田文军和鲁晓娟为主线讲述寻找孩子的痛苦到后半部分以李红琴为主线描写她对母亲权利的追寻。作为田鹏的亲生父母，田文军与鲁晓娟当然享有孩子的抚养权，而作为孩子印象中的"母亲"，人贩子之妻李红琴同样具有爱与守护的权利。这种既互相对立又互相渗透的态度隐喻了移民阶层的文化归属具有双重性。①

2. 电影《亲爱的》之前文本与后文本的解读

前文本是一个文化中先前的文本对此文本生成所产生的影响，狭义的

---

① 何怡庆. 陈可辛的身份与视角：评电影《亲爱的》[J]. 戏剧之家，2014（22）.

前文本包括文本中的各种引文、典故、剽窃、暗示等，而广义的前文本甚至包括这个文本所产生之前的全部文化史。因此，前文本是文本生成时受到的全部文化语境的压力，是文本生成之前的所有文化文本组成的网络。而后文本顾名思义便是续集、后传等，如某部电影改编自某小说，则小说为其前文本，电影是后文本，如当年红极一时的恶搞短片《一个馒头引发的血案》则是电影《无极》的后文本。

　　《亲爱的》改编自真人真事，影片最后也给出了人物原型的介绍与少许后续，是有明确的前文本的。但在 2015 年 3 月份，李红琴的人物原型高永侠站出来说自己看了以她的故事为模板拍摄的电影《亲爱的》，感到很难受，要告制片方侵权，希望制片方能公开说明电影中哪些情节是虚构的，哪些是真实的。这涉及一个前后文本不一的问题，不少业内人士认为作为艺术文本的电影虽改编自现实故事但在艺术性和戏剧性上有更高的追求，对主人公的矛盾与困惑通过改编、添加在艺术作品可以接受的范围之内，且影片在最后确实标明了"本片根据真人真事改编，部分情节并未真实发生"的字幕。但这样的符号信息并非每一个人都能接受到，许多观众会在信息接收不全面的情况下误认为现实原型高永侠与片中的李红琴经历过同样的事情，而这样的误读无疑给高女士带来生活上的困扰。可见前文本与后文本之间的关系处理是今后现实类题材改编成电影需要慎重考虑的一个因素。

四、结语

　　好的艺术作品对现实生活有反射作用与促进作用，电影《亲爱的》虽然并不是华语电影在 2014 年的票房之最，但其引起了人们对于拐卖儿童的重新关注。另外，影片的上映也给仍然陷在失子之痛的家庭带来希望，在当今日渐常态化的新媒体环境之下，消息的发布与传播手段增多，消息传播速度加快，传播范围变广，更有利于"打拐""寻亲"的进展。[①]

　　在文中笔者多次提到导演陈可辛，当然一部影片的诞生绝不是一个人的功劳，优秀的演员也是必不可少的，在影片中黄渤、赵薇、郝蕾、张译的表演都极具挑战性，赵薇更是颠覆了从前的所有形象，不化妆出演，大大的眼袋和深深的黑眼圈加上眼角的皱纹都让人忘记赵薇本人，接受一个淳朴又执着的李红琴。

---

　　① 钟大伟.《亲爱的》观赏性与真实性的博弈［J］. 戏剧之家，2014（19）.

《亲爱的》这部电影需要我们静下心来，去接受故事背后的教育意义。电影的深度不在于导演或编剧将细节挖得多么深入，或者电影的票房多高，而在于落在观众心头的到底有多重。《亲爱的》这部电影或许没有绝对的好人与坏人，却留给我们深深的体会与反思，道德伦理的丧失，被害的到底是谁？是孩子，是父母，还是社会本身？①

（撰稿人：王咏诗）

---

① 张文博. 浅析影片《亲爱的》：以人物李红琴为例 [J]. 戏剧之家，2014（22）.

粉丝经济下的电影众筹
——以电影《黄金时代》为例

《2014 年中国众筹模式上半年运行统计分析报告》显示，仅在 2014 年上半年，国内众筹领域发生融资事件 1 423 起，募集总金额 1.88 亿元，其中，股权众筹发起融资事件 430 起，募集金额近 1.56 亿元。而电影众筹是这一大家庭的"新生儿"，百度关键字"电影众筹"，搜索结果多达 5 380 000 条。

电影的曝光度高，但整个产业的票房才两三百亿元，和本身价值不匹配，造成了品牌浪费。一般电影制作模式是典型的精英模式，但现在流行的模式是众筹模式，让粉丝集体参与到电影各个环节，创造互动机会。粉丝经济与众筹模式的结合，是一种新集体狂欢仪式。

从众筹平台"点名时间"助推《十万个冷笑话》筹资成功，到阿里巴巴众筹项目"娱乐宝"的创立，再到百度"百发有戏"的跟进，2014 年是"众筹年"，互联网公司纷纷试水电影众筹，一时间众筹模式与粉丝经济似乎成了电影制作的标准配置。但"娱乐宝"与"百发有戏"众筹电影票房的屡屡失利，使得粉丝经济下的众筹模式由热转冷，业界与学界开始思考：如何将粉丝经济与众筹模式更好地结合？从粉丝经济视域分析这一模式是否具有可行性与可持续性？内在的运作机制是怎么样的？本文将结合粉丝理论与读者接受理论进行分析。

一、案例简介及背景分析

众筹模式进入中国后，电影由于其广泛的参与性与通俗性，受到了众筹界的热捧，而众筹电影《小时代》《十万个冷笑话》的巨大成功，更是让这一模式名声大噪，但之后投放市场的众筹电影《黄金时代》却遭遇票房滑铁卢。

没有大明星、脱胎于网络剧的喜剧动画电影《十万个冷笑话》（以下简称《十冷》）在 2015 年元旦期间成了票房黑马，自 2014 年 12 月 13 日上映以来，截至 2015 年 1 月 6 日，已在全国掠下 9 060 万元票房。此片另一噱头是其官网上打出的"史上第一部众筹电影"，作为中国众筹电影的鼻祖——《十冷》，2013 年在众筹平台"点名时间"上向大众募集资金 137 万元，共计 5 354 人参加。但《十冷》在 2013 年发起众筹时，幕后的万达、有妖气和炫动三家投资方其实均已到位，众筹在这里其实更多承担的是营销宣传和市场调查功能，帮助电影挖掘粉丝经济。

在《十冷》众筹项目成功后，互联网巨头阿里巴巴"娱乐宝"和百度"百发有戏"开始试水电影众筹。虽然出于法律的考虑，阿里巴巴和百度在电影项目的宣传中尽量弱化了众筹的概念，但实际上就是"回报众筹"，而其卖点——高达 8% ~ 16% 的年化收益率，乍看上去十分诱人，但投资金额均 10 000 元封顶，收益不过百，而且 10 000 元的合计只有 38 人可认购，剩余的大多认购的是 10 元，无异于团购电影票，而众筹的价格还远低于团购价，如果众筹项目的投资者不能进行口碑传播，吸引更多的人走进电影院，通过众筹项目拍摄的电影，票房就会成为难题。

而此次，百度"百发有戏"的电影众筹项目《黄金时代》就遭遇了票房危机，引发业界对电影众筹可行性与发展前景的怀疑。"百发有戏"是百度与中信信托、中影集团合作建立的影视文化产业金融众筹平台，该众筹平台首批产品瞄准了汤唯、冯绍峰主演的电影《黄金时代》，以及赵薇主演的电影《横冲直撞好莱坞》等影片。

《黄金时代》于 2014 年 9 月 22 日早上 10 点 28 分在"百发有戏"上公开发售，最低起购门槛为 10 元，用户权益回报与电影票房挂钩，其预期年化利率为 8% ~ 16%。作为一款众筹产品，《黄金时代》是电影大众消费平台"百发有戏"的首款试水产品。据百度后台数据显示，《黄金时代》众筹项目在开售两分钟内意向认购达到了 1 500 万，拥有主演致谢视频、告白视频、T 恤等的特殊权益则被秒杀，最终实际销售 1 800.236 万元，共计 3 101 人参与了认购。

而这部有百度大数据背书、众多明星站台、国庆黄金档期做后盾的《黄金时代》票房成绩惨痛，除首日斩获 1 100 万元票房成绩外，随后数日排片量与票房数双双下跌，每日仅增长数百万，排片量也从 10% 跌至 6%。截至 2014 年 10 月 7 日黄金周结束，《黄金时代》收获票房 3 640 万元，收回 7 000 万元投资成本无望。从明星效应与粉丝经济的层面来说，《黄金时代》明星云集，仅在海报中署名者就有 26 位，两位主演汤唯、冯绍峰均是国内当红影星；王千源、袁泉、郝蕾都在影片中甘当绿叶；导演许鞍华、编剧李樯都在业界名声赫赫，许鞍华此前作品《桃姐》在内地收获

7 000万元票房，而编剧李樯已获金马奖最佳编剧。《黄金时代》拍摄前后历时4个月的时间，投入7 000万元成本，此前预计的票房收益为2亿元，不料仅收获票房3 640万元，甚至输给票房总额3 650万元的《麦兜我和我妈妈》。

与百度大数据预测的2.3亿元票房相差甚远，也与阿里巴巴投资的《小时代3：刺金时代》《狼图腾》大获全胜不同，百度首发的众筹项目惨败。一部结合了粉丝经济与众筹模式、在文化界大获争议的影片，为何票房惨淡？通过粉丝舆论、投资热情预测的票房为何与实际票房相差甚远？如何才能通过众筹模式将粉丝经济的潜力最大限度地激发出来？

带着这些疑问，首先来反观《小时代3：刺金时代》的众筹胜利。

继《小时代1：折纸时代》《小时代2：青木时代》大获票房胜利后，很多人认为光凭郭敬明的"死忠粉"，撑不起系列续集的大票房，然而《小时代3：刺金时代》屡屡刷新票房纪录，证明了粉丝经济的巨大潜力。

《小时代3：刺金时代》是阿里巴巴旗下"娱乐宝"首期众筹投资的影片，根据"娱乐宝"方面对外透露的数据，《小时代3：刺金时代》《小时代4：灵魂尽头》是当期销售金额最高、最具人气的项目，目标筹集资金1 300万元，预投人数达18万。浙江、广东、江苏三地成为"娱乐宝"销量最高的三个省。影片上映后，全国各地都出现了"娱乐宝"用户包场的盛况。不少用户表示，将带朋友去观影，向朋友炫耀自己就是投资人。作为给投资人的回报，《小时代3：刺金时代》的导演及演员郭敬明、郭采洁、陈学冬等也亮相影院与大家互动。

此外，片方乐视影业决定在筹备《小时代4：灵魂尽头》时，根据"娱乐宝"收集到的影迷意见对新角色的演员进行筛选和调整，更是将粉丝互动参与发挥到了极致，是粉丝经济下关系众筹的一个突出代表，实现了从电影投资、内容生成、渠道分发，到用户聚集、明星互动，包括电影衍生品等多个娱乐链条的打通与互动。

与《小时代3：刺金时代》相似，《十万个冷笑话》大电影有着深厚的粉丝基础。《十万个冷笑话》动画版于2012年上线，原版漫画超15亿次网络点击量，7 300万完整阅读人次，动画超17亿次观看，平均单集点击量9 000万。这些大数据无疑是"粉丝制造"——《十万个冷笑话》大电影本质上也是一部"粉丝电影"。

再者，对比《黄金时代》与《小时代3：刺金时代》的网络舆论，我们可以从中窥探粉丝经济与众筹项目有效结合的条件与面临的困境。

二、分析及评价

（一）舆情分析

对电影《黄金时代》《小时代3：刺金时代》的影评集中于豆瓣影评，因此本文主要选取豆瓣影评为主要的舆论分析阵地。

1. 《黄金时代》的网络舆情

对《黄金时代》的影评，粉丝的批评、质疑声远远高于支持、赞赏的声音。批评者认为《黄金时代》拍摄手法过于前卫，编剧对电影主要人物萧红理解错误，故事的讲述平淡无奇而又冗长乏味，将有革命热情与杰出文学修养的萧红塑造成了一个不负责任、疯疯癫癫、命运悲惨的女人。更有网友发声，三个小时的剧情拖沓冗长，必须边刷淘宝边观影，才能勉强坚持到电影结束。而其支持者认为，虽然《黄金时代》在拍摄上存在一定问题，但这是一个伟大的尝试，他们认为那些批评《黄金时代》的人都是因为文学修养不足，才会出现认为电影不知所云的情形。

2. 《小时代3：刺金时代》的网络舆情

《小时代3：刺金时代》在两种截然不同的声音中成为2014年最受关注的电影。电影《小时代3：刺金时代》上映之后，遭到主流影评人集体吐槽也算得上是近几年国产电影的奇观，但郭敬明粉丝的绝地反击则让人看到了郭敬明人气之强、号召力之大。另外，电影几位主演的粉丝们也呈现出和郭敬明粉丝类似的特点和行为模式，他们掀起的一阵阵反击不断展现出其智商和情商的不足。这或许是微博有史以来最有代表性的论战：一方是以主流、高智商的微博大V为主，另一方则多数是不足20岁的少男、少女，从价值取向到拍摄方式，从演员选择到故事架构，双方的争执没有任何调和的余地，最后，一方以骂对方脑残结尾，一方以"你们这帮老古董"反击之。

（1）粉丝经济潜力巨大。

作为给投资人的回报，《小时代3：刺金时代》的导演及主角郭敬明、郭采洁、陈学冬等亮相影院与大家互动。90后男神吴亦凡将在片尾演唱《时间煮雨》，偶像的号召力，再加上郭敬明的《小时代》系列从小说时期就拥有的大批粉丝，成为该系列电影收获高票房的基础。

（2）炫耀资本。

有网友调侃道："我准备往'娱乐宝'里面投点钱，然后把新浪微博认证改成：著名电影的出品人之一。"花 100 块你就可以傲娇地在杨幂的微博留言：我是你投资人，你知道吗？""小四的《小时代》刚接受了我的投资，下一部可能想投资韩寒的电影。"对于网友来说，"娱乐宝"的吸引力便在于此。

（3）圈钱是假，圈人是真。

现在电影投资这么火，肯定不缺投资，否则，其筹集的资金应该是上亿元，而非上千万。他们主要看中的是这一场全民狂欢式的低门槛集资活动所产生的营销效果——"娱乐宝"使消费者的角色转化为投资者，从而吸引更多人走入影院观看自己投资的电影。有一个人投了"娱乐宝"项目的电影，他就会带动身边的人，那么在后期宣传过程中，就有了一大群对这部电影感兴趣的目标群体，票房也有了保障。

将《黄金时代》与《小时代 3：刺金时代》的舆情进行对比，可以发现：《黄金时代》的舆论基本上呈一边倒的趋势，没有粉丝与一般观众之间的争论与辩解，因此，准备观看影片的消费者容易被这一观点引导，从而导致影片的票房不佳。而《小时代 3：刺金时代》的网络争论可以用"热火朝天"来形容，两派观点难分伯仲，一时间使得《小时代 3：刺金时代》赚足了关注度，成功地激起了观众的观看兴趣。

（二）粉丝经济视域分析

1. 粉丝经济分析之文学粉丝

萧红，20 世纪 30 年代著名女作家，被誉为"30 年代文学洛神"，一个在文学层面让无数同辈、后辈深切尊重的作家，一个生逢乱世、命运坎坷的青年，当这两个形象合二为一时，成为今天这么多人纪念和心痛她的原因。但从《黄金时代》的影评来看，电影对于萧红的还原并没有得到萧红粉丝的认可。

《黄金时代》完整地还原了萧红作为普通人的一生轨迹，却忽视了她在有生之年所进行的精神跋涉和她的文学成长轨迹；在对民国大时代的想象中，《黄金时代》还原了革命青年的热血和朝气，却对抗战时期民国知识分子的自由选择没有充分认知。

粉丝们认为电影在叙述抗战期间萧红与萧军的选择时，想象力和理解力是偏狭的。《黄金时代》将萧军的选择视为唯一正确的选择，将萧红不去西北视为其去世的原因。而彼时与萧军不同、与萧红有共同选择的——坚守在国统区的作家既有巴金、老舍、茅盾，也有沈从文、钱钟书等人。萧红粉丝都了解，萧红当时的悲惨境遇，一方面是因为医疗事故及战乱，另一方面也由于她身体的衰弱。

尽管看起来电影在追求真实和史料搜集上下足了功夫，众人的穿插讲述也自有效果，但由萧军朋友们拼凑出来的萧红的形象却苍白而令人迷惑。萧红的写作在当时影响如何，年轻人如何读她，同行如何评价她，她如何无视批评执着写作，全是空白。当别人不能理解她的很多所作所为时她也是被动的、失语的，电影中只呈现了众说纷纭的萧红罢了。而这也让萧红粉丝对《黄金时代》这部电影差评如潮。

电影中，两人分手的重场戏里，萧军是担当的，端木蕻良是畏缩的，萧红是执拗的，朋友们是遗憾的。而这些印象全部都是出于萧军及朋友的立场，再者可能由于当红小生的扮演，原本有武夫气质的一米六的萧军被塑造得高大、英朗，平白获得了很多同情分，出轨都出得理直气壮。顺着这位男一号的眼睛看去，萧红的发脾气、不高兴以及最后分手的情节实在像"作女"，电影进行到这里，似乎完全是对萧红的抹黑，怎能不失去粉丝的支持？

再者，电影为观众留下了许多疑惑。比如，作为现代文学教父的鲁迅为何会对年轻的二萧如此看重？萧红为什么要执意离开萧军，一意孤行？萧红为什么会被当时的很多朋友尊敬、帮助和爱护？萧红死后为什么会令那么多人念念不忘，被大书特书？难道仅仅因为她传奇而悲惨的一生？看完一部传记电影，如果普通观众不了解传主身上的非凡特质、对传主的选择完全不能认同和理解，其原因很可能是因为电影的表现力出了差错。一部传记电影有义务在忠于史料的基础上呈现作家的一生，但也有责任使读者去进一步认识和理解这位作家对于文学及人类的贡献。

萧红，倔强、执拗、软弱、神经质、受到疾病困扰、对养育孩子没有责任感，一生经历传奇，结局令人扼腕。这是一个有生活气息的、年轻的、不谙世事的萧红，一个让很多人猜不透的女人。

而近三小时的观影时间，几近于挑战观众的忍耐极限。在好莱坞，制片与电影公司十分反对电影片长超过 3 小时，他们发现观众很抗拒超过 3 小时的电影，所以电影控制在 150 分钟左右比较合适，许鞍华深谙此道。但是，对于艺术电影则不同，需要根据导演或是编剧想要表达的主题等因素决定，3 个小时其实十分必要。

通过百度指数可以发现，在国庆档的重头大片中，《黄金时代》的媒体指数一直保持在前两名，甚至在大部分时间里都是第一名。而在搜索指数方面，《黄金时代》则要远低于《心花路放》和《亲爱的》，几乎和《痞子英雄2》不相上下。这也从侧面说明，《黄金时代》的热度并未实际传播到大众中去，而这与萧红粉丝对其一边倒式的批评有关。

2. 粉丝经济分析之明星粉丝

时下电影营销手段多种多样，有靠话题的，有靠砸钱的，而对于像《黄金时代》这样的文艺片来说，设计精良、充满创意的海报，是宣传的第一阵营，是观众对影片想象的来源，也是号召明星粉丝的绝佳法宝。《黄金时代》明星云集，仅在海报中署名者就有 26 位，两位主演汤唯、冯绍峰均是国内当红影星；王千源、袁泉、郝蕾都在影片中甘当绿叶，在时下"颜值"决定票房的电影市场，《黄金时代》在明星效应方面有很大的优势，票房理应有所保障，但票房的失利，意味着《黄金时代》没有将明星粉丝经济转化为实际票房。

《黄金时代》发布的几款海报都是由中国海报设计师设计的，设计师从电影开拍之时就介入了海报的整体设计，因此该片的系列海报都呈现出一致的美学风格。为了配合整部电影的营销宣传策略，《黄金时代》电影海报分三个阶段陆续曝光，分别为"文艺版海报""态度版海报"和"国外版海报"。

（1）文艺版海报——高冷文艺篇的定位。

2014 年 1 月 22 日，《黄金时代》先导海报以"天地"破题，择"泼墨"为意，大气磅礴的白纸浓墨衬托出天地的辽阔，"萧红"汤唯一身素衣静立一旁，注视纷扰的时代画轴，无声之处时刻涌动着"黄金时代"的惊雷。这部耗时三年半制作，连配角都是影帝、影后级别的梦幻之作终于呈现，作为首次正式曝光的物料，海报以自由为电影的创作支点，然后延伸出可以表达自由的各种元素。制片方也给予海报制作者极大的自由，最终呈现给观众惊艳的视觉效果。

而这些制作精良、充满意境的海报也得

图 1

到了文学粉丝与明星粉丝的追捧，成功引起了国内外受众及电影人的注意，使观众产生了从未知到注意的心理变化，完成了作为首发海报的使命。

图2

（2）态度版海报。

图3

图4

图5

图6

在文艺版海报大获好评之后，《黄金时代》于2014年9月5日发布态度版海报，成为《黄金时代》宣传的转折点。

片方宣传文案将态度版海报描述为"一张张鲜活坚毅的面孔、一句句言简意赅、通俗易懂的话语，展现出片中角色那种自由自在、无惧一切的态度，也呼应了'一切都是自由的'的电影主题"。以"想……，就……"的句式表达影片自由的主旋律，但"想……，就……"这种直抒胸臆的语气，是"屌丝"的语气，与前期宣传海报中营造的文艺气息南辕北辙。致使相当一部分文艺青年对这部影片失去了观看的兴趣。而转换海报风格的目的显然是想争取多数人，保证票房，然而影片的气质与"屌丝"气质根本不是"一路人"，当一群"屌丝"来到电影院时，他们会发现影片实际非常高冷，继而给予影片差评，造成电影票房惨淡的局面。

按照广告心理学 AIDMA 理论——认为广告的功能在于引起受众心理的变化，这种心理变化被视为受众认知与行为之间的中间环节，通过有目的的诉求，广告使受众产生从未知—认识（Attention）—兴趣（Interest）—欲望（Desire）—记忆（Memory）—行动（Action）等一系列的变化。

当《黄金时代》通过前期的文艺版海报引起了文艺青年的注意，在其对这部影片产生兴趣之际，《黄金时代》海报画风一转，由"高冷"毫无征兆地转变为"屌丝"，文艺青年的观看欲望就硬生生地被切断了。

明星云集的《黄金时代》本应将文学粉丝与明星粉丝网罗在自己的观众群中，利用明星将观众的兴趣更进一步地激发出来。影片选用国内最具文艺气质、演技出色的女星汤唯饰演萧红，当红小生冯绍峰饰演萧军，在明星效应上，应能好好发挥一把，但中途变化的宣传路线，使得这一优势消失殆尽，甚至输给票房总额3 650万的动画片《麦兜我和我妈妈》。

（3）国外版海报。

图7

图8

图9　　　　　　　　　　　　　　图10

由于国外版海报主要用于海外宣传，在中国具有粉丝号召力的当红明星在国际上并不具有很高的知名度，加之电影海报作为电影的先行军，担负着介绍电影内容、民族特色的重要使命，因此，《黄金时代》国外版海报主打"文人墨客的自由追求"，营造一种东方文艺特色。

《黄金时代》于 2014 年 8 月 8 日发布了国外版海报，包含美国、韩国、日本、中国台湾及香港共五个国家和地区的海报，用黑、白、青的纯色调背景，勾勒出空旷的大时代背景，汤唯化身华语最传奇的女作家萧红，身影在缥缈的画面中若隐若现，或执笔凝思，或静静站立，眼神空灵，仿佛看透自己漂泊的一生，就像萧红所说"我注定孤独一生"。

在汤唯知名度较高的韩国采用凸显汤唯在影片中角色特征的海报，有利于吸引韩国观众。

美国版的宣传海报，朴素、简洁、大气，金笔中朴素的小人儿孑然一身，傲对孤梅，不需要世俗的赞美，她早已寄魂于此，旁人看来几近于萧条的废铁般的人生，灵魂却丰腴如黄金万贯。因国外观众对片中明星不熟悉，因此，海报设计师可以运用更多的创意元素，使得国外版海报一经推出，便获得极大的关注度，导演许鞍华还特意向设计师致谢。

（三）相关理论分析

粉丝经济其实就是口碑营销，粉丝即传播。在粉丝文化的视域里，消费的意义是为了凸显自我，通过主动寻找偶像进行自我形象的搜寻与建构，并主动展现自我，享受建立自我形象的乐趣①。

随着科技的进步和社会的发展，粉丝群体已经渐渐成长为独立的个体，不再是传统意义上的受众，而是有了主动消费的意识和能力的个体，也有了更多的社会意义②。

粉丝具有"顽固原子"和"激进离子"的双重属性。他们是矛盾的统一体：一方面，他们通过主动寻找迷恋物标榜自己的个性（如"酷""有性格"）；另一方面，他们被动接受的是文化工业生产出来的模式化的形象（他们选择的偶像几乎无一例外的"帅"或者"有型"）。在这些文本被粉丝重新创作和激活之前，它们都是欠缺的，不足以发挥其传播意义和快感的文化功能，粉丝正是通过这种重新创作的活动生产出自己的大众文化资本的。

粉丝情感的突出特点是利他性。在所属的粉丝社群中，粉丝获得了全新的身份认同，得以暂时忘却现实生活中的矛盾、困境、孤独和焦虑③，成为无主体性的非理性存在，成为被娱乐工业、消费偶像等操纵影响的"他人引导"人群。集体迷狂在偶像制造的快感中，而当一部影片让粉丝观看后不知所云时，基本上从利他性的粉丝情感来说，就不能过关。

国外有研究发现粉丝是"固定的，有规律的，情绪性的投入一个流行故事或文本"。粉丝会做出严格的分辨：哪些属于粉丝，哪些不属于粉丝④。这种文化领域的分辨还会和社会领域里的区隔联系起来，而《黄金时代》在宣传过程中出现两个方向，这也是没有忠实粉丝的一大原因。

粉丝信息的最终差别就是生产社会差异，同时它还用于在粉丝社群内部生产差异。粉丝的消费其实是一种炫耀消费。凡勃伦认为，炫耀消费是一种有闲阶级的行为⑤。粉丝消费偶像产品实际上是一种炫耀消费。齐美尔指出，各种休闲设施的大量增长在于满足新兴城市阶级的社会和心理欲求，竞争、平等和仿效的趋势以及差异、个性和区分的趋势都构成资本主义消费时尚的核心动力⑥。

---

① 李文明，吕福玉. "粉丝经济"的发展趋势与应对策略［J］. 福建师范大学学报（哲学社会科学版），2014（6）.

② 胡瑛. 媒介重度使用者"粉丝"的受众特征研究［J］. 重庆邮电大学学报（社会科学版），2008（5）.

③ 马竹音. 粉丝消费行为的社会学分析［D］. 吉林大学硕士学位论文，2009.

④ Fiske. Television Culture［M］. London and New York：Routledge，1989.

⑤ ［美］凡勃伦. 有闲阶级论［M］. 伺志武，沈晓译. 北京：中国水利水电出版社，2013.

⑥ 齐美尔. 时尚哲学［M］. 北京：人民出版社，2001.

所有的通俗受众都能够从文化工业产品中创造出与自身社会情境相关的意义及快感从而不同程度地从事着符号生产。粉丝们将这些符号生产转化为可在粉丝社群中传播的符号，并以此来帮助界定该粉丝社群的某种文本生产形式，从而创造、拥有自己的生产及流通体系的粉丝文化①。粉丝会非常敏锐地将不同的艺术家以及故事创作者区别开来，并在一个等级体系中对他们加以排序，尤其是推崇一些作者排除另一些作者，这对粉丝来说非常重要。在粉丝的世界里，没有生产者（作者）和消费者（读者）的区分，粉丝是"生产的消费者，写作的阅读者，参与的观看者"②。

粉丝不光可以借用大众文化，而且早已具备了用媒介提供的符号原材料打造自己文化的能力，从而形成自己独特的、持久的社群文化。这种社群文化也被称为"影子文化"，而分工体系高度严格的现代社会，绝大多数民众已经不可能自己动手生产自己的文化与艺术，他们能够做的只是在接受资本主义工业部门提供的文化产品的同时，创造性地使用、消费它们，把它们仅仅当作"原材料"，用它们来创造消费者自己的意义。《黄金时代》原本定位为高端文艺路线，它的文艺粉丝可以在电影中找到自己的影子，寻找共鸣，形成自己的群体文化，但后期的宣传转向，让整个电影的调性开始出现变化，广泛的目标受众群其实是文艺电影所不能做到的。

消费社会中的消费，纯然追求的是象征性和理想性，而这些又注定是无法完成和实现的。于是，人们只能为了消费而消费，贪婪地吞噬一个又一个商品符号，没有限制，没有终结。消费社会的粉丝文本必须是"生产者式"的，文本在被粉丝重新创作和激活之前，都是有所欠缺的，不足以发挥其传播意义和快感的文化功能，粉丝正是通过这种重新创作的活动生产出自己的大众文化资本的。粉丝文化知识与官方文化知识的不同之处则在于，它是用来强化粉丝对原始工业文本的权力感和参与度。由于通俗或粉丝文化资本被排除在教育制度之外，它也就被排除在官方文化之外，并被割断了与经济资本的联系。

而《黄金时代》的失败，也在于导演与编剧将其导演成了一部艺术片，没有看过萧红作品或是对萧红不了解的人，不能很好地了解电影的意图，使得粉丝在进行再创作的过程或是分享的时候遇到困难，降低了粉丝的参与性。而因态度版海报选择观看影片的观众，是分享欲望极强的"屌丝"一族，当看不懂影片内容时，只能选择吐槽，这也就造成了《黄金时代》的网络评分低，吐槽多。

---

① Fiske. Television Culture［M］. London and New York：Routledge, 1987.
② Fiske. Television Culture［M］. London and New York：Routledge, 1987.

国外关于粉丝心理的研究首先是弗洛伊德的性本能理论，主要涉及粉丝对明星偶像的爱与幻想。其次是克莱茵的自我理论，包括内摄、投射和客体分裂等概念。但用以上两种理论阐释粉丝心态，容易导致将粉丝病理化。第三种理论是温妮科特的过渡性理论。许多研究表明自我与客体世界存在一个中间领域的客体纽带，温尼科特在此基础上，将粉丝喜好的对象看作是一个过渡性客体，充当了粉丝的自我和外部客体世界之间沟通的桥梁。

三、结论

电影作为一种商品更多的是提供一种符号价值，使粉丝建构、确定个体认同和社会认同，通过消费彰显自己的身份、地位、品位和所属群体，将自己与其他群体区分开来。而电影众筹是在粉丝消费欲望不断增加的背景下，对电影的符号价值进行纵向的挖掘，将电影制作部分也作为符号价值的组成部分出售，从而得以维持粉丝的欲望水平。

从相关理论中，我们可以看出粉丝经济下的电影众筹是存在可持续性的。现代人的孤独感越来越强，粉丝需要偶像来增加社会认同感和自我认同感；社会分工的存在，使得受众必须借助大众文化来构建社群文化。粉丝强烈的参与性和互动性，粉丝群体的排他性与炫耀性消费，使得电影众筹模式能成为粉丝界定群体边界、凸显自我的有效工具。

而对媒体与网友舆论的分析也支持了这一断论。费斯克曾断言：粉丝是民众中最具辨识力、最挑剔的群体，再加之目前受众观看电影、电视等影视作品时，多以吐槽为乐，以至于形成了"内容不重要，有槽点才吸引人"的新态势。因此不必因为《黄金时代》遭受压倒性的批评而对电影众筹产生质疑，应将其视为粉丝表达参与欲望的一种渠道，受众对于"槽点"的二次创作，能吸引粉丝的产生，相当于口碑传播。电影制作方应积极地与粉丝互动，推动粉丝社群的构建。费斯克曾将粉丝的生产力分为符号生产力、声明生产力和文本生产力。目前国内粉丝的生产力主要是前两种，而韩剧的创作是粉丝文本生产力的最佳代表，粉丝参与剧本创作、影视拍摄、观看、衍生品购买的全过程，产业链巨大且运行良好，而国内巨大的粉丝市场为这一产业链的孕育提供了绝佳的平台。

因此，粉丝经济的电影仍需要较大程度地保留原版作品的特点，包括人物形象、情节逻辑、风格品味乃至表现形式，因为一旦走样太多，粉丝们很可能就不会买账。知识产权的最终归属永远是观众和粉丝，失去了受众的知识产权也就毫无价值了，这是一种具有互联网精神的互生共赢的生态模式。而且作品越具开放性，对于具备主动性的粉丝而言就越有吸引力。

经济的发展，同时决定了上层建筑的蓬勃发展，电影市场将分化为两个不同类型的市场，一类创作动机是为了符合大众口味，服务于需求刺激、爱慕虚荣等人的动物本能，如《小时代》系列电影，通过构造一个梦幻、物质的世界，满足低龄粉丝或是白领新人对未来生活的幻想，这类电影是下层社会对上流社会的仿效。只要社会存在阶层之分，这一类电影就有存在的价值与市场。另一类为个性化定制市场，理性、思想性、富有文化底蕴是这类电影的共同特征，这类电影将随着受众的成长、社会的整体进步得以壮大。

（撰稿人：吴晶）